Johannes W. Schneider

MEDITATION

Johannes W. Schneider

Meditation

in der asiatischen Kultur
und in der Anthroposophie

Verlag Freies Geistesleben

1. Auflage 2010

Verlag Freies Geistesleben
Landhausstraße 82, 70190 Stuttgart
Internet: www.geistesleben.com

ISBN 978-3-7725-2087-7

Umschlaggestaltung: Thomas Neuerer / Foto: Charlotte Fischer
Druck: Bercker Graphischer Betrieb, Kevelaer
Printed in Germany

Inhalt

Schauen und Erkennen

Vorwort

Im Jahre 1971 hatte ich den Wunsch, einmal etwas ganz Neues kennenzulernen, nachdem ich in den Jahren zuvor zum Urlaub regelmäßig in Skandinavien oder in Griechenland gewesen war. Da bot sich die Gelegenheit, nach Bangkok zu fliegen, damals noch kein Ziel des Massentourismus. Da ich nicht dazu gekommen war, mich auf die asiatische Kultur vorzubereiten, war die Begegnung mit ihr eine Überraschung. Es war eine Liebe auf den ersten Blick. Es war mir neu, sich augenblicklich verstehen zu können, ohne ein Wort. Wer dem anderen auf thailändische Art begegnet, wird immer einen Atemraum zwischen ihm und sich bewahren und ihm doch nahekommen. Ich fühlte mich sogleich zu Hause, und dieses Gefühl war wohl gegenseitig. In meinem Lieblingshotel in Malaysia wurde ich immer durch eine Schrift aus Blütenblättern in meinem Zimmer begrüßt: «welcome home».

Ich fühle mich in Ostasien zu Hause und fühle zugleich – mehr als in Deutschland –, dass ich Europäer bin. Ob ich mit einem gebildeten Asiaten im Gespräch bin oder mich im Zug mit einer Familie, einer «Zufallsbekanntschaft», nur durch einen Blickkontakt unterhalte, immer habe ich den Eindruck, wir Europäer und Asiaten haben uns etwas zu sagen. In einem solchen Gespräch verlieren wir uns nicht an den anderen, sondern wir werden mehr wir selbst. Diese Art der Selbstfindung, beim Thema der Meditation, ist das Anliegen des vorliegenden Buches.

Es gibt gute Bücher über Meditation in der asiatischen

Kultur. Fast noch mehr als diese aber hat mich die spirituelle Kraft in der buddhistischen Plastik beeindruckt. Als ich kürzlich zu einem letzten Besuch nach Bangkok kam, konnte ich trotz meiner Bewegungsbehinderung nicht darauf verzichten, mich von den geliebten Buddhas im Nationalmuseum gebührend zu verabschieden. Ich hatte den Eindruck, ihre spirituelle Strömung und Kraft wird mich in wohltuender Weise zum Ende meines Lebens hin begleiten, denn in diesen Buddhas ist die geistige Welt gegenwärtig. Aus ihnen spricht hörbar die Stille, die uns Europäer mit den Asiaten verbinden kann, über die Grenzen unterschiedlicher Kulturtraditionen hinweg.

Dortmund, Herbst 2010 — *Johannes W. Schneider*

Einen Zugang zur Meditation finden

1.
Ein übender Mensch werden. Von der Persönlichkeitsschulung zur Meditation

Das Bedürfnis zu meditieren mag zunächst bei bestimmten Anlässen auftreten. Zu Weihnachten oder zu Ostern möchte man die Texte des Evangeliums nicht nur lesen, sondern sich in sie vertiefen. Oder am Todestag der Eltern möchte man sich dem Leben der Verstorbenen meditativ zuwenden. Oder ein Gedicht oder ein Bild spricht so stark an, dass man nicht nur seinen Inhalt zur Kenntnis nehmen, sondern in die Tiefe seiner Aussage eindringen will. Bei diesen Gelegenheiten wird spontan das Bedürfnis nach Meditation wach, und es klingt ab, wenn die Vertiefung in den Inhalt etwas gebracht hat – um sich bei ähnlicher Gelegenheit vielleicht erneut zu zeigen.

Nach einiger Zeit wird der Mensch wohl nicht nur gelegentlich, sondern häufiger und schließlich regelmäßig meditieren wollen. Es fehlt ihm etwas, wenn er heute noch nicht meditiert hat. Er fühlt sich ungeübt, wie er sich hungrig fühlen kann. Das wiederholte Meditieren entwickelt, wenn es gut geht, die Freude am Üben selbst, nicht erst am Erfolg, und so können die gelegentlichen Meditationen allmählich in einen Meditationsweg einmünden.

Der Meditationsweg geht dann ebenso selbstverständlich aus dem Bedürfnis des Menschen hervor wie das gelegentliche

Meditieren. Und es ist wichtig für die Zuverlässigkeit meditativer Erkenntnisse, dass die Meditation voll und ganz durchdrungen ist vom Willen des Menschen. Ich meditiere, weil *ich* will, weil ich *jetzt* meditieren will. Nicht weil andere oder ich selbst mir früher einmal die Pflicht zu meditieren auferlegt haben.

Nun gibt es noch einen anderen Einstieg in das Meditieren. Man entdeckt an sich selbst diese oder jene Schwäche: Die Beobachtung ist ungenau, das Gedächtnis ist nicht zuverlässig, die Konzentration lässt zu wünschen übrig oder man schafft es nicht, die guten Vorsätze auszuführen. Wo immer man eine Schwachstelle an sich selbst entdeckt hat und diese nun ausgleichen will, kann man beginnen. Und man wird so lange üben, bis man einen befriedigenden Erfolg spürt – um sich dann vielleicht einer anderen Schwachstelle zuzuwenden. So wird man ein übender Mensch, ehe man überhaupt zu meditieren beginnt. Das ist ein guter Ansatz für die Meditation, vielleicht der beste.

Bei der Persönlichkeitsschulung kommt es vor allem auf den Vorgang des Übens an, erst in zweiter Linie auf den Inhalt, dem man sich zuwendet. So kann man sich für einige Minuten auf eine Schlüsselbundtasche oder auf einen Bleistift konzentrieren oder in einer Gedächtnisübung sich die Schaufensterauslage eines Textilgeschäfts oder die Eingangstür des Rathauses vorstellen. Alle diese Inhalte sind nur als Objekte des Übens von Interesse und beliebig auswechselbar. Die Schaufensterauslage ist dem Übenden gleichgültig, ihn interessiert nur seine Fähigkeit der genauen Beobachtung und Erinnerung.

In der Meditation aber wollen eine Blume, ein Bild oder ein Text beachtet und gewürdigt werden, ehe sie ihre Tiefe erschließen. Denn Meditation ist das Gespräch mit einem Meditationsinhalt, und der will, wie ein menschlicher Gesprächspartner, ernst genommen und geliebt werden; Persönlichkeitsschulung dagegen ist ein Üben um des Übens, nicht um des Inhaltes willen.

Von Persönlichkeitsschulung ist heute auch in ganz anderem Zusammenhang die Rede, etwa beim Training für Manager. Denn für Führungskräfte in der Wirtschaft genügt es nicht, sich die für den Beruf notwendigen Kenntnisse anzueignen und bestimmte Techniken einzuüben, sondern wer Verantwortung trägt, soll auch unerwarteten Situationen gewachsen sein, und dafür braucht er eine Schulung seiner selbst, eine Persönlichkeitsschulung. Man könnte ja darauf warten, bis ein Mensch sich im Leben bewährt hat, bis er eine «gestandene Persönlichkeit» geworden ist, und ihm dann entsprechende Aufgaben übertragen. Aber wer möchte so lange warten? Und wer möchte es den Zufällen des Lebens überlassen, welche persönlichen Qualitäten eingefordert werden, um anspruchsvolle Aufgaben zu bewältigen? Daher wird die Persönlichkeitsschulung für Manager systematisch geplant, sie wird zu einem Lehrgang, der Schritt um Schritt auf ein Ziel hin orientiert ist. Wie soll der Mensch aussehen, der ein großes Unternehmen durch eine Krisensituation hindurch führen kann? Welche Führungsqualitäten braucht er? Wie soll er Konsequenz und Flexibilität miteinander verbinden? Wie soll er Mut zu neuen Wegen entwickeln, ohne leichtsinnig Bewährtes beiseite zu schieben? Und so fort und so fort.

Ein solcher Lehrgang geht von bestimmten Voraussetzungen aus. Ob die Bewerber diese erfüllen, wird durch einen Eingangstest festgestellt. Der Lehrgang soll dann nach einem festgelegten Plan in einer bestimmten Zeit zu einem bestimmten Ziel führen. Der Lehrplan ist, wenn es mit rechten Dingen zugeht, den Bewerbern bekannt. Diese entscheiden sich für ein Ziel und akzeptieren den Weg dorthin. Das Ziel ist der sichere und erfolgreiche Manager, der klar zu beschreiben ist, nicht individuell, sondern allgemeingültig. Denn schließlich geht es darum, im harten Konkurrenzkampf zu bestehen.

Wer eine solche Managerschulung einrichtet, verspricht einen Erfolg und übernimmt eine Verantwortung. Dafür lässt er sich auch gebührend bezahlen. Denn wenn der Erfolg messbar ist, so auch die erbrachte Leistung. Ob diese Schulung die Gewichte immer richtig setzt, ist eine andere Frage. Sicher braucht der Manager Konsequenz und Durchsetzungsfähigkeit, auch einmal Härte sich selbst und der Welt gegenüber. Von einer starken Persönlichkeit, von einem Menschen mit Führungsqualitäten wird aber nicht nur erwartet, dass er sich «durchzusetzen» vermag, sondern auch dass er auf andere eingehen, dass er zuhören und Verständnis für die Argumente anderer entwickeln kann, ohne sich von seinen Grundsätzen beherrschen zu lassen, dass er flexibel, aber nicht schwankend ist. Diese Qualitäten der Persönlichkeit sind kaum systematisch zu entwickeln, denn hier geht es um individuelle Antworten auf unerwartete und nicht vorhersehbare Lebenssituationen. Damit aber wird die Grenze eines Trainingsprogramms erreicht.

Der Unterschied zu der Persönlichkeitsschulung, wie sie hier als Vorbereitung auf den Meditationsweg geschildert wird, ist tief greifend. Das Trainingsprogramm einer Managerschulung ist auf ein Ziel hin orientiert, auf ein Ziel, das sogar von außen gesetzt ist. Wer das Schulungsprogramm erfolgreich absolviert, hat größere Chancen, eine gehobene Position im Wirtschaftsleben zu erhalten. Um dieses Zieles willen nimmt er auch Mühen in Kauf, denen er sich von selbst nicht unterziehen würde, deren Sinn er vielleicht gar nicht einsieht. Die in diesem Kapitel vorher beschriebene Persönlichkeitsschulung dagegen geht von der Einsicht, der ganz eigenen Einsicht in eine Schwäche der Persönlichkeit aus und von dem Bedürfnis, diese Schwäche zu beseitigen. Um meiner selbst willen, nicht um eines äußeren Erfolgs willen. Nicht etwas erreichen wollen, sondern selbst ein anderer werden, das ist der Sinn der hier gemeinten Persönlichkeitsschulung. Die Freude am Üben, die Verantwortung für die eigene Persönlichkeit – das ist es, was in der Persönlichkeitsschulung die Fähigkeit zu meditieren veranlagt und steigert.

Wenn dem Meditationsweg eine Persönlichkeitsschulung vorangeht, kommt das dem Anliegen der Anthroposophie entgegen, mit dem Üben dort zu beginnen, wo der Mensch gegenwärtig steht, wohin sein bisheriger Lebensweg ihn geführt hat. Die Fähigkeiten, die innerhalb der irdischen Welt ausgebildet wurden, sind jedoch zunächst auf diese hin orientiert und brauchen eine Umwendung, ehe sie für die Meditation hilfreich sein können. Diesem Ziel dient eine Reihe von Übungen, die man zusammenfassend als Rückschau bezeichnen kann.

Rückschau kann ganz einfach damit begonnen werden, dass man sich am Abend die wichtigsten Ereignisse des Tages in Erinnerung ruft. Da war am Nachmittag das interessante Gespräch mit dem Nachbarn über die bevorstehende Landtagswahl, da war die freundliche Einladung zu einer Geburtstagsfeier, die man am Vormittag mit der Post bekam, da war am Abend der Blick auf den wunderschönen Sonnenuntergang und, nicht zu vergessen, mittags das Telefongespräch mit einem Jugendfreund, von dem man lange nichts gehört hatte. Diese Reihe kann beliebig fortgesetzt oder abgebrochen werden. Sie dient dazu, sich wesentliche Inhalte des Tages zu vergegenwärtigen, ehe man einschläft und schlafend dann die Erlebnisse des Tages aufarbeitet.

Ein nächster Schritt ist es, die zeitliche Abfolge der

Ereignisse einzuhalten. Das verlangt größere Disziplin der Gedankenführung, denn man muss rechtzeitig an die Inhalte des Tages denken – dann, wenn sie an der Reihe sind. Dabei können die Ereignisse zunächst nur erwähnt, in Gedanken angedeutet und dann allmählich, ein Ereignis nach dem anderen, bildhaft ausgemalt werden.

Es verstärkt die Fähigkeit der Rückschau, wenn die Reihenfolge der Erinnerungen nicht dem Tageslauf folgt, sondern umgekehrt wird, also am Abend beginnt und zum Morgen vordringt. Man lässt sich dann nicht durch den Zeitverlauf führen, sondern bestimmt die Gedankenfolge selbst, ohne jedoch in Willkür zu verfallen, denn es gibt nur eine «richtige» Reihenfolge der Inhalte, der Sinn der einzelnen Handlung soll dabei selbstverständlich nicht verändert werden. Ich stelle mir also nicht vor, dass ich die Kehrschaufel über den Mülleimer halte, dass der Schmutz aus dem Eimer nach oben springt, dass ich dann den Schmutz in die Mitte des Zimmers trage und dort gleichmäßig im Raum verteile und so fort, sondern ich erlebe das Auskippen des Schmutzes in den Eimer als den Schlusspunkt der Handlung und frage nach dem Vorher und Vorher und Vorher, bis ich beim Entschluss «Zimmer kehren» angekommen bin, der ein Impuls nicht ein Abschluss ist.

Der Gewinn aus Rückschau-Übungen wird noch gesteigert, wenn man, statt sich eine Episode des heutigen Tages, wie das Kehren des Zimmers, vorzustellen, aus einem gehaltvollen Buch ein Kapitel wählt, das man eben gelesen hat. Mit diesem Inhalt wiederholt man die Übung zwei oder drei Wochen lang. Beim ersten Mal wird es wahrscheinlich etwas mühselig sein, die gelesene Gedankenfolge rückwärts durchzugehen – mit den begleitenden Gefühlen: So endete das Kapitel, davor kam das und davor das – bis der einleitende Gedanke des Kapitels erinnert wird. Es spielt dabei keine wesentliche Rolle, ob es sich um ein Romankapitel mit einer anschaulichen Handlung oder um ein Kapitel aus einem wissenschaftlichen Buch handelt. Wichtiger ist, dass es sich lohnt, diesen Inhalt fünfzehn oder zwanzig Mal durchzugehen. Und das ist bei dem Zimmer-Auskehren sicher nicht der Fall. Im Verlauf des Übens an dem Buchkapitel wird sich nun, hoffentlich, ein Fortschritt bemerken lassen. Nach einigen Tagen fällt es meist leichter, sich die Gedankenfolge vorzustellen. Und nach weiteren Tagen werden die einzelnen Inhalte nicht mehr mühsam gesucht, sondern sie strömen dem Übenden entgegen – als ob er einen Fluss aufwärts, der Strömung entgegen, ginge.

Dieser Umschlagspunkt beim Üben zeigt eine veränderte Beziehung des Menschen zu seinen Gedächtnisinhalten an. Für gewöhnlich wird eine Aktivität der Gedächtnisinhalte nur im Augenblick des Einfallens bemerkt. Beispielsweise: Ich suche nach einem Namen, ich suche und suche, bis er mich plötzlich anspringt. Er ist nicht nur schlagartig da, sondern ich weiß auch sofort, dass es der gesuchte ist. Wie der früher eingeprägte Name gemerkt hat, dass er und kein anderer gesucht wird, ist mir nicht bewusst. Das Bewusstsein des erinnernden Menschen ragt nicht in die Sphäre der Einprägungen hinein, sondern nur bis an deren Grenze, wo der gesuchte Inhalt «einfällt». Wenn die Inhalte des Buchkapitels dem Übenden entgegenströmen, so taucht das Bewusstsein zwar noch nicht in das dunkle Reich der Gedächtnisinhalte ein, aber während einer gewissen Zeit, nicht nur für den Moment des Einfallens, erlebt er im Erinnern die heraufströmenden Gedächtnisinhalte. Hier wird erfahren, dass die Einprägungen nicht statischer Art sind, sondern ein ständig sich bewegender Strom. Das ist eine konkrete Erfahrung des Lebensorganismus, des Ätherleibes, gewonnen schon in der Persönlichkeitsschulung, vielleicht ehe der Mensch zum ersten Mal meditiert hat. Und schließlich kann, bei geduldigem und intensivem Üben, der in der Zeit verlaufende Strom der Inhalte sich verdichten zu einem Tableau, sodass dieses Buchkapitel gleichzeitig vor dem erinnernden Menschen steht. Wie an der Todesschwelle die Summe aller Lebenserinnerungen sich in ein Panorama verdichtet, zur Gleichzeitigkeit einer gewaltigen Vielfalt von Bildern.

Viele Menschen neigen dazu, den Rückblick mit Urteilen zu verbinden, sich selbst anzuklagen oder zu rechtfertigen. Bei der Rückschau-Übung aber kommt es darauf an, auf die Tatsachen hinzublicken und jedes Urteil zurückzuhalten, eine Handlung oder ein treffendes Ereignis so zu sehen, als ob es nicht mich, sondern einen anderen Menschen anginge, «sich selbst in gewissen Zeiten wie ein Fremder gegenüberzustehen».[1] Wer in der Rückschau urteilt, bindet die Erinnerungen an den egozentrischen Standort des Urteilenden. Für die Lösung der Seele von dem Tagesleben beim Einschlafen aber kommt es gerade darauf an, diese Bindung zu lockern. Und das gilt noch mehr für den Übergang vom alltäglichen zum meditativen Bewusstsein.

Der Verzicht auf Urteile in der Rückschau hat noch eine tiefer reichende Bedeutung. Wer sich die Situation von heute Vormittag vorstellt, als er alle Regeln des Anstands vergaß und seinen Berufskollegen anbrüllte, während die Umstehenden sich kopfschüttelnd abwandten, der wird sich vielleicht geloben: Nie wieder. Nicht noch ein einziges Mal. Was ganz wirklichkeitsfremd ist. Denn die Frage ist doch: Weshalb habe ich so gehandelt? Weil ich ein so unbeherrschter Mensch bin. Die Handlung ist geschehen und nicht mehr rückgängig zu machen. Deshalb: nicht in gute Vorsätze fliehen, dies und jenes nie mehr zu tun, sondern sich selbst wandeln. Also nicht die Tat beiseite schieben, sondern im Gegenteil: ganz ruhig denjenigen anschauen, der ich während der Handlung war. Mit den fuchtelnden Armen, mit dem weit aufgerissenen Mund und mit der überschlagenden Stimme. Das schmerzt, mich so anzuschauen, ohne in Besserungsgelöbnisse zu flüchten. Dieser Schmerz aber wird zur Kraft der Wandlung meiner selbst. Denn es geht nicht um *etwas*, was ich künftig besser machen will, sondern es geht um *mich*.

Was in der urteilsfreien Rückschau angestrebt wird, ist das, was in jeder Nacht, im traumlosen Tiefschlaf, geschieht, ohne dass der Mensch willentlich daran beteiligt ist. Jede Nacht schaut der Mensch zurück auf den Tag – nicht auf dasjenige, was geschehen ist, sondern auf denjenigen, der er selbst gestern gewesen ist. Nur können wir uns nach dem Aufwachen nicht an die Tiefschlaferlebnisse erinnern. Aber wir können vielleicht spüren, dass der gestrige Tag verarbeitet worden ist und dass anschließend eine wirkliche Regeneration eingesetzt hat.[2] Es gehört zum anthroposophischen Verständnis der Meditation, dass in ihr Fähigkeiten ausgebildet werden, die der Mensch vorher schon im Schlaf ausgeführt hat. Es geht also darum, den schlafenden Menschen in das Wachbewusstsein hereinzuholen. Die Übung der Rückschau vollzieht im Wachbewusstsein, vom Menschen gewollt und geführt, was bisher im Schlaf geschehen ist, ohne den Willen und das Können des Menschen.

In der Nacht blickt der Mensch also zurück auf denjenigen, der er selbst gestern gewesen ist. Dieses Motiv des Tiefschlafs kann durch eine weitere Art der Rückschau-Übung aufgegriffen werden. Wir stellen uns eine – vielleicht Jahrzehnte zurückliegende – Situation aus unserem Leben vor und fragen uns, wie viel wir selbst dazu beigetragen haben, dass die Ereignisse so verliefen, wie sie es taten, und wie viel andere Menschen dazu beigetragen haben. Oft werden wir dabei wohl bemerken, dass wir ohne die anderen gar nicht der hätten werden können, der wir heute sind. Ein solcher Gedanke, ernst und entschieden durchgedacht, trägt wesentlich dazu bei, als Übender sich selbst gegenüber souverän zu werden.

Dafür ein Beispiel. Als mein Studium an der Universität sich dem Ende zuneigte, überlegte ich, welches Themengebiet für eine Promotionsarbeit ich wohl bevorzugen und welchen Professor ich dafür ansprechen könnte. Am liebsten hätte ich ein Thema aus der Geschichte gewählt, aber mir lagen die auf diesem Gebiet lehrenden Professoren in ihrem methodischen Vorgehen nicht. So nebenbei kam ich einmal bei einem Studienkollegen auf dieses Thema zu sprechen. Und so nebenbei fragte der, ob ich denn auch an Pädagogik als Hauptfach gedacht hätte. Er kenne den Professor für Pädagogik gut als seinen Nachbarn, und der sei doch recht nett. Nein, daran hatte ich noch nicht gedacht, aber warum nicht ... Ich meldete mich also zu einem Gespräch an und war überrascht, dass der Professor, statt selbst einen Wunsch zu nennen, mich nach meinem Themenwunsch fragte. Meine Vorschläge zur Geschichte der Pädagogik behagten ihm offenbar nicht, und so fragte er direkt: «Womit beschäftigen Sie sich denn?» – «Mit Waldorfpädagogik.» – «Nun, dann schreiben Sie doch eine Dissertation über die Waldorfschule.» Damit war ich selbstverständlich gerne einverstanden. Nicht irgendein Thema zu behandeln, weil man eben einen Abschluss des Studiums braucht, sondern ein zentrales Interessengebiet unter neuen Gesichtspunkten der Beurteilung zu sehen, das war ja wohl ein glücklicher Griff. Wesentlicher aber war etwas anderes. Als ich siebzehn Jahre später mit der Ausbildung von Kindergärtnerinnen begann, war mein Studienabschluss in Pädagogik und Psychologie sehr wichtig. Als

Hauptfach-Historiker hätte ich schwer den Einstieg gefunden. Das habe ich nicht geahnt, als ich mich für mein Hauptfach entschied, auch der Professor nicht, auch der Studienkollege nicht. Aber deren Worte haben tief in meine Lebensführung eingegriffen, sie haben an einem wichtigen Punkt die Weichen gestellt. An einem so entscheidenden Punkt wie der beruflichen Tätigkeit bin ich weniger durch das, was ich wollte, sondern mehr durch das, was ich von den Anregungen anderer aufgegriffen habe, der geworden, der ich bin. Dieses Motiv im Selbstverständnis kann die Persönlichkeitsschulung abrunden und gut einstimmen auf den Meditationsweg.

Persönlichkeitsschulung im hier geschilderten Sinn steht den ostasiatischen Meditationswegen nahe. So beschreibt der Zen-Buddhist Karlfried Graf Dürkheim fünf Voraussetzungen für ein sinnvolles Üben:

1. «Der Mensch muss ein Ungenügen in seiner derzeitigen Lebensform fühlen. Nur wo eine Not ist, kann Übung als Notwendigkeit begriffen und fruchtbar vollzogen werden.»
2. Übung soll nicht als «Steigerung einer Weltkraft», sondern in einem «inneren Zunehmen» gesucht werden.
3. Ein «starker Wille» muss entwickelt werden, denn «Übungen sind als solche oft leicht, aber es ist schwer, ein Übender zu werden».
4. Es kommt darauf an, «die Fähigkeit zum vollen Einsatz» zu entwickeln, der «ganze Mensch» muss sich für das Üben engagieren.
5. Und schließlich muss der Übende lernen zu schweigen. «Im Üben wächst im Verborgenen ein neuer innerer Leib – japanische Meister nennen ihn den Weg-Körper –, der das Beredetwerden nicht verträgt.»[3]

Schon die erste Bedingung zeigt die Nähe zum anthroposophischen Ansatz der Persönlichkeitsschulung, indem der Weg von einem elementaren Bedürfnis des Menschen ausgeht, einen selbst empfundenen Mangel an der eigenen Persönlichkeit zu beheben. Beiden Ansätzen ist auch gemeinsam, dass sie sich nicht am messbaren Erfolg orientieren, sondern an der Entwicklung des übenden Menschen, desjenigen, dem das Üben immer mehr zur inneren Natur wird. Vor allem aber wird auf beiden Wegen gesehen, dass das Üben innerhalb der irdischen Welt den «Weg-Körper» ausbildet, denjenigen Menschen, der sich dann frei in der geistigen Welt bewegen kann. Gewiss, dieser «übende Mensch» wird sich noch tief greifend wandeln, wenn er die Schwelle zu rein geistiger Erfahrung überschreitet, aber er lernt den Umgang mit geistigen Erfahrungen bereits im Üben an der physischen Welt.

Fremder ist die hier geschilderte Persönlichkeitsschulung dem Yoga und der frühen, indischen buddhistischen Meditation. Buddhas «achtgliedriger Pfad» beschreibt zwar, was der gläubige Mensch in der irdischen Welt zu tun hat: in der rechten Art zu denken, auf den Egoismus zu verzichten, wahrhaftig zu sprechen, rein zu werden im Handeln, in anständiger Weise den Lebensunterhalt zu gewinnen, das Karma in gutem Sinne zu ordnen, aufmerksam zu sein auf Körper und Welt, sich konzentriert in bestimmte Inhalte zu vertiefen. Aber alle diese Haltungen bilden den irdischen Menschen nicht für die Forderungen des täglichen Lebens, sondern für das meditative Leben. Diese Haltungen im täglichen Leben sind von großer Bedeutung für das Meditieren, besonders für die Ausbildung der geistigen Wahrnehmungsorgane. Bei deren Behandlung im siebten Kapitel soll über dieses Thema noch einmal gesprochen werden.

2.
An der Grenze … Erste Berührungen mit der geistigen Welt

Die Meditation führt zu Erfahrungen, die dem Menschen im bisherigen Leben nicht so fremd sind, wie oft angenommen wird. Jede Nacht tauchen wir während des Tiefschlafs in eine Welt ein, die ganz anderer Art ist als Sinnesbeobachtung und Gedankenleben. Morgens können wir uns an die Erlebnisse des Tiefschlafs zwar kaum erinnern, ihre Nachwirkungen aber sind für den aufmerksamen Beobachter sehr wohl abzuspüren. Denn Gedanken, die am Tage intensiv, mit Beteiligung des Gefühls und des Willens, bewegt wurden, begleiten den Menschen auch während der Nacht. Man sagt vielleicht: Dieses Problem muss ich erst überschlafen und dann wird mir, hoffentlich, am nächsten Morgen die Lösung einfallen.

Wer sich darin übt, die Nacht in seine geistige Arbeit einzubeziehen, wird bald bemerken, dass bestimmte Gedanken, die am Abend recht gut erschienen, während der Nacht etwas von ihrem Glanz verlieren und dass andere Gedanken, die am Abend nur am Rande beachtet wurden, wichtiger werden. Es gibt also während des Tiefschlafs eine Art Beurteilung und Korrektur dessen, was am Tage gedacht wurde. Beobachtet man genauer, welche Art von Gedanken aus dem Schlaf gestärkt hervorgehen, so sind es oft solche, zu denen der Mensch voll und ganz stehen, mit denen er leben kann. Wir werden im Schlaf nicht klüger, aber weiser, wir werden mehr wir selbst.

In der Regel werden Gedanken des Vortags am nächsten Morgen nicht ganz ausgelöscht sein, sondern es wird eher eine Richtung der Korrektur erkennbar – und die ist für die weitere Arbeit an geisteswissenschaftlichen Inhalten oft hilfreich. Die Gedanken erhalten die geschilderte neue Richtung, weil der Mensch beim Einschlafen sich aus seiner egozentrischen Weltbetrachtung löst. Er wird selbstvergessen, wenn er der Welt nicht mehr gegenübersteht, sondern in ihre Vorgänge eintaucht. Denn während des Schlafes lebt der Mensch *in* den geistigen Zusammenhängen, *über* die er am Tage engagiert nachgedacht hat. Wer *in* einem Problem lebt, hat auch dessen Lösung. Deshalb gibt es Erfinderträume, die etwas von den Inhalten des Tiefschlafs in das Bildbewusstsein des Traumes hereinholen und damit für den wachen Menschen erinnerbar machen.

Nach einem erquickenden Schlaf begegnen wir den Lebensproblemen unbefangener, uns kommen neuartige und gute Gedanken, wir haben wieder Mut zum Leben. Als wache Menschen verdanken wir uns also dem Schlaf. In ihm berühren wir die Welt, die uns als wache Menschen trägt, in die wir jedoch nur eintreten können, wenn wir uns selbst vergessen.

Meditieren bedeutet, das Bewusstsein in die Tiefe unserer Existenz auszuweiten, die wir bisher «verschlafen» haben. Es geht nicht um die Erfahrung einer ganz anderen, einer fremden, jenseitigen, transzendenten Welt, sondern um das Bewusstsein von einer Wirklichkeit, *in* der und *aus* der wir immer schon gelebt haben. Fremd erscheint diese Wirklichkeit nur dem egozentrischen Menschen. Wer auf die Berührung mit der Tiefenschicht des Lebens lauscht, dem wird sie mehr und mehr vertraut, schon ehe er zu meditieren beginnt.

Wer aus einem Wahrtraum erwacht, wird oft die Bilder, in denen er eben gelebt hat, nicht sogleich verstehen, aber er wird empfinden, dass sie eine tiefere Bedeutung haben, dass sie ihm etwas sagen wollen. Wer träumt, dass er über weite, sonnenbeschienene Wiesen wandert, dann in einen dämmrigen Wald eintritt und schließlich in eine enge, finstere Höhle kriecht, der kann diesen Vorgang einfach deuten als Bild für das Aufwachen, für das eben erfolgende Eintauchen in den eigenen Leib, in dem es enger wird als in der Weite der Tiefschlafwelt. Aber da gibt es die Stimmung, die aus dem Traum mitgebracht wird, man nennt sie die Nachstimmung des Traumes, die das Bild viel ernster nimmt. Der Traum meint nicht *etwas,* den Prozess des Aufwachens, sondern er meint *mich,* er bringt meine gegenwärtige Lebenssituation ins Bild. Ich komme in eine beengte Situation, vor der mich der Traum warnen will.

Auch die Erkenntnisse, die durch Meditation gewonnen werden, geben nicht nüchterne Informationen über die Wirklichkeit, sondern sie erhellen das Verhältnis des Meditanten zum Leben. Nur in persönlicher Betroffenheit können Ergebnisse der geisteswissenschaftlichen Forschung gewonnen und nur so können sie verstanden werden. Gegenüber den Erscheinungen der irdischen Welt lässt sich eine neutrale, distanzierte Haltung einnehmen, die geistige Welt erschließt sich nur dem engagierten, verantwortlichen Menschen.

Berührungserlebnisse mit der geistigen Welt lassen den Menschen frei. Ob wir einen Wahrtraum ernst nehmen, ist uns nach dem Aufwachen überlassen. Wir können uns über die feine Nachstimmung hinwegsetzen und den eben geschilderten Traum als typischen Aufwachtraum abtun. Berührungserlebnisse mit der geistigen Welt, nicht nur im Traum, sind häufiger, als man vielleicht glaubt. Oft jedoch fehlt die Wachheit für intime Beobachtungen auf diesem Gebiet. Andererseits gibt es Menschen, die sich ständig von geistigen Wesen berührt fühlen. Sie verwechseln den Wunsch nach «spirituellen» Erlebnissen, der aus ihnen selbst aufsteigt, mit der Zuwendung geistiger Wesen, die von außen an sie herantreten. Es mag unserer Eitelkeit wohltun, wenn wir uns von Engeln beachtet fühlen, mit der Wirklichkeit aber hat diese Einbildung nichts zu tun. Wer geistige Erfahrungen sucht, die einen Erkenntniswert haben, braucht eine besonnene Haltung, nicht eine Lust an Sensationen.

Besonders eindrucksvoll zeigen die Träume vom bevorstehenden Tod, wie der Mensch von der geistigen Welt berührt werden kann. Wenn man aus einem solchen Traum aufwacht in einer friedlichen Stimmung – «wie gut, dass ich nun weiß, wann ich sterben werde» –, so zeigt das, wie im Schlaf der nahende Tod angenommen wurde. Man sollte erwarten, dass der Mensch, wenn er den Traum überhaupt ernst nimmt, einen Schreck bekommt. Und das geschieht auch oft, wenn man nach dem Erwachen über das Geträumte nachdenkt. Da antwortet der selbstbewusste, egozentrische Mensch auf die Botschaft aus der Nacht. Umso auffallender ist, dass aus dem Schlaf manchmal eine ganz andere Stimmung mitgebracht wird, eine Stimmung, in der das Wissen um das eigene Schicksal nachklingt. Oder anders gesagt: Wir waren im Schlaf mit dem eigenen Wesen, das über Geburt und Tod hinausreicht, oder mit unserem Engel verbunden, der uns als Aufwachenden in das Wissen um den nahenden Tod einbeziehen will.[4]

Nicht immer sind solche Berührungserlebnisse eindeutig zu verstehen. Das schildert Albrecht Haushofer, der gegen Ende des Krieges wegen seiner Beziehung zu den Widerstandskämpfern verhaftet wurde. In der Reihe von siebzig Gedichten, den *Moabiter Sonetten*, berichtet er von geistigen Erfahrungen während der Haft. Eines Nachts «zwischen Traum und Wachen», in einer Vision, spürt er die Nähe eines ehemaligen Studenten, der zweieinhalb Jahre zuvor gefallen war. Er meint, dessen «vertrautes tiefes Lachen» zu hören und dessen Hauch an seiner Wange zu spüren. Während der Vision erinnert er sich daran, dass dieser Student von Haushofer ein deutlicheres Auftreten gegen den Nationalsozialismus erwartet und eingefordert hatte. Jetzt, in der Haft, bewegt Haushofer nun die Frage, ob er noch hingerichtet wird, ehe der Krieg zu Ende geht, oder ob er überleben wird. Er ist bereit, «zu bleiben und zu gehen». Nicht mehr viele Menschen halten ihn auf der Erde. «Der Toten sind die tieferen Gewalten.» Zu der Frage, die Haushofer ständig begleitet, nimmt der Gefallene Stellung, offenbar als wissender Bote.

«Ich fühle dich im Boot als Fergen [Fährmann] stehen,
Ich fühle deine Hand sich grüßend heben –
Du schweigst ... Soll ich dir folgen? Soll ich leben?»[5]

Haushofer versteht, dass die erhobene Hand die Antwort auf seine Frage ist. Aber will die Hand nun sagen: Folge mir über den Strom ins Totenreich? Oder will sie den Lehrer auf die Aufgaben hinweisen, die auf der Erde noch auf ihn warten?

Es kann geschehen, dass Begegnungen mit geistigen Wesen nicht erkannt und nicht verstanden werden. Andererseits können Regungen der eigenen Seele für Offenbarungen aus der geistigen Welt gehalten werden. Das ist leicht zu verstehen, wenn man auf bestimmte Träume, vor allem auf Einschlafträume, achtet. Ein Mann, der sich am Tage über seinen Nachbarn geärgert hat, träumt, dass er auf dem Weg in die Stadt vom Hund des Nachbarn angefallen und lange Zeit belästigt wird. Der Ärger, der sich am Tage nach außen, zum Beispiel auf den

Nachbarn richtete, kommt dem Menschen, wenn er die Schwelle zum Schlaf überschritten hat, von außen entgegen. Wünsche, Hoffnungen und Befürchtungen, also die Innerlichkeit des Tages, werden zu der Welt, die uns umgibt. Die Seeleninhalte des Tages werden im Traum nach außen projiziert und erscheinen oft in symbolischen Bildern. Der Ärger, der uns am Tage keine Ruhe lässt, wird zum Bild des Hundes, der uns anfällt.

Dieses recht alltägliche (oder allnächtliche) Beispiel eröffnet den Weg, um kompliziertere Situationen zu klären. Einem Mann erscheint im Traum ein hoch geschätzter Verstorbener und warnt ihn vor einem bestimmten Menschen. Ein warnendes Gefühl hatte es in den Tagen zuvor schon gegeben, aber das war überhört worden. Nun meldet es sich erneut im Schlaf, aber nicht im Inneren des Träumers, sondern es ist nach außen projiziert. Und ihm wird eine höhere Autorität verliehen, indem es die Gestalt einer hoch geschätzten Person annimmt. Die ist über die alltäglichen Seelenregungen erhaben, deshalb erscheint sie als Verstorbene. Solche Gestalten können auch während des Tages in Visionen auftreten. Und es ist oft nicht leicht, echte Berührungen mit der geistigen Welt von solchen Projektionen der eigenen Sorgen und Hoffnungen zu unterscheiden. Und doch gibt es ein fast untrügliches Kennzeichen für echte geistige Erfahrungen: Sie bringen etwas Überraschendes. Wenn in einer Vision die geistige Welt genau so aussieht, «wie ich mir das immer schon vorgestellt habe», so liegt es nahe anzunehmen, dass es sich um die Projizierung eigener Seeleninhalte nach außen handelt. Wenn ein Bild unerwartete, überraschende Motive enthält, kommen sie wohl nicht aus der eigenen Seele des Schauenden, sondern von außen.

Ein weiteres Kennzeichen für die Zuverlässigkeit geistiger Erlebnisse wird von Visionären oft noch weniger gerne akzeptiert. Große geistige Erlebnisse regen zum Ernst an und – zum Schweigen. Wenn ein Visionär über das plaudert, was er geschaut hat, mag es sich vielleicht schon um eine Berührung mit der geistigen Welt handeln, aber diese Erlebnisse sind dann sicher subjektiv gefärbt. Berichte über große Schauungen wirken dann sensationell und werden damit der Wirklichkeit nicht gerecht. Mitteilbar werden geistige Erlebnisse erst, wenn sie gedanklich verarbeitet sind.

3.
Meditation – die Kultur der Stille

Wenn es still wird zwischen Menschen

Mancher, der sich im Beruf lange Zeit und gut konzentrieren kann, hat es schwer, am Feierabend still zu werden und sich einem selbst gewählten Inhalt zuzuwenden. Obwohl er eigentlich die Sehnsucht hat, mit einem anderen Menschen allein zu sein und ihm zuzuhören.

Eine junge Frau kommt zum Psychologen, um sich Rat zu erbitten in ihren Lebensproblemen. Sie hat sich gut auf das Gespräch vorbereitet und genau überlegt, was sie sagen und wie sie es sagen will. So kann sie flüssig sprechen und ist glücklich, dass der Psychologe zuhört, ohne sie zu unterbrechen. Endlich jemand, der einen ausreden lässt. Da bemerkt sie, dass ihr Gesprächspartner nicht nur aufmerksam zuhört, was sie sagt, sondern dass er auf sie, den sprechenden Menschen, lauscht. Die junge Frau fühlt sich wahrgenommen. Und nun legt sie ihr Konzept beiseite, sie beginnt auszusprechen, nicht was ihr Verstand, sondern was ihr Herz sagt. Unvorbereitet und ohne inneren Abstand zu den Worten. Die Aussagen werden dicht und wesentlich. Sie sagt, was sie eigentlich schon vorher gewusst hat – wovon sie aber nicht wusste, dass sie es wusste. Als sie geendet hat und der Psychologe überlegt, wie er nun ins Gespräch kommen könne, sagt die Frau spontan: «Danke für das Gespräch, es geht mir besser», nimmt ihren Mantel vom

Garderobenhaken und verabschiedet sich mit einem warmen Händedruck.

Was ist geschehen? Die Frau hat zunächst gesagt, was sie zu Hause überlegt, was sie gut durchdacht hat. Das gehört zu ihrer Vergangenheit, nicht zur gegenwärtigen Wirklichkeit, in der sie einem anderen Menschen gegenübersitzt. Zum Wendepunkt in dem Beratungsgespräch kommt es, als die Frau bemerkt, dass der Psychologe ihre Worte nicht nur wahrnimmt und ernst nimmt, sondern dass er sie in sich still werden lässt und damit den Blick auf den sprechenden Menschen lenkt. Es geht nicht mehr um die Lebensprobleme, um *etwas*, sondern es geht um *jemanden*.

In dem Augenblick, in dem wir unmittelbar zueinander werden, in dem nicht mehr die Gedanken von gestern zwischen uns stehen, beginnt die Stille zwischen uns. Sie keimt auf, sie entfaltet sich, sie bildet eine neue Welt, die uns in sich aufnimmt. Wenn ich schweige, ist das noch nicht *die Stille*. Die ist eine höhere und stärkere Wirklichkeit als diejenige, die der eine oder der andere Mensch schaffen könnte. Sie setzt den guten Willen aller Beteiligten voraus, und dann senkt sie sich aus einer höheren Ebene nieder auf die Beziehung zwischen Menschen. Stille ist eine Gnade, wie der Friede.

Martin Buber hat die Welt des Alltags, die Welt der auswechselbaren Gegenstände und Personen, als die Ich-Es-Beziehung bezeichnet und die Welt, in der ich dem anderen als Mensch begegne, als die Ich-Du-Beziehung. In ihr sind wir aufeinander angewiesen. «Der Mensch wird am Du zum Ich»:[6] zu dem Ich, das nicht im Getriebe der täglichen Geschäfte aufgeht, sondern das aus der Stille lebt.

Im alten Japan war es Brauch, einen Menschen, den man eben einmal kennenlernen wollte, in ein Restaurant einzuladen, einen Menschen aber, den man wirklich kennenlernen wollte, in das eigene Haus zu bitten, vielleicht zum Tee. Doch nicht um zu plaudern, sondern um zu schweigen. Sich konventionell unterhalten, das kann jeder, dabei lernt man den anderen nicht wirklich kennen. Schweigen kann nur, wer etwas zu sagen hat. Und wer schweigen kann, schweigt auf ganz eigene Art. Im Schweigen wird er zum DU. Im Schweigen, auch wenn es durch Worte begleitet wird, bin ich mit dem anderen allein, der Kreis zwischen Ich und Du schließt sich, es drängt sich nicht etwas zwischen uns.

Die Stille ist nur für denjenigen hörbar, der lauschen kann. Das Lauschen ist nicht die punktuell ausgerichtete Aufmerksamkeit, die beim heutigen Menschen so stark ausgebildet ist. Es ist nicht die periphere Aufmerksamkeit, die wir beim Wandern durch eine Landschaft zeigen. Es ist nicht die allgemeine Offenheit des kleinen Kindes. Sondern Lauschen ist die Kraft, die in die Tiefe des Gegenübers eintaucht. Im Lauschen auf den anderen vergessen wir, was wir wissen. Wir sind ganz Ohr. Im Lauschen wird die Welt wesentlich und wir selbst werden es auch. Deshalb können manche alte und sterbende Menschen so gut lauschen.

Mathias Wais hat aus der Erfahrung der Biografieberatung geschildert, wie sich im Lauschen auf den anderen ein neues Hörorgan bildet. Das sitzt nicht im Kopf, sondern im Rücken, zwischen den Schulterblättern. Das «Hören nach hinten» erfasst nicht, was gesagt wird, sondern «nimmt etwas vom Wesenskern des anderen auf» und macht das Gespräch friedvoll. «Und wenn man [als Psychologe] dann spricht, so spricht der Klient selbst zu sich.»[7]

Noch bis in das 20. Jahrhundert hinein wurden oft solche Menschen bewundert, die ihre Persönlichkeit durch markiges

Auftreten hervorkehren. Heute beginnen wir, denjenigen höher zu schätzen, der zuhören kann. Wer stark ist, braucht nicht laut aufzutreten. Wir empfinden, dass Nelson Mandelas Lächeln nicht eine Konvention und nicht das Mittel für einen politischen Zweck ist, sondern dass es im Leid jahrzehntelanger Gefangenschaft gereift, dass es echt ist. Und wir empfinden, dass Aung San Suu Kyis herzhaftes Lachen, auch in bedrohlichen Situationen, aus der Kraft der Stille kommt, weil sie souverän ist gegenüber der Gefahr. Verkrampften und fanatischen Menschen fehlen Beschwingtheit und Humor. Der Mensch, der aus der Stille lebt, ist natürlich. Denn er ist er selbst.

Still werden für das Meditieren

Wer still werden kann, ist auf einem guten Weg, ein meditierender Mensch zu werden. Denn in der Meditation muss das alltägliche Leben still werden. Aber oft werden Menschen unruhig, wenn der Strom der Eindrücke, die dem Seelenleben einen Inhalt gegeben haben, versiegt. Wer versucht, still zu werden, indem er den Willen aus der Führung des Gedankenablaufs zurückzieht, wird wohl bemerken, dass nun die Vorstellungen ihren Eigenwillen entfalten, dass sie durcheinanderpurzeln. Was nun? Da wird manchmal empfohlen, diese Vorstellungen sich zunächst tummeln zu lassen und wenn sie ihre Kraft verpufft haben, sich auf den Meditationsinhalt einzustellen. Friedrich Rittelmeyer berichtet von sich selbst, er habe eine Art «Sprechstunde» für seine störenden Alltagsgedanken eingerichtet, und nur während dieser festgelegten Zeiten sei er für diese eigenwilligen Störenfriede erreichbar gewesen.[8] Aber nicht immer bereitet man unruhige Kinder besonders gut auf den Unterricht vor, wenn man sie erst einmal richtig toben lässt.

Oder man kann, wie ich es für mich selbst bevorzuge, diese alltäglichen, eigentlich ja unbedeutenden Vorstellungen behandeln wie einen Schwätzer, der unerwarteterweise und unverdienterweise ernst genommen wird. «Jetzt hören wir alle einmal zu, was du Wichtiges zu sagen hast.» – «Ich wollte ja nur ...» – «Gut, das haben wir nun gehört, und solange du nichts Wichtiges zu sagen hast, solange hast du Sendepause.» – Oder man spielt den energischen Hausherrn: «In zehn Minuten dürft ihr Vorstellungen wiederkommen, jetzt nicht.» Jeder kann nur an sich erproben, wie er am besten Ruhe in sich schafft.

Stille, der Raum für die Meditation, entsteht, wenn der Alltag beruhigt wird. Und je mehr zu beruhigen ist, je mehr Kraft für die Beruhigung eingesetzt wird, desto intensiver ist die Stille. Wenn ein inhaltloser Alltag beiseitegeschoben wird, entsteht eher ein Hohlraum als eine Stille.

Die alte japanische Kultur kannte einen recht wirkungsvollen Weg zur Stille: die Schlichtheit im Lebensstil. Wer eine kaiserliche Villa für die Teezeremonie besucht, findet keinen herrschaftlichen Prunk. Nichts als die schlichten Holzplanken. Aber aus erlesenen Hölzern. Der Blick kann auf den einfachen und beweglichen Formen der Maserung ruhen. Und die Becher aus Steingut für den Tee haben keine ablenkenden Verzierungen, aber sie sind ebenmäßig in ihren Größenverhältnissen und in ihren Formen. – Oder wer den Garten eines Zen-Klosters aufsucht, findet keine Rabatten mit Stiefmütterchen und Osterglocken, sondern ein paar Sträucher auf dem Rasen, vielleicht nur Kies mit ein paar Felsbrocken und Moos. Der Garten ist selbstverständlich nicht zu betreten, sondern nur anzuschauen.

Zen-Garten im Nanzen-ji-Kloster in Kyoto, Japan.

Wenn der Blick auf den Spuren des Rechens auf dem Kies weilt, beruhigt sich der Mensch, denn er lässt sich auf eine Welt ein, die anspruchslos, wie zufällig erscheint und die doch aus feinem Stilempfinden gestaltet ist. Die Felsbrocken auf dem Kies sind bei jahrelangen Wanderungen des Gartenkünstlers gesucht – und nicht künstlich bearbeitet worden.

Wenn ich am Rande des Zen-Gartens im Nanzen-ji-Kloster in Kyoto sitze, wenn das Tonband mit dem englischen Erklärungstext abgelaufen und die Touristengruppen zur nächsten Sehenswürdigkeit geeilt ist, dann beginnt für mich die Welt der Stille. Wohl jedes Mal, wenn ich nach Kyoto kam, habe ich den Nanzen-ji-Garten aufgesucht. Ich kenne ihn gut und ich

Zen-Garten im Nanzen-ji-Kloster in Kyoto, Japan.

denke, er kennt mich auch, denn er grüßt mich wie einen alten Bekannten. Es gibt nichts Neues mehr mitzuteilen, und so kann das Gespräch *zwischen uns* beginnen. Wenn der Blick auf der Kiesfläche, auf den Sträuchern, auf dem Wald der umgebenden Hügel ruht, so habe ich den Eindruck, dass es sonst nichts auf der Welt gibt – wie ich in der Begegnung mit einem Menschen, wenn wir still und allein miteinander werden, auch nicht frage, wen es sonst noch gibt. In der Stille sagt das Moospolster nicht *etwas,* was man bei der Führung vielleicht erklären könnte, sondern es spricht *sich* aus in seiner Farbe und in seiner Form, in seinem Einklang mit der Umgebung. In der Stille ist der Meditationsinhalt sich selbst genug, er möchte nicht in Beziehung gebracht und verglichen sein mit anderem in der Welt. Wer vergleicht, kehrt nicht wirklich bei dem Meditationsinhalt ein, er hat es eilig, denn er hat ein Programm, wie die Touristengruppe. Wer still wird, hat Zeit, nicht viel Zeit, sondern unbegrenzte Zeit. Jede bemessene Zeit schafft Grenzen, erst unbegrenzte Zeit öffnet den Weg in die Tiefe.

Aber kommt nicht auch der Weg in die Tiefe einmal zu einem Schlusspunkt? Wer über einen Inhalt nachdenkt, auch wenn er das in gesammelter, in andächtiger Stimmung tut, meditiert noch nicht. Für ihn ist der Inhalt der Besinnung noch das andere. Meditation ist der Umgang mit dem Inhalt, das Gespräch mit ihm. Im Blick auf den Zen-Garten kann ich erfahren, wie die Kiesfläche still wird, weil sie unter den Spuren des Rechens ihre Gestalt erhielt, zum Bild der geistigen Welt wurde, weil die Ewigkeit hier die Zeitlichkeit berührte. Mit Worten allerdings kann ich nicht sagen, was ich erlebe. Die Kiesfläche sagt mir nur so viel, wie ich fragen kann. Ihre Tiefe ist nur so weit auszuloten, wie meine Fähigkeit der Vertiefung reicht. Wenn ich das nächste Mal in den Nanzen-ji-Garten komme, bin ich älter geworden und frage daher anders, hoffentlich reifer, und der Garten wird anders antworten. Und weil er von einem Wissenden angelegt wurde, habe ich wohl noch lange nicht seine Tiefe ausgeschöpft.

Der oben erwähnte Satz Martin Bubers «Der Mensch wird am Du zum Ich» ist tief, denn er ist aus der Wirklichkeit des Menschen heraus gesprochen. In der frühen Kindheit haben wir gelernt, uns als Ich zu bezeichnen, indem wir uns von der Welt abgesetzt haben, indem wir «nein» und «doch» gesagt haben. Martin Buber meint nicht dieses Ich, sondern das ICH, das sich bildet im Eintauchen in das Du. Wenn wir im Umgang miteinander hüllenlos, wenn wir echt werden, dann empfinden wir, dass der andere nicht mehr ein Bild (oder gar eine Maske), sondern sich selbst zeigt. Wir sind bei ihm angekommen. Wir haben festen Grund in unserer Beziehung gefunden. Die Tiefe, die sich erschließt, wenn wir still werden, ist nicht bodenlos, sondern sie ist unerschöpflich. So auch in der Meditation. Das Wort DU in Martin Bubers Satz wird immer tiefer, wenn meine Scheu, meine Achtung, meine Bewunderung, meine Liebe reifen in der Zuwendung an das Wunder, dass ich einem Du begegne. Das Wort Du gewinnt einen volleren und immer volleren Klang. Und aus ihm klingt dann auch das Wort Ich neu, überraschend, es macht mich betroffen. Wer bin ich, wenn ich mich verstehe aus dem Lauschen auf das Du? Ich werde zum *Menschen.* Aus dem Schluss des Satzes fühlt sich dessen Anfang ganz anders an. Zwischen den Worten Du, Ich und Mensch meditativ zu weben, heißt: Leben in der Stille. In einer aktiven, klingenden Stille.

In der Stille schweigsam werden

Wer in die Meditation eintritt, kann lernen, still zu werden. Wer aus der Meditation in den Alltag zurückkehrt, kann lernen, schweigsam zu werden. Wie es in der Menschenbegegnung Festesaugenblicke gibt, in denen wir wissen, wer der andere ist und was uns verbindet, so gibt es auch im Meditieren Momente, die uns in der Luft der geistigen Welt frei atmen lassen. Das sind Geschenke, aber nicht Geschenke, die zur Schau gestellt werden wollen wie die Orden auf der Heldenbrust. Auch die tiefere Erkenntnis des anderen Menschen darf nicht in Ansprüche für den Alltag umgemünzt werden. Nein, da haben wir unsere gemeinsamen

Aufgaben, da lachen wir auch einmal zusammen – aber dabei brauchen wir nicht an unsere Schicksalsverbundenheit aus früheren Erdenleben zu denken. Sondern wir freuen uns heute aneinander.

Der gute Meditant ist nicht derjenige, an dessen Gesichtsfalten jeder sieht, wie tiefe Erlebnisse er schon hatte, sondern derjenige, der offen und natürlich der Welt begegnet, vielleicht einmal heiter. Aber heißt das: immer zu schweigen über die Erfahrungen in der Meditation? Gibt es nicht Erkenntnisse, die auch für andere wichtig sind, die die Welt braucht? Ja. Aber wenn ich von den Inhalten meiner Schau erzählte, dann stelle ich mich, ob ich es merke oder nicht, über diejenigen, die das nicht geschaut haben. Wenn ich jedoch meine Erkenntnisse in Gedanken fasse, die durch sich selbst überzeugen, dann werde ich schweigsam und lasse die Erkenntnisse sprechen. Immer wieder kann man bemerken, dass Menschen, die die Inhalte ihrer Schau vor anderen (oder vor sich selbst) ausbreiten, hart oder sogar fanatisch werden. Sie steigern ihre Egozentrik. Die geistige Welt ist aber nur für den Selbstvergessenen zu erfahren und zu verstehen.

Nicht erst nach der Meditation kann der Mensch lernen, schweigsam zu werden, sondern schon an einem bestimmten Punkt des Meditierens. Ich bin in das Leben eines Textes, eines Bildes oder eines Naturvorgangs eingetaucht, ich habe mitvollzogen, was in der Welt geschieht. Nun kann ich innehalten und nicht nach neuen Inhalten suchen, sondern dem Erlebten nachlauschen, mir selbst nachlauschen, der eben diese Meditation vollzogen hat. Ich bin im Meditieren dieser Text, dieses Bild oder dieser Naturvorgang geworden, und nun spüre ich an mir ab, wer ich dabei war. Denn Meditation will nicht zur Erkenntnis von *etwas,* sondern zur Wesenserkenntnis führen. Ich erfahre im Meditieren nicht, was Wachstum ist, sondern wer die Pflanze ist, die so wächst. Wenn ich lerne, über die Inhalte zu schweigen, kann die Selbsterfahrung des meditierenden Menschen auftauchen. So hat Rudolf Steiner in seinem Buch *Wie erlangt man Erkenntnisse der höheren Welten?* dargestellt, wie der Mensch, nachdem er den Vorgang des Wachsens verfolgt hat, dasjenige beachten kann, «was seine Seele zu der Tatsache des Blühens und Gedeihens sagt».[9]

Wie der Mensch an der Beachtung seines eigenen Tuns zur Wesenserkenntnis kommen kann, habe ich einmal vor Jahrzehnten recht eindrucksvoll an einem nepalesischen Bauern erlebt. Mit zwei anderen Touristen war ich unterwegs in den Vorbergen des Himalaya. Ein Bauer folgte uns und schaute uns lange, es mag eine Viertelstunde gewesen sein, zu. Er vollzog, wenigstens durch seine Augen, die Bewegungen mit, die wir im Gehen und im Gespräch ausführten. Und indem er diese Bewegungen in sich still werden ließ, wusste er, wer wir sind, von innen her, denn er war ja in uns hineingeschlüpft. Und erst dann lud er uns ein, in sein Haus zu kommen. Der Nepalese konnte noch in diesem Atem von eindringender Aufmerksamkeit und stiller Besinnlichkeit leben. Wir müssen das wieder lernen.

Auf die Meditation angewendet, bedeutet das: auf mich zu lauschen, der ich eben eine geistige Bewegung vollzogen habe. Das führt zu Selbstvergessenheit, zu einer gesteigerten Stille im Meditieren. Denn ich erfahre dabei nicht mich, sondern das andere Wesen, in das ich eingetaucht bin. Dieses beginnt in mir zu sprechen. Meditieren heißt nicht, etwas in der Welt von außen, «objektiv», zu erkennen, sondern sich zu identifizieren mit dem, den ich zu erkennen suche. Der Mensch kann nur den erkennen, den er liebt – im Sinne einer aktiven und selbstvergessenen Zuwendung.

In der Stille sich selbst und die Welt vergessen

Im Hause des japanischen Fechtmeisters Shoken, so berichtet eine Zen-Erzählung,[10] trieb eine Ratte ihr Unwesen. Deshalb schloss der Mann sein Haus zu und ließ seine Katze mit der Ratte zurück. Als die Katze angreifen wollte, sprang ihr jedoch die Ratte ins Gesicht und biss sie blutig. Nicht besser ging es vier anderen Katzen, die der Fechtmeister herbeiholte. Da nahm er seinen Degen und ging selbst auf die Ratte los. Die aber wich geschickt den Schlägen aus, die nun die Möbel des Hauses trafen. Schließlich hörte Shoken von einer Katze im Nachbardorf und bat sie, in sein Haus zu kommen. Diese Katze sah weder besonders klug noch kämpferisch aus, aber sie hatte einen guten Ruf. Ruhig und langsam ging sie in das Haus hinein, als ob das die selbstverständlichste Sache in der Welt wäre. Die Ratte war wie gelähmt, und die Katze brachte sie in ihrem Maul heraus.

Am Abend versammelten sich die Katzen im Hause des Fechtmeisters, boten der Siegerin den Ehrenplatz an und knieten vor ihr nieder. Ehe jedoch die Siegerin das Geheimnis ihres Erfolges verraten wollte, forderte sie die anderen Katzen auf, von sich selbst zu erzählen. Die erste berichtete, sie stamme aus einer Familie, die für den Rattenfang berühmt gewesen sei, und habe sich seit ihrer Kindheit in der rechten Technik geübt. Hier aber habe sie die schwerste Niederlage ihres Lebens einstecken müssen. Ja, sagte die siegreiche Katze, das sei leicht zu erklären, denn wer nur die Technik übt, bleibt fixiert auf den Erfolg, den er erringen will, und damit an die Welt, aus der ihn nun der Misserfolg trifft. – Das habe sie wohl berücksichtigt, setzte die zweite Katze fort, nicht durch den Kampf versuche sie zu siegen, sondern schon vor dem Angriff müsse der Sieg ihr zufallen. Denn sie verbinde sich mit dem Geist, der Himmel und Erde erfüllt, und der schlage den Gegner einfach in Bann. Um die Technik kümmere sie sich gar nicht, die ergebe sich von selbst. Aber dabei, erwiderte die siegreiche Katze, sei die Aufmerksamkeit immer noch auf den Sieg gerichtet. Wenn nun aber das Ich des Gegners stärker ist als das eigene? Bilde dir doch nicht ein, dass nur du stark seist. Die Kraft, mit der du dich verbunden hast, ist noch nicht diejenige, die Himmel und Erde durchdringt, sondern nur ein Abglanz von ihr. Wer in Todesgefahr ist, vergisst sich selbst, deshalb ist sein Wille wie von Stahl und demjenigen überlegen, der noch an sich selbst denkt. – Deshalb, so begann die dritte Katze zu sprechen, versöhne ich mich mit meinem Feind, ehe ich angreife, ich werde eins mit ihm. So findet mein Gegner nichts, worauf er sich stürzen kann. Aber die Ratte hier ging nicht auf mein Spiel ein. Weil dasjenige, erwiderte die Siegreiche, was du Versöhnung nennst, ein Trick ist. Du denkst immer noch an den Erfolg, und der kann dir geraubt werden. Deshalb übt euch in der Absichtslosigkeit, lasst einfach geschehen, was geschieht. Das ist ein Weg ohne Ende und Ziel. Doch ihr dürft nicht glauben, das sei der Gipfel der Kunst. Ich kannte einen Kater im Nachbardorf, der schlief den ganzen Tag. An ihm war gar keine Kraft zu sehen. Niemand hat je gesehen, dass er eine Ratte gefangen hat. Aber im weiten Umkreis ließ sich nie eine Ratte blicken. Ich fragte ihn einmal, wie ihm das gelinge. Er antwortete nicht. Ich fragte ihn noch dreimal, und er schwieg noch dreimal. Denn so ist es: Wer es weiß, sagt es nicht, und wer es sagt, weiß es nicht. Dieser Kater konnte siegen, ohne zu töten, und das habe ich noch nicht erreicht.

Der Fechtmeister hatte aufmerksam zugehört und verneigte sich tief vor der siegreichen Katze.

Die Erzählung zeigt wohl recht anschaulich, was aktive Stille ist. Wenn nichts mehr zu hören ist, kann man das Geräuschlosigkeit nennen, aber mit Stille hat das nichts zu tun. Andererseits gibt es Vorträge, in denen selbstverständlich dauernd gesprochen wird, in denen es aber so still ist, dass «man eine Stecknadel fallen hören» könnte. Nicht deshalb, weil die Zuhörer eingeschlafen sind, sondern weil sie sehr aktiv im Zuhören sind, in den Inhalt intensiv eintauchen, sodass sie sich selbst vergessen. Stille entsteht in dem Spannungsbogen zwischen dem Ich und dem Inhalt des Gehörten. Wenn lediglich ausgelöscht wird, was stören könnte, entsteht nur Leere, aber nicht Stille. Denn Stille ist gehaltvoll, was man von der Leere nicht behaupten kann.

Wer genau hinhört auf ein Geräusch, hat ein waches und differenziertes Bewusstsein von dem, was in der Welt vorgeht – und von sich selbst, dem Hörenden. Wer auf einen anderen Menschen lauscht, weiß nichts von sich selbst, sondern nur von dem anderen. Wenn der Psychologe in der Schilderung von Mathias Wais in dieser Art lauscht, dann entsteht Stille, die nicht nur einen Gehalt hat, sondern die ein Wissen im anderen weckt, das diesem bis dahin nicht bewusst war.

Die Kultur der Stille in der Meditation macht uns nicht leer für neue, für spirituelle Inhalte, sondern sie bringt die geistige Welt zum Klingen, in der wir schon immer gelebt haben, aber ohne es zu bemerken. Meditation ist, so könnte man es einfach sagen, nicht ein Weg in eine ferne geistige Welt hinein, sondern sie ist der Weg zu mir selbst.

Dieses Ziel ist den asiatischen Meditationswegen und dem anthroposophischen Meditationsweg gemeinsam. Aber leuchtet die Wahrheit auf, wenn wir den Ursprung finden? Oder leuchtet sie auf, wenn die Erfahrungen an der irdischen Welt still, wenn sie wesentlich werden? Das sind zwei sehr verschiedenartige Licht-Erlebnisse, doch die stören sich nicht gegenseitig.

Der Meditationsweg

4.
Sich entscheiden für einen Meditationsweg

Es ist sinnvoll zu meditieren, gelegentlich oder auch öfter, wenn der Mensch ein elementares Bedürfnis nach Meditation hat. Und wenn dieses Bedürfnis nicht – noch nicht – da ist? Dann ist die Zeit zu meditieren noch nicht gekommen, vielleicht während des ganzen Lebens nicht. Auch nicht, wenn man schon lange Zeit mit anderen zusammen geisteswissenschaftliche Literatur studiert hat und wenn man diesen Studien viel verdankt. Wenn nun aber die anderen mich einmal nach meinen Meditationen fragen? Sollte ich nicht wenigstens ein paar Anstandsmeditationen durchführen, um dann mitreden zu können? Es wäre viel erfrischender, wenn in einer solchen Situation offen gesagt würde: «Wissen Sie, ich meditiere überhaupt nicht.» Denn zunächst ist es ja taktlos, einen Menschen zu fragen, ob er meditiert. Das Meditieren gehört zum eigensten Leben eines jeden Menschen, in das sich niemand einzudrängen hat. Das Verständnis geisteswissenschaftlicher Literatur setzt deren sorgfältiges Studium, aber nicht ein eigenes Meditieren voraus. Der Geisteswissenschaftler soll durch seine Gedanken überzeugen, nicht dadurch, dass er sich auf eine Schau beruft, die anderen nicht zugänglich ist. Meditative Forschungsergebnisse sind voll zu verstehen, ohne dass man selbst je meditiert hat.

Wer gelegentlich oder regelmäßig meditiert, weil er ein persönliches Bedürfnis danach hat, handelt sinnvoll, aber er ist damit noch nicht auf einem meditativen Erkenntnisweg. Der hat eine methodische Folgerichtigkeit und stellt daher bestimmte Anforderungen an den Meditanten, die über dessen persönliche Bedürfnisse oft hinausgehen. So wie jede Wissenschaft Anforderungen an den Wissenschaftler stellt. Dem ist es nicht freigestellt, sich nur denjenigen Inhalten zuzuwenden, die ihm persönlich liegen. Die wissenschaftliche Disziplin verlangt von ihm, die einzelne Erkenntnis im Rahmen eines Gesamtbildes zu sehen und durch ein systematisches Vorgehen zu sichern.

Ob und wann ein Meditationsweg beginnt, kann nur der Meditierende selbst entscheiden. Aber das kann zu früh geschehen, vielleicht wenn man einem Meditationslehrer begegnet und von dessen Persönlichkeit so beeindruckt ist, dass man beschließt: Von heute an wird täglich meditiert. Was es heißt, einen meditativen Erkenntnisweg zu gehen, kann nur verstehen, wer selbst meditiert. Man kann sich nicht sinnvollerweise zu etwas entschließen, das man noch gar nicht kennt. Aber man kann sinnvollerweise beschließen, heute diese Meditation durchzuführen, und morgen von Neuem einen entsprechenden Beschluss fassen. Nicht ausgeführte (gute) Vorsätze erschweren den weiteren Weg. Eine weitreichende Entscheidung für Lebenszeit zu treffen, ehe man aus eigener Erfahrung weiß, was Meditieren bedeutet, das ist lebensfremd, und lebensfremde Entscheidungen führen nicht weit auf einem Erkenntnisweg.

Einen Meditationsweg zu beginnen ist nur sinnvoll, wenn er sich folgerichtig an den bisherigen Lebensweg anschließt, wenn dieser zu einem Punkt geführt hat, der bereits der Ausgangspunkt für den Meditationsweg ist. Wer sich an einen Meditationslehrer, der in der alten Yoga-Technik steht, mit der Bitte um Rat und Hilfe wendet, wird zunächst die Frage beantworten müssen, weshalb er eigentlich meditieren wolle. Um in die geistige Welt zu schauen? Um der tristen irdischen Welt zu entfliehen? Oder um Macht in der irdischen Welt zu gewinnen? Dann wird der Meditationslehrer sich wohl, ohne ein Wort zu verlieren, von dem Ratsuchenden abwenden. Denn es gibt eine Bedingung, die erfüllt sein muss, ehe ein Yoga-Weg begonnen werden kann. Der künftige Schüler muss erfahren haben, selbst schmerzhaft erfahren haben, dass Erfolg im Beruf, dass Besitz und Wohlstand dem Leben nicht einen erfüllenden Sinn geben können, dass wissenschaftliche Erkenntnis zwar Sicherheit im Umgang mit der Welt, aber nicht Wahrheit vermitteln kann. Der künftige Schüler muss eingesehen haben, dass die Welt und das eigene Selbst Maya sind. Dieses Wort wird im Allgemeinen übersetzt mit Täuschung oder Illusion. Aber nicht darum geht es, dass ich mir ein falsches Bild von den Dingen in der Welt oder von mir selbst mache, sondern die große Täuschung besteht darin, dass ich an die Wirklichkeit der Welt oder meiner selbst glaube. In Wahrheit ist die ganze Welt eine Einheit. Irgendwelche Dinge draußen oder mich selbst gibt es gar nicht, das erscheint nur so für den egozentrischen Menschen. Den Satz «Die Welt und mein Ich sind Maya» kann man gewiss auswendig lernen, ehe man einen Meditationslehrer aufsucht, und man kann einige gut klingende Begründungen hinzufügen. Der erfahrene Lehrer aber wird sehr wohl unterscheiden zwischen einer gut klingenden gedanklichen Überzeugung und einer selbst gemachten Erfahrung, die den Menschen im Innersten berührt hat, die ihm eine neue Richtung gegeben hat. Ohne eine solche elementare Erfahrung gemacht zu haben, steht der Mensch noch nicht am Ausgangspunkt des Yoga-Weges. Denn Yoga beginnt nicht mit der ersten praktischen Meditationsübung, sondern mit der aufrüttelnden Erfahrung von Maya.

Aus ihr kommt der Wille zum Üben. Eine Wunschvorstellung, etwa die geistige Welt zu schauen, kann nicht die Kraft geben, die zum Üben und immer wiederholten Üben notwendig ist. Und sie schafft nicht den notwendigen Ernst für den meditativen Erfahrungsweg.

Die Welt und mich selbst als Maya zu verstehen, das kennzeichnet negativ den Ausgangspunkt des Yoga-Weges wie auch des frühen buddhistischen Meditationsweges. Der Gedanke kann jedoch auch positiv gewendet werden: Zu Beginn der Erdentwicklung, im Paradies, hat der Mensch in der Wahrheit gelebt, er war eins mit allen Wesen. Meditation will diesen Zustand wiederherstellen. Nicht die Schau der geistigen Welt ist das Ziel des Meditierens, sondern eine viel tiefer greifende Wandlung des Bewusstseins. Das eben will der in der Tradition stehende Yoga-Lehrer heraushören, wenn ein Mensch sein Schüler werden will: Sucht er nur *etwas,* ein höheres Wissen, das ihn bereichert, oder ist er auf der Suche nach *sich selbst?* Sich selbst findet er nur in der Begegnung mit einem Menschen, der nichts anderes sein will als er selbst. Nichts anderes als sein wahres Selbst, das in der Wahrheit, das im Ursprung wurzelt. Leuchtet diese tiefe Schicht der Existenz auf, wenn Lehrer und künftiger Schüler sich begegnen? Wird deutlich, dass der Suchende in dem Lehrer die geistige Welt leibhaftig vor sich hat? Wenn ja, so kann in diesem Augenblick der Geistesgegenwart der Weg beginnen.

Das Verständnis der Welt als Maya gehört zur indischen, nicht zur ostasiatischen Kultur. Beiden Kulturkreisen gemeinsam ist der Gedanke, dass die Wahrheit im Ursprung der Welt zu suchen ist und dass deshalb die Wiederherstellung des «paradiesischen» Bewusstseins das Ziel eines jeden Erkenntnisweges ist. Die Natur so zu sehen, wie wir sie im Paradies, vor unserer ersten Verkörperung auf der Erde, gesehen haben, unser eigenes paradiesisches Antlitz zu schauen, das wird gesucht, wenn die innere Umwendung erfolgt, mit der ein Meditationsweg beginnt.

Als der Buddhismus von Indien nach China kam, hat er erstaunlich rasch und leicht Eingang gefunden in den neuen Kulturkreis. Denn er blieb nicht eine indische Mission, sondern wurde chinesisch. Der Chinese konnte sich in der buddhistischen Religionsübung wiedererkennen und auch auf dem buddhistischen Meditationsweg. Der allerdings hat sich auf dem Weg von Indien nach China fundamental gewandelt. Das wird vielleicht am deutlichsten in der Meditationsschule des Chan-Buddhismus, die uns vertrauter ist unter dem späteren japanischen Namen Zen-Buddhismus. Schon im frühen Chan-Buddhismus ist die Tendenz erkennbar, den Blick nicht von der Sinneswelt abzuwenden, diese nicht mehr als Maya zu verstehen, sondern mit dem Blick tiefer in die Sinneswelt einzutauchen, ihn in ihr zu verankern. Nicht in der Abwendung von der Erde, sondern als Mensch auf der Erde will der Zen-Buddhist zur Wahrheit kommen. Wie der Chinese überhaupt die Regeln gesellschaftlichen Lebens als eine auf die Erde versetzte himmlische Ordnung betrachtet. Dieses gesellschaftliche Leben findet Sinn und Erfüllung in sich selbst, während der Inder in den Regeln seiner Kaste eher die göttliche Offenbarung sieht, die um des Himmels willen zu beachten ist. Welchen Weg der chinesische Buddhismus gegenüber dem indischen eröffnete, wird vielleicht erst während der Weiterentwicklung in Japan ganz deutlich, als die praktischen Zen-Übungen entwickelt wurden: in Fechten, Bogenschießen, Tuschezeichnen, Blumenstecken, Kochen ... Hier wird die Erde aus geistiger Kraft umgestaltet, und die Erde wird zum

Übungsfeld des Geistes. Im Gespräch mit (südostasiatischen) Terawada-Buddhisten hört man gelegentlich den Satz, Zen sei eine problematische Vereinseitigung des Buddhismus. Das ist wohl nicht ganz richtig gesehen. Buddhismus blieb buddhistisch bei seiner Wanderung nach Norden, er zeigt eine Möglichkeit, die im Süden unausgebildet blieb. Die Möglichkeit zur Wandlung zeigt die Größe einer Religion.

Der Chinese sieht in dem Bild, das er vor Augen hat, nicht eine Täuschung, sondern einen Teil der Wirklichkeit, der ergänzt werden muss durch das, was in der Meditation erkannt wird. Der Sinneseindruck ist Ausdruck der Wahrheit, wenn erst einmal sein Bild-Charakter verstanden wird. Um zum Wesen der Welt vorzudringen, muss also die Bild-Schicht durchstoßen werden. Das geschieht nicht, so empfindet der Chinese im Gegensatz zum Inder, wenn der Blick vom Sinneseindruck abgewendet wird, sondern wenn er tiefer in diesen eindringt. So intensiv auf die Pflanze hinschauen, dass ihr Bild allmählich verschwindet und ihr Wesen hervortritt.

Der anthroposophische Meditationsweg geht von einer anderen Lebenserfahrung aus: Im Nachdenken über die Welt und über den Menschen ergeben sich Fragen, die durch die Erkenntnisse der heutigen Wissenschaft nicht beantwortet werden können, die diese Wissenschaft vielleicht gar nicht in ihren Aufgabenbereich einschließt: Wie entsteht Schicksal? Welchen Sinn hat das Leben? Gibt es ein Ziel der Geschichte? Fragen, die der Mensch nicht willkürlich stellt, sondern die sich aus dem Leben ergeben, existenzielle Fragen, die eine Antwort verlangen, wenn das Dasein des Menschen verstanden werden soll. Wer solche Fragen nicht ebenso drängend erlebt wie Hunger und Durst, wird kaum eine Veranlassung haben, die Grenzen des bisherigen wissenschaftlichen Erkenntnisbereichs zu überschreiten. Wer sich mit der Feststellung zufrieden geben kann, dass der Sinn unserer Existenz eben jenseits der Erkenntnisgrenzen liege, wird kaum den Willen aufbringen, einen Meditationsweg zu gehen. Ebenso wenig aber derjenige, der leichtfertig die Existenz von Erkenntnisgrenzen leugnet.

Als der russische Historiker Michail Boyzov im Jahre 1999 davon sprach, dass zur Geschichte auch deren Sinn gehöre, dass die Geschichtswissenschaft deshalb die Dimension der Zukunft einbeziehen müsse, so hatte er zweifellos recht. Ebenso recht hatte sein bedeutender Widerpart Aaron Gurjewitsch, der Spekulationen über die Zukunft aus einer gewissenhaften Geschichtsforschung ausschließen wollte. Mit dem methodischen Rüstzeug, mit dem Aussagen über die Vergangenheit gemacht werden können, lassen sich zuverlässige Erkenntnisse über die Zukunft nicht gewinnen. Das Anliegen Boyzovs kann erst erfüllt werden, wenn nicht nur der Forschungsbereich erweitert wird, sondern wenn das Denken selbst sich weiter entwickelt und wandelt.

Der anthroposophische Meditationsweg knüpft nicht an ältere Meditationswege an, wie der Zen-Weg die älteren buddhistischen Meditationswege aufgreift und verwandelt, um sie so in die chinesische Kultur einzugliedern. Der anthroposophische Weg setzt nicht die alte Tempelweisheit oder die mittelalterliche Mystik oder die Philosophie der Goethezeit fort, sondern ist ein neuer Ansatz. Er begann in einer Kultur, der meditative Vertiefung in geistige Inhalte weitgehend fremd war, in der oft die geistige Welt oder mindestens deren Erkennbarkeit geleugnet wurde. Besonders deutlich hat Rudolf Steiner den Ansatzpunkt des anthroposophischen Weges im ersten seiner Vorträge über *Anthroposophie, ihre Erkenntniswurzeln und*

Lebensfrüchte formuliert. Diese Vorträge sind im Jahre 1921, nicht lange nach dem Ende des Ersten Weltkrieges, gehalten worden, als viele, vor allem junge Menschen sich der Anthroposophie zuwandten. Damals wollte Steiner das Fundament der Anthroposophie deutlich sichtbar machen. Wo liegt es? Im Agnostizismus des 19. Jahrhunderts. Nicht wer den Durchgang durch den Agnostizismus scheut und stattdessen die alte spirituelle Weisheit wiederbelebt, kommt zum Ausgangspunkt des anthroposophischen Erkenntnisweges. Wer den Weg der geistigen Vereinsamung zu Ende geht, für den sind die Grenzen der Erkenntnis nicht eine Theorie, sondern eine bittere Erfahrung. Er spürt die Ohnmacht desjenigen Denkens, dem die Flügel fehlen, um sich in die geistige Welt zu erheben. Wer sich diesem Erlebnis der Ohnmacht stellt, wer in ihm verweilen kann, der wird nicht mehr nach *Inhalten* suchen, die über diesen tristen Tatbestand hinausführen, sondern er wird nach einem *Weg* suchen, das Denken so zu stärken und zu wandeln, dass es die Erkenntnisgrenzen, die bisher galten, überschreiten kann. Und damit dringt der Mensch zu den «Erkenntniswurzeln der Anthroposophie» vor.

Der Ansatzpunkt des anthroposophischen Meditationsweges ist, was den Inhalt betrifft, dem Yoga diametral entgegengesetzt: In der Anthroposophie geht es nicht um eine Abwendung von der Sinneswelt, sondern um eine intensivere, aktivere Zuwendung an die Natur. In dieser Hinsicht steht die Anthroposophie dem Zen näher. Wenn man die entschiedene innere Wendung beachtet, mit der der Meditationsweg beginnt, stehen sich Yoga und Anthroposophie recht nahe.

In beiden Meditationskulturen geht es darum, dass eine Einsicht dem Leben eine neue Richtung gibt. Das kann nur geschehen, wenn der Mensch im Innersten berührt ist, wenn er betroffen ist. Es genügt nicht, *etwas* einzusehen, sondern es geht um eine existenzielle Erfahrung.

Einen Meditationsweg kann man nicht probeweise beginnen. «Mal sehen, was dabei herauskommt ...» Sondern es ist eine klare Entscheidung für einen bestimmten Meditationsweg gefordert. Für welchen? Da gibt es keine Empfehlung, auch wenn sie noch so gut begründet wird. Denn jeder Meditationsweg, den *ich* nicht *will*, in dem ich nicht die Zukunft meiner selbst erkennen kann, ist ungeeignet für mich. Andererseits fügt sich ein Meditationsweg nur dann in gesunder Weise in mein Leben ein, wenn er an die Seelenverfassung anknüpft, die bisher im Leben ausgebildet wurde. Wenn einem Menschen die Welt als Maya erscheint, dann ist es nicht sinnvoll, den anthroposophischen Meditationsweg zu gehen, denn dann würden die Meditation und das übrige Seelenleben in Zwiespalt miteinander stehen. Wenn andererseits ein Mensch fest auf dem Boden der irdischen Erfahrung steht, sich mit dieser Welt identifiziert, dann ist es nicht sinnvoll, einen Yoga-Weg zu beginnen, denn das Meditieren würde ständig verleugnen, was der Mensch im Alltag denkt.

Meditation ist nicht nur eine methodische Schulung des Bewusstseins, sondern sie verlangt, dass die innere Haltung und die Erkenntnisinhalte eine Einheit bilden. *Yoga für Christen, Zen für Christen*, und ähnliche Buchtitel täuschen über dieses fundamentale Anliegen hinweg. Yoga kann nicht «benutzt» werden, um die Inhalte der christlichen Religion tiefer zu erfassen. Sondern Yoga verlangt, dass ich mich als ganzer Mensch auf seinen Weg einlasse. Selbstverständlich kann ein Mensch, der den Zen-Weg geht, Aussagen über das Christentum machen, die für den Christen bereichernd sein können. Sicher mit Recht entdecken immer wieder japanische Zen-Buddhisten eine Verwandtschaft mit dem Mystiker Meister Eckart (um 1260–1327), wobei allerdings dessen methodisches Vorgehen mehr beachtet wird als seine spezifisch christlichen Lehrinhalte. Wenn Christus als eine Art Zen-Meister geschildert wird, wie Kakichi Kodowaki das tut, dann allerdings wird das dem Evangelienbericht wohl kaum noch gerecht.[11]

5.
Erkenntnisstufen auf dem Meditationsweg

Jede wissenschaftliche Arbeit fordert ein methodisch gesichertes Vorgehen, das zunächst eine Frage oder Aufgabenstellung formuliert, dann die für das Thema wichtigen Fakten sammelt und ordnet, dann aufzeigt, welche Naturgesetze oder welche ideellen, vielleicht historischen Zusammenhänge hier wirken, um schließlich das Forschungsergebnis festzustellen.

Die einzelnen Erkenntnisschritte entwickeln je eigene Qualitäten des wissenschaftlichen Arbeitens. Eine Forschung setzt gut an, wenn ihre Aufgabe sich aus einer konkreten Lebenssituation ergibt und sie vielleicht das Anliegen hat, dem Menschen oder der Natur zu helfen. So war es ein glücklicher Griff, dass Elisabeth Kübler-Ross ihre Sterbeforschung begann, um Sterbenden, Pflegern und Angehörigen die Veränderungen am sterbenden Menschen verständlich zu machen und sich auf diese Veränderungen einstellen zu können. Schon vom Ansatz her sind Forschungen, deren Anliegen die Hilfe für Mensch oder Natur ist, methodisch besser gesichert als solche Forschungen, die auf wirtschaftlichen Gewinn zielen.

Forschung kann sich allein darauf richten, ein bestimmtes Faktum festzustellen. Um ein Beispiel aus der Geschichte des 20. Jahrhunderts zu wählen: Der britische Premierminister Arthur Neville Chamberlain hat bei dem Münchener Abkommen im Jahre 1938 das überwiegend von Deutschen besiedelte

Sudetenland dem Deutschen Reich zugesprochen und damit der Tschechoslowakei ihre Verteidigungsfähigkeit praktisch genommen. Hat er damals wirklich geglaubt, dass dies Hitlers letzte territoriale Forderung sei? Hat er wirklich geglaubt, so den Frieden erhalten zu können? Obwohl sein Botschafter in Berlin, Henderson, von einem Mitarbeiter im deutschen Außenministerium, Albrecht Haushofer, eine andere Einschätzung der Lage gehört hatte.

Wer die Geschichte des 20. Jahrhunderts darstellen will, kann sich mit der Feststellung einzelner Fakten nicht zufriedengeben, er fragt nach deren Zusammenhang, nach der historischen Entwicklung, die von Ereignis zu Ereignis führt.

Die Fragestellung und das methodische Vorgehen sind hier andere als bei der Feststellung von Fakten. Dort ging es um die Glaubwürdigkeit einer Aussage, hier geht es darum, ein Ereignis aus einem größeren historischen Zusammenhang heraus zu verstehen. Nun steht nicht mehr die Meinung Chamberlains im Zentrum, sondern die Frage, ob die Unterschrift unter das Münchener Abkommen die Gefahr eines zweiten Weltkrieges vermindert oder vergrößert hat. Es geht um die Frage, ob damals die Grenzziehungen zwischen den europäischen Staaten aus dem Jahre 1919 noch zu halten waren, ob Hitler, wenn Chamberlain nicht unterschrieben hätte, seine Truppen in die Tschechoslowakei hätte einmarschieren lassen ... Vom Historiker ist eine Antwort auf solche Fragen zu erwarten und die Begründung seiner Antwort durch den Blick auf das historische Umfeld.

Nun kann die Geschichtsbetrachtung noch einen Schritt weiter gehen. In einer Rede zur Jahrhundertwende hat der ungarische Schriftsteller Imre Kertész gefragt, was eigentlich dieses Jahrhundert gewesen ist. Nicht, so sagt er, das Versagen von ein oder zwei Generationen, sondern eine neue fundamentale Erfahrung am Wesen des Menschen, die Erfahrung des Abgrundes in ihm.[12] Hier geht es nicht mehr um die Schilderung bloßer Fakten, nicht um historische Zusammenhänge, sondern um eine Wesenserkenntnis. Das Jahrhundert wird nicht nur als Folge von Ereignissen, es wird wie eine Art Person verstanden. Wesenserkenntnis aber, so kann der kritische Leser einwenden, sei nicht das Anliegen moderner Wissenschaft. Einem Schriftsteller, zumal wenn er auf dem Wege zum Nobelpreis ist, könne man eine solche Freiheit zwar einräumen, aber von einer Erkenntnisstufe dürfe man hier nicht sprechen. Doch der Historiker kommt bereits zu einer Wesenserkenntnis, wenn er den Geschichtsablauf in Epochen gliedert, wenn er Mittelalter und Neuzeit voneinander abgrenzt. Denn da spricht er jeder der Epochen einen je eigenen Gehalt zu.

Wesenserkenntnis ist, wenn auch oft nicht deutlich ausgesprochen, der Zielpunkt wissenschaftlicher Erkenntnis – wie auch der meditativen Erfahrung. An diesem Zielpunkt begegnen sich beide, nachdem sie verschiedene Wege gegangen sind.

Wer als Historiker ein Faktum der Geschichte beschreibt, braucht einen nüchternen Blick, eine kritische Distanz zu den Berichten, die ihm vorliegen. Wer meditiert, braucht eine Vertiefung in die Inhalte seiner Erfahrung. Er geht nicht auf Distanz zur Welt, sondern er taucht in sie ein. Das schafft eine intimere Beziehung zu den Inhalten der Erkenntnis, bringt aber auch die Gefahr mit sich, dass die Erkenntnis subjektiv gefärbt wird.

Eine erste Stufe der meditativen Erkenntnis, die Rudolf Steiner als Imagination bezeichnet, zeigt deutlich diese persönliche Beziehung des Erkennenden zum Erkenntnisinhalt. Das Wort Imagination, abgeleitet vom lateinischen *imago*, heißt:

bildhaftes Erleben. Bildhaft sehen wir die Welt ständig, auch im Traum noch sind wir von Bildern umgeben. In der Imagination aber geht es nicht um solche Bilder, die «etwas» in der Welt zeigen, sondern es geht um ausdrucksvolle Bilder, um solche, die das Innere meines Gegenübers offenbaren. Wir alle haben oft solche Imaginationen – wenn uns das Gesicht eines Menschen dessen Inneres, dessen augenblickliche Stimmung oder dessen Charakter zeigt. Recht gut kann der Augenblick beobachtet werden, in dem nicht mehr auffallende Einzelheiten wie die lange Nase oder die großen Ohren beachtet werden, auch nicht mehr typische Merkmale wie etwa die Mongolenfalte der Augen, sondern in dem das Gesicht sprechend wird für den Menschen, der sich in ihm ausspricht. In diesem Augenblick offenbart sich nicht nur ein Inneres, sondern es spricht auch mich an – ganz persönlich, nicht nur sympathisch oder antipathisch, sondern viel differenzierter. Meine Lebenserfahrung, meine Vorlieben, meine innere Haltung formen an der Sprache des imaginativen Bildes mit. Deshalb sind Imaginationen subjektiv gefärbt – mehr oder weniger, je nachdem, ob der Imaginierende innerlich still ist und lauscht oder ob er sich fragend, prüfend, zweifelnd in die Begegnung hineinbegibt.

Die Sprache des Gesichts verschleiert ihren imaginativen Charakter oft, weil sie gebunden ist an die Sinneswahrnehmung. Aber diese Sinneswahrnehmung kann fortdauern, auch wenn das Gesicht nicht mehr sprechend ist, wenn nicht mehr ein Ich spricht und ein anderes Ich lauscht. So zeigt sich, dass Imagination ein gegenüber der Sinneswahrnehmung eigenständiger Erkenntnisprozess ist. Und sie kann auch ohne eine Sinneswahrnehmung auftreten. Es können auch Wesen imaginativ wahrgenommen werden, die gar keinen physischen Leib haben:

Verstorbene, Engel. Die imaginative Wahrnehmung von Verstorbenen, vor allem von eben Sterbenden, kann dem gewohnten Bild sehr ähnlich sein, fast wie ein Erinnerungsbild aussehen, und doch überrascht irgendetwas an dem auftretenden Bilde. Der in eben dieser Stunde sterbende Freund steht plötzlich neben meinem Bett, ich fühle mich angeblickt, aber die Erscheinung antwortet nicht auf meine Zuwendung. Ein schon etwas längere Zeit Verstorbener erscheint oft deutlich jünger als in der letzten Lebenszeit und wie von innen her strahlend. Oft wird ein imaginatives Bild, wenn es auftritt, noch nicht als geistige Wahrnehmung verstanden, sondern für eine Sinneswahrnehmung gehalten. Zwar bin ich überrascht, dass dieser Freund plötzlich in der offenen Tür steht, ich gehe freudig bewegt auf ihn zu. Aber erst als er jetzt durch die Wand hindurch verschwindet, verstehe ich, dass die Erscheinung physisch gar nicht zu erklären ist, sondern dass der Freund, sterbend, nahe kam, um sich zu verabschieden.

Das ist es, was die Imagination vor allem kennzeichnet: Sie ist ein Berührungs-Erlebnis mit der geistigen Welt. Der Imaginierende fühlt sich, ganz persönlich, angerührt von einem anderen, von einem himmlischen oder irdischen Wesen. Und aus dieser Berührung entfaltet sich das Bild der Imagination, das nun den Imaginierenden recht persönlich anspricht, also nicht ein neutrales Bild ist, das aus der Ferne betrachtet werden kann. Von dem anderen Wesen geht die Berührung aus, die Bildinhalte entstehen in dem Imaginierenden. Wenn ein Franzose die Worte eines Engels in seiner Muttersprache hört, ein Deutscher in der seinen, so zeigt das selbstverständlich nicht, dass einige Engel französischsprachig, andere deutschsprachig sind. Engel sprechen weder französisch noch deutsch, sondern himmlisch, und der imaginierende Mensch umkleidet den himmlischen Klang mit seinen gewohnten Wortbildern. Wenn ein japanisches Kind Engel mit schwarzen Haaren malt (ohne dass Erwachsene dieses Malen beeinflussen), so rückt das Kind sein Engel-Erleben deutlich in die Nähe der irdischen Erfahrung, denn Japaner sind schwarzhaarig. Wenn ein anderes japanisches Kind dem Engel gelbe Haare gibt, so wird der Hintergrund des Engels in der lichten Himmelswelt stärker betont. Engel haben selbstverständlich weder schwarze noch gelbe Haare, noch Haare überhaupt.

Es ist eine Illusion zu meinen, die geistige Welt sehe so aus, wie der Imaginierende sie sieht. Sie sieht überhaupt nicht aus, sie besteht nicht aus Bildern. Und doch gibt es charakteristische Bildmotive, die offenkundig nicht nur subjektiv sind. Die Gestalt eines Engels erscheint nicht in einer beliebigen Größe, sondern etwas größer als ein Mensch, und sie hat menschliche Proportionen. Sehr oft «steht» der Engel im Rücken des Menschen, Rumpf und Gliedmaßen sind durch ein helles Gewand bedeckt, das vielleicht weiß erscheint oder, wenn die Imagination geistesgegenwärtig ist, leuchtend. «Wie ein Blitz» heißt es dann vielleicht in der Schilderung. Wie hat dieses Gewand ausgesehen – glatt fallend oder mit Falten, mit oder ohne Gürtel? Es ist charakteristisch für viele recht konkrete Imaginationen, dass diese Fragen nicht beantwortet können, dass eine großflächige Erscheinung, vor allem ein Gewand, nicht differenziert werden kann. Sehr wohl aber der Ausdruck des Gesichtes oder der Hände. Hier ist die Berührung des Imaginierenden durch den Engel konzentriert, nicht in den großen Körperflächen.

Haben Engel Flügel? Die kleinen Flügel der niedlichen Putten auf den Bildern der Barockkunst gibt es selbstverständlich nicht, und solche Putten überhaupt nicht. Das sind Produkte einer irregeleiteten Fantasie. Aber wenn der Engel eines Menschen geschaut wird, dann oft mit großen, von der Kopfhöhe bis etwa zu den Knien reichenden Flügeln. Was tut der Engel mit den Flügeln? Er braucht sie nicht zum Fliegen, denn in der geistigen Welt bewegt man sich dadurch, dass man zu einem anderen Wesen eine Beziehung hat. Was aber tut der Engel dann mit seinen Flügeln? Er umhüllt, meistens vom Rücken her, seinen Menschen. Flügel sind für den Engel Organe der Konzentration, sie sprechen die innere Haltung des Engels aus, die beim imaginierenden Menschen die Gestalt der Flügel erhält. Man sieht also nicht Flügel, weil der Engel Flügel hat, sondern weil er sich fürsorglich dem Menschen zuwendet und weil der wahrnehmende Mensch diese Haltung im Flügel verbildlicht. Immer wieder, unter verschiedenen kulturellen Voraussetzungen, in eben dieses Bild gefasst. Also offenbar nicht ganz willkürlich. Nun aber gibt es im Urchristentum wie auch in der frühen romanischen Kunst – also in zwei Zeitepochen, die reich waren im Wissen und in der Schau von Engeln – Engel-Darstellungen ohne Flügel. Und woran sieht man diesen Gestalten an, dass sie Engel sind? Das sieht man einfach an der Art ihres Auftretens – wenn man weiß, wie Engel sich bewegen. Mir scheint, diese Engel-Darstellungen ohne Flügel wollen den Engel nicht in seiner Beziehung zum Menschen, sondern für sich oder in seiner Beziehung zu anderen Engeln zeigen. Und da gebraucht der Engel nicht das Organ seiner Konzentration, das er um seines Menschen willen entwickelt, sondern da zeigt er sich «engelgemäßer» in seiner geschwisterlichen Beziehung zu anderen Engeln, denen er die Hand reicht.

Für den Meditationsweg ist es wichtig, diesen Charakter der imaginativen Bilder zu durchschauen. Wer sie in naiver Art für die Wirklichkeit der geistigen Welt hält, verfängt sich in ihnen und wird zum Illusionär. Das Problem der Imagination liegt also nicht so sehr in ihrer Subjektivität, sondern im unkritischen Umgang mit ihren Inhalten. Der Meditant, so formuliert es Steiner,[13] braucht «eine absolute Glaubenslosigkeit gegenüber der imaginativen Welt. Obwohl er die Bilder heraufgeholt hat in seine Seele und sie für erstrebenswert halten muss, gelten sie ihm zunächst als gar nichts, was ihm Wahrheit im objektiven Sinne geben kann. [...] sodass die Seele zunächst in eine Welt von Bildern sich hineinlebt, die nicht Ausdruck für eine objektive Wirklichkeit sind [...] Man lernt durch diese Bilderwelt zunächst nichts anderes kennen als das eigene Seelenleben.»

Aber man kann durch das imaginative Bild hindurchlauschen auf dasjenige Wesen, das eben jetzt den meditierenden Menschen berührt. Wer das intensiv genug tut, löscht das imaginative Bild aus. Da beim Eintritt in die Imagination schon die Pforte der Sinneseindrücke und des alltäglichen Denkens verschlossen war, tritt der Meditant in ein leeres Bewusstsein ein. Er ist hellwach, er ist geistig aktiv, ohne einen konkreten Inhalt für sein Bewusstsein zu haben.

Dieses leere Bewusstsein kennt auch der Weg des Yoga, jedoch an einer anderen Stelle. Im Yoga beginnt der Meditationsweg damit, dass die Sinneseindrücke und die alltäglichen Gedanken ausgelöscht werden, dass der Mensch still wird und sein Bewusstsein leer macht, sodass die geistige Welt in es einströmen kann. Der westliche Beobachter versteht eine solche Schilderung oft so, dass mit dem Bewusstseinsinhalt auch das Ich des Meditanten ausgelöscht wird, dass der Meditant ich-los wird. Das ist ein Missverständnis. Wenn das Ich aktiv Bewusstseinsinhalte auslöscht, wird es nicht schwächer, sondern stärker. Was verschwindet, ist nicht das Ich, sondern sein Spiegelbild, das leibgebundene Selbstbewusstsein. Im leeren Bewusstsein lässt der Meditant alles das zurück, was er in seiner irdischen Existenz entwickelt hat und was ihn an diese irdische Welt bindet. Der souveräne Meditant auf dem Yoga-Weg kann sich aus der irdischen Bindung lösen und sich der geistigen Welt zuwenden, dann aber nach seinem leibfreien Erleben auch wieder das Auge für die Erde öffnen und in ihr verwurzeln, wenn er Menschen oder Naturwesen helfen will.

Wenn der Meditant nicht nur mit Mühe für einen Augenblick das Bewusstsein einigermaßen leer machen, sondern wenn er ruhig und sicher in diesem Zustand verweilen kann, strömen Inhalte der geistigen Welt in dieses Bewusstsein ein. Diesen Vorgang nennt man seit alters die Inspiration. Dieses Wort betont die Aktivität, die sich von geistigen Wesen auf den Menschen richtet, ihm ihre Mitteilungen in die Seele «hineinhaucht», «hineinatmet», ihn «inspiriert».

Wenn der Yoga-Meditant die Eindrücke der Sinne und die Inhalte der Alltagsgedanken auslöscht, dann geht der Weg unmittelbar in das leere Bewusstsein, nicht in die Imagination. Was nun in der beginnenden Inspiration auftaucht, hat zwar oft auch Bild-Charakter, ist aber nicht im Sinne der Imagination ein Berührungserleben mit geistigen Wesen, sondern hat mehr den Charakter einer Offenbarung. Womit aber nicht gesagt ist, dass alle diese Inhalte erwünscht und gut sind. Deshalb braucht der Yoga-Meditant zunächst die Hilfe eines Lehrers, der ihm Orientierung gibt.

Wenn der anthroposophische Meditant eine Zeit lang in Imaginationen gelebt und dann diese (nicht die Sinneseindrücke) ausgelöscht hat, beginnt für ihn eine neue Erfahrung, die Rudolf Steiner, der Tradition folgend, auch Inspiration nennt. Das Wort passt nicht genau, da es die Aktivität des Menschen nicht genügend betont. Es handelt sich hier nicht um ein «Inspiriert-Werden», sondern um ein Gespräch zwischen dem Meditanten und einem anderen Wesen. Wer in ein Gespräch eintritt, offenbart nicht, sondern er exponiert sich. Zum Gespräch kommt es nur, wenn beide Partner sich zeigen und aufeinander lauschen. Im echten Gespräch wandeln sich der Sprechende und der Hörende. Die Begegnung mit einem Engel in der anthroposophischen Inspiration ist nicht die Übermittlung einer Botschaft an den Menschen, sondern ein Gespräch, in dem beide Partner sich wandeln. Für einen Engel bedeutet es viel, wenn er verstanden wird, und für einen Verstorbenen auch.

Aus Beratungsgesprächen kennen wir die Situation, dass ein Hilfe suchender Mensch, wenn der andere still und gut zuhört, sich nicht nur ganz offen aussprechen kann, sondern dass er etwas sagen kann, was er vorher noch nie formuliert, was er vorher nicht «gewusst» hat. Oder genauer gesagt: Inhalte werden aussprechbar, von denen der Mensch nicht wusste, dass er sie wusste. Inspiration im Sinne der Anthroposophie eröffnet diese Tiefenschicht des Erkennens. Hier geht es nicht darum, das Wissen des Meditanten zu erweitern, ihm neue Inhalte hinzuzufügen, es geht überhaupt nicht um «etwas», sondern es geht um die Entstehung einer neuen Wirklichkeit, wenn Ich und Ich miteinander in Dialog treten. Daher ist jede inspirative Erkenntnis individuell, aber nicht mehr subjektiv gefärbt wie die Imagination. Im Gespräch mit diesem oder jenem Menschen wird der Partner diese oder jene Seite seines Wesens zeigen, aber jedes Mal ist es er selbst, der sich zeigt. So zeigt auch ein Engel in der Inspiration einmal diese, ein anderes Mal jene Seite seines Wesens, aber immer zeigt er sich selbst. In der Erkenntnis, jedenfalls auf dieser Stufe, realisiert sich die Welt erst voll und ganz. Erkenntnis ist dann nicht etwas, was der bestehenden Welt hinzugefügt wird und was ebenso gut unterbleiben könnte, sondern die Entstehung der Welt kommt erst im erkennenden Geist zu ihrem Ziel. Wie eine Lebenskrise erst zu ihrem Ziel kommt, wenn sie aussprechbar wird – oder besser gesagt: wenn sie sich durch den Menschen ausspricht.

In diese Schicht des inspirativen Erkennens taucht Goethe ein, wenn er im Brief an Charlotte von Stein am 8. Juni 1787 über die «Urpflanze» sagt, dass sie allen einzelnen Pflanzen zugrunde liege. «Die Urpflanze wird das wunderlichste Geschöpf von der Welt, über welches mich die Natur selbst beneiden soll. Mit diesem Modell und dem Schlüssel dazu kann man alsdann noch Pflanzen ins Unendliche erfinden, die konsequent sein müssen, das heißt, die, wenn sie auch nicht existieren, doch existieren könnten und nicht etwa malerische oder dichterische Schatten oder Scheine sind, sondern eine innerliche Wahrheit und Notwendigkeit haben.» Der erkennende Mensch taucht hier in das Wesen der Natur ein, das sich «draußen» noch gar nicht zu Ende realisiert hat, aber im erkennenden Menschen sich bis zum Zielpunkt hin auf naturgemäße Art realisiert. Meditative Erkenntnis ist mehr als die Untersuchung dessen, was ist, es geht hier um das Verständnis und um die verantwortliche Begleitung dessen, was im Werden ist.

Der anthroposophische Meditant lebt während der Inspiration im Wechsel von Zuwendung und aufmerksamer Stille, in einer Art Atemprozess zwischen sich und der Welt. Auf einer dritten Stufe des meditativen Erkennens taucht der Mensch ganz in den Erkenntnisinhalt ein, er ist in ihm, was das Wort «Intuition» zum Ausdruck bringen will.

Jeder kennt wohl die erste Berührung mit dieser Erfahrung, wenn ihm die Lösung einer gedanklichen Aufgabe «einfällt». In diesem Augenblick ist plötzlich die Lösung eines Problems da, die vorher verdeckt war. Charakteristischerweise ist beim Einfallen schlagartig der gesamte Inhalt, von der Aufgabenstellung bis zur Lösung, gegenwärtig, aber noch unausformuliert. «Ich muss», so sagen wir vielleicht, «das aufschreiben, sonst ist es wieder weg.» Intuitionen sind also nicht erinnerbar, wenn sie nicht in das gewöhnliche Tagesbewusstsein übertragen und ausformuliert wurden. In der Intuition ist der Mensch ganz geistesgegenwärtig.

In der Intuition identifiziert er sich mit seinem Erkenntnisinhalt, er kennt ihn von innen her. Einen Menschen intuitiv zu verstehen heißt: ihn zu lieben. Nicht etwas am anderen mögen, sondern ihn selbst lieben als denjenigen, der er ist. Den anderen liebend zu erkennen, heißt: im Du zu ruhen. Intuitive Erkenntnis ist höchste Aktivität aus der Stille, in der ich den anderen sich aussprechen lasse, nicht *etwas,* sondern *sich* aussprechen lasse. In der Inspiration spricht ein geistiges Wesen sich Wort um Wort aus, immer mehr, je mehr der Erkennende verinnerlichen kann. In der Intuition spricht das geistige Wesen sich ganz aus, augenblicklich. Das Ich spricht zum Ich.

In seinem fundamentalen Werk über anthroposophische Meditation, *Die Philosophie der Freiheit,* kennzeichnet Rudolf Steiner das Denken, das in die Welterscheinungen eintaucht, als intuitiv. Von einer imaginativen und von einer inspirativen Erkenntnisstufe ist hier nicht ausdrücklich die Rede. So direkt in die Intuition hinein hat Steiner, soweit ich sehe, später nicht wieder den Erkenntnisweg geschildert. Und doch werden für denjenigen, der das Denken meditativ verfolgt, eine imaginative und eine inspirative Stufe erkennbar. Wer durch den Inhalt eines Gedankenganges hindurch die Bewegung, den Strom des Denkens verfolgt, kommt zur Erfahrung einer Geste, die für das Denken des einen oder des anderen Menschen charakteristisch ist. Die kann, unabhängig vom Inhalt der Gedanken, vorsichtig tastend oder stürmisch sein, direkt auf das Thema zugehen oder es umkreisen, unmittelbar auf den Kern des Problems zustoßen oder Schritt um Schritt Zwischenergebnisse erfassen und so fort. Eine solche Geste verdichtet sich noch nicht zum imaginativen Bild, ist aber auf dem Wege dorthin. Es ist die Andeutung einer Imagination, ein geistiges Berührungserlebnis. – Wie verschieden «schmecken» Gedanken, je nachdem, ob sie von einem christlichen Mystiker, von einem chinesischen Taoisten oder von einem Aufklärer des 18. Jahrhunderts ausgesprochen werden. Hier leben wir im Wechsel von Eintauchen in den Inhalt und Abspüren dessen, wie dieser Inhalt mich als denkenden Menschen verändert. Wir leben in einer inspirativen Erfahrung, wenn diese auch schwer formulierbar ist. Denn das ist charakteristisch für inspirative Erfahrung im Sinne der Anthroposophie, dass der Meditant in geistige Inhalte eintaucht und dass dabei diese geistigen Inhalte ihr Eigenwesen im Innern des eintauchenden Menschen offenbaren. Inspiration lebt in diesem Atemrhythmus von «außen» und «innen», die sich im erkennenden Menschen verbinden, während im Berührungserlebnis der Imagination der geistige Inhalt eine Bild-Entstehung im erkennenden Menschen anregt. Der intuitiv Erkennende dagegen ruht unverwandt im Erkenntnisinhalt, er wird mit diesem identisch. Er kennt ihn «von innen her».

Inspirative und intuitive Erkenntnis im Sinne der Anthroposophie haben eine deutliche Entsprechung in der alten chinesischen Kultur. Die Welt, so heißt es dort, ist durchdrungen von den beiden Kräften Yin und Yang, die polar, doch in Harmonie miteinander, wirken. Der inspirativ Erkennende, etwa der Arzt, spürt ab, in welchem Organ welche der beiden Kräfte zu schwach ist. Um die an dieser Stelle gestörte Harmonie wiederherzustellen, greift er heilend ein, etwa durch Akupunktur. Nicht um vor allem den Kranken wieder arbeitsfähig zu machen, sondern weil er dem Kosmos dienen will, der wieder Harmonie braucht. Yin und Yang gehen hervor aus dem Urgrund der Welt, aus TAO, der nicht etwas tut, sondern der für alle Wirkenden der tragende Grund ist, der so still ist, dass andere sprechen können. TAO ist nicht zu erfahren in der Inspiration, sondern erst in der Intuition, in der Erkenntnis, die höchste Aktivität aus vollkommener Stille ist. Eine Parallele zur anthroposophischen Imagination ist in der chinesischen Kultur nicht zu erkennen. Imagination ist eine neue Erfahrungswelt.

6.
Die Schwelle zwischen irdischer und geistiger Welt

Die Bibel berichtet, dass Adam und Eva, nachdem sie vom Baum der Erkenntnis gegessen hatten, aus dem Paradies verstoßen wurden und dass seitdem ein Cherub mit flammendem Schwert den Einblick und Einlass in das Paradies verwehrt. Durch göttlichen Willen ist der Mensch auf die Erde verwiesen, hier hat er seine Aufgabe, hier hat er den Sinn seiner Existenz zu finden. Von einer späteren Rückkehr ist nicht die Rede. Zwischen irdischer und paradiesischer Welt gibt es also nicht eine Schwelle, sondern eine unübersteigbare Grenze.

In der asiatischen Tradition wird der Ursprungszustand ähnlich wie im Alten Testament geschildert. Es ist zwar nicht von einem paradiesischen Garten die Rede, wohl aber vom Leben in der Wahrheit, in der Einheit, in der alle Wesen noch aufgehoben waren. Es gibt kein göttliches Gebot, den Baum der Erkenntnis zu meiden, und daher keinen Ungehorsam. In der wunderbaren Harmonie des Ursprungs jedoch entwickelte der Mensch die Sehnsucht, ein Eigenwesen zu sein, und damit sonderte er sich aus der Einheit heraus. Sonderung also ist die «Sünde» des Menschen – nicht gegenüber Gott, sondern gegenüber der Wahrheit.

Der Mensch wurde ego-zentrisch, und damit entstand um ihn herum – als ein Draußen – die Vielzahl der Gegenstände, die Welt. Es war in der asiatischen Tradition nicht Gott, der den

Menschen aus dem Paradies ausgestoßen und auf die Erde verwiesen hat, sondern der Mensch hat sich selbst aus der Einheit ausgeschlossen. Und es gibt nicht einen Cherub, der den Wiedereintritt in das Paradies verwehrt, sondern der Mensch selbst hindert sich daran, wieder ursprünglich zu werden, durch seine Selbstbezogenheit, durch sein Eigen-Sein. Wenn er seine Egozentrik überwindet, kann er ins Paradies zurückkehren. Wann? Das hängt vom einzelnen Menschen ab. Das ist für den einen schon heute möglich, für den anderen erst nach vielen Erdenleben. Paradies wird wieder gegenwärtig, wenn die Sonderung aufgehoben ist.

Für die asiatische Tradition gibt es also nicht eine Grenze zwischen irdischer und paradiesischer Welt, sondern eine Schwelle, die zum Überschreiten einlädt. Die Schwelle zu überschreiten und wieder ursprünglich zu werden, ist das Ziel des Meditationsweges. Es geht auf diesem Wege nicht um irgendwelche visionären Erfahrungen, nicht um meditative Erkenntnisse, sondern um die Wandlung des Menschen: Visionen treten zwar auf, wenn der Mensch in der Meditation das Gegenstandsbewusstsein verlässt, doch einen Wert für die Ewigkeit haben sie nicht.

Hier ist nun ein Unterschied zwischen indischer und ostasiatischer Kultur zu beachten, auf den wir im Zusammenhang mit der Entscheidung für einen Meditationsweg schon zu sprechen kamen. Der gläubige Inder geht bis heute davon aus, dass die Welt wie auch sein Eigenwesen Maya sind. Das Wort wird oft mit «Täuschung» oder «Illusion» übersetzt. Damit ist nicht gemeint, dass der Mensch sich ein falsches Bild von der Welt mache oder dass er in Illusionen über sich selbst lebe, sondern es geht um die große Täuschung: dass es überhaupt voneinander abgesonderte Gegenstände gebe und dass der Mensch einer bereits bestehenden Welt gegenübertrete. Nein, die «Welt» entstand erst, als der Mensch aus der ursprünglichen Einheit, aus der Wirklichkeit, sich herauslöste, und Welt besteht nur so lange, wie der Mensch sein Eigenwesen behauptet. Für einen Schöpfergott ist in diesem Weltbild kein Platz. Brahman ist nicht Schöpfer, sondern Urgrund aller Existenz. Und ebenso wenig gibt es ein reales Eigenwesen des Menschen, sondern nur ein Ich-Erlebnis, das auftritt, wenn der Mensch sich aus der allumfassenden Wirklichkeit herauslöst, und das wieder verschwindet, wenn er – am Ziel des Meditationsweges – in die Wirklichkeit zurückkehrt. Es gibt nicht ein von Brahman erschaffenes, von ihm getragenes und geliebtes Ich, sondern nur die zeitlich befristete Schein-Existenz eines Eigen-Seins, das wir Ich nennen.

Etwas anders erlebt der Chinese die Natur. Sie ist für ihn nicht Maya, sondern ein Abbild, ein Abglanz der Wirklichkeit. Wenn der Mensch eine Pflanze betrachtet, so verhüllt diese ihr wahres Wesen hinter dem Bild, das das Auge sieht. Deshalb will der Chinese nicht das Bild auslöschen, wie der Inder es tut, sondern er will die Bild-Schicht durchstoßen, um an die Wirklichkeit, die hinter der Erscheinung liegt, heranzukommen. Diese Wirklichkeit, die Wahrheit, liegt im Ursprung der Welt. Eine Pflanze, einen Menschen so anzuschauen, dass sie ihr ursprüngliches Antlitz zeigen, das ist für den Chinesen das Anliegen der Meditation. Wer zum Ursprung zurückkehrt, begegnet der Welt unverhüllt, er wird unmittelbar zu ihr. Es geht also in der Meditation überhaupt nicht darum, *etwas* zu erkennen, was bisher dem Blick verschlossen war, also durch ein Schlüsselloch ins Paradies hineinzugucken, sondern es geht darum, selbst wieder paradiesisch zu werden, ursprünglich im Empfinden, spontan im Handeln.

Wer in seinem Selbstverständnis der europäischen Kulturentwicklung gefolgt ist, kann die Welt und sich selbst sicher nicht als Maya sehen. In der deutschen Sprache nennen wir das, was die Sinne uns vermitteln, eine Wahrnehmung, wir nehmen es wahr, als eine Wahrheit. Den Sinnen kann der Mensch trauen, nichts Falsches lassen sie ihn schauen, wenn der Verstand sie wach erhält – um es klassisch, mit Goethe, zu beschreiben. Der Schluss allerdings sollte nicht überlesen werden, er weist darauf hin, dass die Sinne nicht passiv eine Wirklichkeit draußen widerspiegeln, sondern dass zur Wahrnehmung eine aktive Zuwendung des Menschen an die Welt gehört, die als Strom der Aufmerksamkeit erlebt wird. Dieser Strom kann wach erhalten und die Seele öffnen für die Welt. Die exakte Beobachtung der Natur ist es, die den Europäer bereit macht für die Meditation. Meditation wird dann nicht als eine Abwendung von der Sinneswelt verstanden, nicht als ein Auslöschen der Maya, sondern als eine gesteigerte Hinwendung zur vertrauten Welt. Damit steht der neuzeitliche europäische Weg zur Meditation dem ostasiatischen näher als dem indischen, denn der ostasiatische Weg bekräftigt und vertieft das Heimatgefühl des Menschen auf der Erde. Er macht das Bild der Natur transparent für eine Wirklichkeit, die sowohl die geistige wie auch die irdische Welt umfasst, schließlich sogar diese Unterscheidung aufhebt.

Wenn wir die Welt, in der das selbstbewusste Ich den Dingen gegenübersteht, als die irdische Welt bezeichnen, und diejenige Welt, in der das selbstvergessene Ich im Umgang mit geistigen Wesen lebt, als die geistige Welt – wo genau ist dann die Grenze oder Schwelle zwischen irdischer und geistiger Welt zu suchen? Vielleicht da, wo der Mensch nicht mehr die Konturen der Pflanze sieht, sondern ein Licht, in das die Gestalt der Pflanze eingeschlossen ist? Keineswegs. Auch wenn der Mensch Elementarwesen sich um die Pflanze tummeln sieht, ist er noch nicht in der geistigen Welt. Weder die Visionen in der alten Hellsichtigkeit noch die Imaginationen auf dem anthroposophischen Meditationsweg sind schon eine Teilhabe am Leben der geistigen Welt, sondern sie sind Berührungserlebnisse mit geistigen Wesen. Was erlebt wird, ist der Eindruck, den diese Wesen *auf mich* machen, aber es wird nicht wahrgenommen, wie sie selbst aussehen – denn sie sehen gar nicht aus, wie schon Dionysios Areopagita in seiner Hierarchienlehre bemerkt hat.

In der indischen Tradition gibt es einen Begriff, der die Schwelle genau kennzeichnet, das Nirwana. Das Wort wird oft übersetzt mit «das Nichts». Das ist nicht ganz richtig, denn ein Nichts kann nicht so tief greifende Wirkungen haben, wie der Eintritt des Menschen in das Nirwana es hat. Das Wort sollte eher verstanden werden als die Ebene, die alles zu nichts macht, was der Mensch (von der Erde her) in die geistige Welt mitbringen will. Die Stütze, die der Mensch hatte, indem er sich von den Gegenständen absetzte und als Ich erlebte, bricht zusammen. Das Selbstbewusstsein, das sich auf Leistung und Stellung im Leben gründete, schmilzt zu einem Nichts zusammen. Auch die Vorstellungen, die man sich vom paradiesischen Glück gemacht hat. All das versinkt in den Abgrund der Nichtigkeit. Westliche Betrachter sprechen deshalb oft davon, das Nirwana lösche das Ich des Menschen aus. Dabei berücksichtigen sie nicht, dass das Ich des Inders viel stärker in der Hingabe, in der Selbstvergessenheit lebt als das Ich des Europäers. Und diese selbstvergessene Hingabe wird nicht ausgelöscht durch das Nirwana, sie kann von der anderen Seite her erfüllt werden. Denn der Weg des Menschen endet nicht im Nirwana. In ihm wird alles, was nicht für die geistige Welt taugt, vom Menschen abgeschmolzen. Dasjenige aber, das durch das Nirwana hindurchgetragen werden kann, wird gekräftigt.

Eine anschauliche Darstellung dieses Weges findet man im Stupa in der buddhistischen Kunst. Der Stupa ist oft das zentrale Bauwerk eines Tempels. Er dient zur Aufbewahrung einer Reliquie, vor allem aber ist er Darstellung und sichtbare Vergegenwärtigung des buddhistischen Lebens. Unten verdeutlichen Stufen den Weg des Übens. Darüber erhebt sich die große Kugel, das Nirwana, und oben auf der Kugel ist eine Stadt zu erkennen, die Welt oberhalb des Nirwana. Man mag an entsprechende Darstellungen in christlichen Kirchen denken, besonders schön im Dom von Aachen. Über dem achteckigen Kirchenraum, in dem die Gemeinde sitzt, hängt ein Kronleuchter, dessen Rand eine Darstellung des Neuen Jerusalem aus der Johannes-Apokalypse ist. Das Leben dieser künftigen, um Christus sich scharenden Menschheit ist noch nicht in den heutigen Menschen gegenwärtig, aber es senkt sich aus der Höhe allmählich auf die Menschen nieder. Der Stupa ist mehr vom Menschen her konzipiert. Was dieser in Augenhöhe vor sich hat, sind die Stufen, ist der Weg der Meditation. Dieser Weg des Übens führt nicht direkt zu der ersehnten Stadt, sondern zunächst zum Verlust alles dessen, was dem Menschen lieb war, er führt zunächst zum Nirwana, das überdimensional groß dargestellt ist. Das ist die eigentliche Schwelle zwischen irdischer und geistiger Welt.

In seinem Alexanderbuch erzählt der persische Dichter Nizami (1141–1209), dass der Griechenkönig, nachdem er die ganze Erde erobert hatte, schließlich die Grenze der Menschenwelt überschritten habe und in die überirdische Welt vorgedrungen sei. Denn in China habe er davon gehört, dass in der Finsternis jenseits der Erdenwelt das Wasser des Lebens zu finden sei. Wer von ihm trinke, sei von den irdischen Mächten, die seine Lebenskräfte aushöhlen wollen, geschützt – vielleicht sogar unsterblich. Mit wenigen Begleitern machte Alexander sich auf, um das Wasser zu suchen. Nachdem sie einen Monat lang geritten waren, kamen sie «an den Ort, wo sie von der Sonne fast nichts mehr erblickten ... Sie ritten weiter zum Ort, wo die Erde sich neigt ..., bis sie schließlich zu einem Ort gelangten, wo jede Helligkeit erlosch. Schwärze drang aus allen Winkeln». In der irdischen Welt wird Finsternis als Mangel an Licht erlebt, an der Schwelle zur geistigen Welt wird sie zu einer Kraft, die vordringt, die den Menschen umhüllt, die denjenigen Willen lähmt, der von außen angeregt, wir würden heute sagen: motiviert werden muss. Als Kundschafter ritt der weise Chiser voraus, und der König hatte ihm einen Edelstein mitgegeben, der im Dunkeln aufleuchtet, wenn er in die Nähe von Wasser kommt. Lange schon war Chiser geritten, als der Edelstein aufleuchtete und seiner Hand entglitt. «Die silbern schimmernde Quelle erschien wie Silber, das aus dem Nabel des Steins hervorströmt, aber nicht eine Quelle im üblichen Wortsinn war das, nein, weit gefehlt: vielmehr eine Quelle des Lichts. Sie glich den Sternen am Morgen, bevor der Tag anbricht.» Chiser stieg hinab, wusch sich im Wasser und trank von ihm. Als er wieder auf den Quell blickte, entschwand dieser. Und Chiser verstand, dass Alexander ihn nicht finden werde. Doch der König suchte und suchte, vierzig Tage lang. Da erschien ein Engel und gab ihm einen Stein, dessen Gegenstück Alexander finden sollte. Und eine Stimme klang aus dem Dunkel: «Das Schicksal hat jedem ein Los verbrieft. Alexander, der das Lebenswasser suchte, hat es nicht erblickt. Chiser, der es nicht suchte, hat es gefunden. Alexander muss durch das Dunkel hasten, Chiser findet den Weg des Lichtes dank des Wassers.» Als der König aus der Finsternis herausgefunden hatte, wollte er den vom Engel geschenkten Stein wiegen, und er war schwerer als ganze Felsen.

Chiser riet, ihn gegen Staub aufzuwiegen, und er zeigte sich als leicht. «Da begriff der König das feine Gleichnis, das ihm sagen wollte: Alles ist von Staub, und Staub stillt schließlich alle Wünsche.» So hatte Alexander von der geistigen Seite der Schwelle zwar nicht das paradiesische Licht mitgebracht, aber die Einsicht in die irdische Welt. In ihr ist alles Staub, und im Tode wird auch der Mensch zu Staub. Chiser dagegen hatte einen Willen mitgebracht, den die Macht der Finsternis an der Schwelle nicht auslöschen konnte. Er konnte in den Quell der himmlischen Weisheit blicken.

Wie in der indischen Überlieferung ist es in dieser Fassung der Alexandersage die Weisheit aus dem Ursprung der Welt, die paradiesische Weisheit, die aufleuchtet. Es gibt aber auch in der asiatischen Überlieferung Stellen, die von der Schwelle zu einer künftigen Lichtwelt sprechen. So erzählt ein persisches Märchen von dem arabischen Prinzen Hatim Tai, der von der Königin den Auftrag erhielt, die Geheimnisse von Bad Badgerd zu erforschen. Auf seiner Wanderung musste er mehrere Proben bestehen. Zunächst kam er in eine Stadt, in der gerade der Dschinn erwartet wurde, ein Drache, der alljährlich eine Jungfrau aus der Stadt holte. Hatim gab dem Dschinn Wasser zu trinken, in das er zuvor sein Amulett gelegt hatte. So verlor der Dschinn seine Zauberkraft. Dann ließ Hatim ihn in ein Fass steigen, das er fest verschloss, indem er den Namen Gottes über ihm aussprach. In dem Fass wurde das Ungeheuer verbrannt. Auf seiner weiteren Wanderung kam Hatim durch eine Wüste, in der wilde Tiere ihn angriffen. Als er sein Amulett vor sich niederlegte, verfärbte sich die Erde und die wilden Tiere stürzten übereinander her. Dann kam er durch den Erzwald, in dem die Metallsplitter sich in seine Füße bohrten und Skorpione ihn anfielen, vor denen ihn wieder sein Amulett rettete. Der Prinz musste also die Macht der Leidenschaften, den Drachen und die wilden Tiere sowie die spitzen Nadeln der Intellektualität, die andere Märchen in das Bild der Dornen fassen, überwinden, ehe er in die Stadt Qat' kam, in der man viel wusste über das geheimnisvolle Badgerd und wo er die Freundschaft des Königs Harith gewann. Aber erst nach langer Zeit wagte es Hatim, seinen Wunsch zu nennen: nach Badgerd zu reiten. An der Pforte zu dem geheimnisvollen Bezirk erfuhr er, dass Badgerd von Gajomard, dem ersten Menschen, angelegt worden sei und dass Badgerd «die Burg des Nichts» bedeute. Wenige Schritte durch das Tor, und als Hatim sich umblickte, waren die Begleiter verschwunden und er stand in einer endlosen Wüste. Es ist deutlich, dass hier eine Schwelle überschritten wird, an der die bisherige Welt in eine Wüste, in ein Nichts versinkt, dass also eine Art Nirwana-Erlebnis durchgemacht wird. Die nun folgenden Prüfungen gehören nicht mehr zum Weg in die geistige Welt hinein, sondern zeigen, wie auch in dieser geistigen Welt das eigene Ich behauptet werden muss. Nach einer langen Wanderung traf Hatim einen Barbier, der ihn in ein Bad führte. Das wurde allmählich bis zur Decke überflutet, und Hatim wäre ertrunken, wenn er nicht hätte schwimmen können. Als er, um sich ein wenig auszuruhen, den Gipfel der Kuppel umgriff, verschwand mit einem Donnerschlag das ganze Bad und Hatim stand wieder in der Wüste. Als er weitere drei Tage gewandert war, kam er in einen Schlossgarten, dessen Früchte wohlschmeckten, die aber, so viel er auch von ihnen aß, nicht sättigten. Über dem Eingang des Schlosses konnte Hatim auf einer Tafel lesen, dass Gajomard, der erste Mensch, dieses Schloss angelegt habe, um einen großen Diamanten zu verwahren, und dass derjenige ihn gewinnen werde, der den Papagei niederschießen würde. Ein Bogen und drei Pfeile lagen auf einem Stuhl. Wer aber den Papagei verfehle, werde zu Stein. Hatim schoss, verfehlte und wurde bis zu den Knien zu Stein. Als er zum zweiten Mal schoss, wurde er bis zum Nabel zu Stein. Beim dritten Mal, nun nach einem innigen Gebet zu Gott – und mit einem gewaltigen Donnerschlag verschwand das Schloss, der Diamant aber lag zu Füßen Hatims. Glücklich konnte der Held in seine Heimat zurückkehren.

Prinz Hatim hatte sich nicht begnügt mit dem, was er aus den Inschriften über die Geheimnisse von Badgerd erfahren konnte, sondern er stellte sich allen Proben und gewann damit den Diamanten, die Urweisheit. Die erstaunliche Botschaft des Märchens lautet: Die Urweisheit erschließt sich den Fähigkeiten, die in der irdischen Welt errungen sind, Hatim kann schwimmen und er kann schießen. Auch in deutschen Volksmärchen ist der Jäger derjenige Mensch, der seinen Beruf gelernt hat und der souverän mit den Aufgaben in der irdischen Welt umgehen, der den bösen Wolf töten kann. Der Einweihungsweg, so sagt das Märchen, schenkt die Weisheit des Ursprungs, aber führt nicht nach dort zurück, sondern durch die irdische Welt vorwärts in die Zukunft.

7.
Die Ausbildung der geistigen Wahrnehmungsorgane

Wie der physische Leib für die Wahrnehmung der Welt verschiedenartige Organe ausgebildet hat – Auge, Ohr, Tastsinn, Wärmesinn usw. –, so spricht die anthroposophische Geisteswissenschaft auch von differenzierten Organen für die Wahrnehmung der geistigen Welt. Wenn beschrieben wird, wie diese Organe dem Betrachter imaginativ erscheinen, so werden sie Lotusblumen genannt. Wenn ihre Tätigkeit, ihr Kreisen um geistige Inhalte beachtet wird, so nennt man sie Räder. Heute wird oft die alte indische Bezeichnung bevorzugt: Chakras oder Chakren.

Wie die Sinneswahrnehmung an bestimmten Stellen des Leibes konzentriert ist, wie das Hören sich des Ohres bedient, wie aber nicht das Ohr, sondern der Mensch als Ganzer hört, so sind auch die übersinnlichen Wahrnehmungen an einzelnen Chakren konzentriert, aber es ist der ganze Mensch, der übersinnlich wahrnimmt. Wenn das beachtet wird, so ist es sinnvoll, die Chakren an bestimmten Stellen des Körpers zu lokalisieren, obwohl sie nicht physische Gebilde sind, sondern einer übersinnlichen, also überräumlichen Welt angehören.

Der alten Tradition folgend, spricht auch Rudolf Steiner von fünf solchen Organen:

- von der zweiblättrigen Lotusblume hinter der Stirnmitte, die das Ich des meditierenden Menschen in Verbindung bringt mit geistigen Wesen
- von der sechzehnblättrigen Lotusblume in der Nähe des Kehlkopfes, die dem Menschen Einblick gibt in die Gedankenart anderer Wesen,
- von der zwölfblättrigen Lotusblume in der Nähe des Herzens, die dem Menschen Einblick gibt in die Gesinnung, in die Seelenwärme oder -kälte anderer Wesen
- von der sechsblättrigen Lotusblume in der Körpermitte, die den Menschen in Beziehung bringt mit höheren Wesen, deren Dasein sich in der Sinneswelt zeigt.[14]

Nun werden in der Tradition oft noch zwei weitere Chakren genannt, die vierblättrige Lotusblume im untersten Teil des Rumpfes und die tausendblättrige Lotusblume über dem Scheitel. Weshalb spricht Rudolf Steiner nicht von diesen beiden Chakren? Wenigstens kurz, um der Vollständigkeit willen?

In der Tradition ist von einem übersinnlichen Organismus die Rede, Kundalini genannt, dessen Organe die Chakren sind. Kundalini ist eine Kraftgestalt, die jeder Mensch besitzt, die aber, bevor er bestimmte meditative Übungen durchgeführt hat, ruht oder, wie man gerne sagt, schläft. Durch bestimmte Übungen wird die Kundalini-Kraft erweckt und vom untersten Teil des Rumpfes nach oben geführt, längs des Rückgrats bis zum Lotus in der Stirnmitte. Dabei werden die einzelnen Chakren aktiviert, und wenn diese Aktivierung die zweiblättrige Lotusblume in der Stirnmitte erreicht hat, beginnt die Hellsichtigkeit. – In frühen Vorträgen spricht auch Rudolf Steiner von Kundalini, später nicht mehr. Aus welchem Grund?

Die Erweckung der Kundalini-Kraft ist bis heute ein in Asien oft geübter Schulungsweg. Seine Übungsanleitungen haben eine sehr alte Tradition, aber sind sie der ursprüngliche Weg der asiatischen Meditation? Oder anders gefragt: Wie kommt die Kundalini-Kraft in die unterste Rumpfregion? War diese Kraft immer schlafend oder früher einmal wachend? Wird sie erweckt oder wiedererweckt? Soweit ich sehe, gibt es keine schriftliche Überlieferung über den Weg in die geistige Welt, die hinter die Kundalini-Schulung zurückreicht. Wohl aber spricht, so meine ich zu sehen, die buddhistische Kunst sehr deutlich von einem älteren Stil der geistigen Erfahrung.

Eine der eindrucksvollsten Plastiken der thailändischen Dvaravati-Kunst ist ein Buddha im Lotussitz aus dem 8. oder 9. Jahrhundert.[15] Seine plastische Gestaltung ist einfach, die Haltung natürlich und locker. Die Körpermitte ist durch eine leichte, kaum spürbare Vorwölbung betont, ebenso durch die einzige Gewandfalte der Plastik, die in einer leichten Schwingung nach unten den Bewusstseinsraum abgrenzt. Die linke Hand liegt waagrecht auf der rechten Ferse, etwa in gleicher Höhe wie die Gewandfalte. Sie ist nicht dem Körper zu-, sondern nach oben gewandt. Die rechte Hand ruht auf dem rechten Unterschenkel und weist mit den Fingerspitzen nach unten – es ist also die Haltung, in der Buddha seinen Widersacher Mara überwindet. Die Gesichtszüge zeigen Ausgewogenheit zwischen Bewegung und Ruhe: Die gewölbten Augenbrauen geben dem Antlitz eine gewisse Dynamik, die in den waagrechten Linien der Augenlider, des Mundes und des Haaransatzes wieder zur Ruhe kommt. Die Augen scheinen geschlossen zu sein.

Kopf und Rumpf wie auch der rechte Arm in seiner weichen Linienführung sind transparent für einen von oben nach unten verlaufenden Inspirationsstrom, der die Gestalt umflutet und durchflutet. Im linken Arm wird dieser Strom jedoch aufgehalten, was in der Abwinkelung der Hand gegenüber dem Unterarm deutlich zum Ausdruck kommt. Der linke Unterarm, vor allem aber das Handgelenk zeigen eine dynamische Spannung, die in Korrespondenz zu der vorgewölbten Körpermitte steht. So bildet sich zwischen Hand und Körpermitte ein Raum ausdrucksvoller Stille. In ihm, also außerhalb des Körpers, ist das Bewusstseinszentrum der Plastik zu finden.

Der Strom der geistigen Kraft entspringt hier also nicht in der Tiefe, nicht in der untersten Region des Rumpfes, sondern es wird ein Inspirationsstrom gezeigt, der von oben her die Gestalt Buddhas durchflutet und umflutet und schließlich in die Erde einzieht. Durch diesen Inspirationsstrom wird die Erde eine andere an der Stelle, an der Buddha sitzt. Meditation ist, so verstanden, nicht nur ein Erkenntnisweg, sondern ein Weg zur Vergeistigung der Erde. Keine Rede von einem fluchtartigen Verlassen der Erde, das dem Buddhismus oft nachgesagt wird. Und diese Darstellung stammt aus dem Gebiet des Hinayana-Buddhismus, der bis heute viel stärker als der ostasiatische Mahayana-Buddhismus den Wert der Askese betont.

Die Betrachtung der geschilderten Dvaravati-Plastik zeigt ein zweites Motiv, das für unser Thema wichtig ist: Es gibt bereits ein Bewusstseinszentrum, aber dieses liegt nicht innerhalb des Leibes, sondern vor ihm. Dieses Bewusstseinszentrum vor dem Leib, vor allem vor der Körpermitte, ist auch an vielen anderen Plastiken in der buddhistischen Kunst zu erkennen. Der Inspirationsstrom wird hier angehalten, konzentriert, ehe er in den Leib einzieht, ehe er individualisiert wird. Gestaut wird vor der Körper*mitte*, also etwa in der Mitte zwischen Nabel und Genital, und das Bewusstseinszentrum zieht dann in die Körper*mitte* ein, nicht in die unterste Rumpfpartie, wo Kundalini erweckt wird. Weshalb zeigt die buddhistische Kunst hier

Buddha, der seinen Gegner Mara überwindet.
U Thong Stil, 15. Jahrhundert,
Ramkhamhaeng Nationalmuseum, Sukhotai, Thailand.

nicht den Sitz der ruhenden Kundalini-Kraft im Bereich der vierblättrigen Lotusblume? Wird hier, ähnlich wie bei Rudolf Steiner, die Aktivierung der vierblättrigen Lotusblume vermieden und das Bewusstsein «nur» bis zur sechsblättrigen Lotusblume in der Körpermitte ausgedehnt? Wenn ja, weshalb?

Buddha-Plastiken zeigen oft oberhalb des Scheitels eine Vorwölbung als eine Flammenbildung oder in einer abgerundeten Form. Im Reiseführer wie auch in der wissenschaftlichen Literatur wird diese Vorwölbung als tausendblättrige Lotusblume bezeichnet. Deren Sitz wird in der Überlieferung ja oberhalb des Scheitels lokalisiert, aber diese Vorwölbung ist fast nie als Chakra dargestellt, sondern als Teil des Lebensorganismus, des Ätherleibes, der über den physischen Leib hinausragt, ähnlich wie das auch an den Schultern, Ellenbogen, Knien oder am Gewandsaum der Fall ist. Weshalb findet die tausendblättrige Lotusblume in der buddhistischen Kunst nicht eine adäquate Darstellung? Und weshalb diese große Zahl der Lotusblätter, während alle anderen Lotusblumen eine überschaubare Zahl von Blütenblättern, zwischen zwei und sechzehn, haben?

Eine Antwort auf diese Fragen habe ich in den Schriften Rudolf Steiners und bei der Betrachtung buddhistischer Kunst lange vergeblich gesucht. Aber sie kam unerwartet im Anthropologischen Museum in Mexiko. Denn in der indianischen Kunst werden vor allem die tausendblättrige und die vierblättrige Lotusblume dargestellt. Und diese Darstellung zeigt eindrucksvoll, dass die tausendblättrige Lotusblume ganz anders wirkt als die fünf genannten Lotusblumen in der asiatischen und in der europäischen Kultur. Diese sind Mittelpunkte geistiger Tätigkeit, sie umgreifen einen geistigen Inhalt, sie sind also eine Art Tastorgane. Und die Bewegungen, die diese Lotusblumen in der Begegnung mit der geistigen Welt ausgeführt haben, gerinnen dann zum Bild, das der Mensch schaut. Wir sehen also nicht, wie oft angenommen wird, die geistige Welt, indem wir sie in unserem Inneren abbilden, wie eine Art fotografischer Aufnahme. Wir sehen sie nicht so, wie sie eben aussieht. Sondern die eigenen Bewegungen des schauenden Menschen, der geistige Inhalte umgreift, verdichten sich in ihm zum Bild. Ähnlich wie wir den Gedankengang eines anderen Menschen mitvollziehen müssen, ehe wir ihn verstehen können. Dieses Mitvollziehen ist vor allem ein Willensvorgang, in den unsere Subjektivität hineinspielt. Deshalb braucht der meditierende Mensch Übungen, die den Willen von Subjektivität, von Selbstbezogenheit reinigen, wie Buddha sie in dem «achtgliedrigen Pfad» und Rudolf Steiner in den «Nebenübungen» entwickelt hat.

Ganz anders wirkt die tausendblättrige Lotusblume. Sie umgibt wie ein großer Fächer den Kopf und wird nicht aus dem Innern des Menschen aktiviert, sondern sie vibriert, sie schwingt mit dem mit, was in der geistigen Umwelt geschieht. Der Mensch schaut nicht mit diesem Organ, sondern er wird durch es inspiriert. Die geistige Welt bezieht den Menschen in ihr Leben ein und kennt noch nicht den zum Eigenwesen erwachten Menschen.

Die vierblättrige Lotusblume wird in der indianischen Kunst oft als zwei übereinanderliegende Quadrate dargestellt. In ihrer strengen Schlichtheit stehen sie in einem dynamischen Kontrast zu der Weite der tausendblättrigen Lotusblume, in der der Kosmos gegenwärtig wird. Die vierblättrige Lotusblume verinnerlicht diese Weite in die Gestalt des Menschen. Und zwar an der Stelle, an der auch die Kundalini-Schulung ansetzt. Was die tausendblättrige Lotusblume in ihrem Schwingen, in ihrem Vibrieren erfahren hat, gerinnt, es «schläft ein» innerhalb des Menschen und kann in der Kundalini-Schulung wieder erweckt werden. Wobei das Wissen um den Ursprung der Kundalini-Kraft allerdings verloren gegangen ist.

Auch einige Buddha-Plastiken zeigen, dass der Inspirationsstrom, der von oben her die Gestalt durchdringt, abgelöst wird vom Kundalini-Strom, der von unten her aufsteigt. So bei einem Buddha aus dem thailändischen U Thong-Stil, der seinen Widersacher Mara überwindet, aus dem Rayburna-Kloster in Ayudhya.[16] Die plastisch schlichte Gestalt mit ihrer nur angedeuteten Gewandfaltung sitzt streng aufrecht, ohne jede Anspannung der Muskulatur, sodass sie durchflutet und umflutet von dem Inspirationsstrom ist. Ihre Senkrechte ist nicht das Ergebnis einer Aufrichtung von unten her, sondern sie wird von oben her getragen. Ebenso die Haltung der Hände. Der Kopf ist leicht zurückgeneigt, die Gesichtszüge zeigen eine aktive Stille Buddhas, die aus dem Strom der Inspiration hervorgeht, in den sich die Gestalt eingliedert. Die Gesichtszüge offenbaren also nicht das Innere Buddhas, sondern sie sind von außen geprägt, schlicht und herb, wie ein Traum von dem, was die Inspiration mitteilt. Die linke Hand ist nach oben geöffnet, die rechte aktiv nach unten gewendet und völlig transparent für den Inspirationsstrom, sodass die Kraft aus der Höhe durch Buddha hindurch in die Erde hinein wirkt. Bereits durch den Strom dieser Kraft wird der Widersacher überwunden, nicht durch eine zielgerichtete Handlung Buddhas. Die linke Hand ruht leicht und locker auf der rechten Ferse und umhüllt so das Bewusstseinszentrum, das noch nicht innerhalb des Körpers, sondern *vor* der Körpermitte liegt, wo der Inspirationsstrom aufgehalten und gestaut wird und von wo er sich wieder nach oben wendet. Das unsichtbar bleibende Bewusstseinszentrum vor der Körpermitte korrespondiert plastisch mit der leicht vorgewölbten Brust, in der die gestaute Kraft zum Bewusstsein kommt. Es ist charakteristisch für viele thailändische Kunstwerke, dass ihre plastische Dynamik nicht in einer einzigen Körperpartie konzentriert ist, sondern in der Korrespondenz zwischen zwei Körperpartien zum Ausdruck kommt. Der Rayburna-Buddha mit seiner Spannung zwischen dem unsichtbar vor dem Körper liegenden Bewusstseinszentrum und der Manifestation dessen, was dort erlebt wird, in der Brustregion löst den Blick des Betrachters aus dem Raum, aus der irdischen Welt und öffnet ihn dem spirituellen Erleben. Getragen wird das dynamische Wechselspiel zwischen Bewusstseinszentrum und Brustregion durch die Senkrechte des Rückgrats, dem entlang der Kundalini-Strom nach oben flutet. Das hellsichtige Bewusstsein wird also noch nicht als ein nur persönliches Erleben verstanden, sondern in seiner Bedeutung für die Welt erfasst. In den uns bekannten Meditationsanweisungen wird dieser Strom im untersten Teil des Rumpfes entfacht. Bei dem Rayburna-Buddha jedoch liegt das Bewusstseinszentrum noch nicht *in*, sondern *vor* dem Körper. Damit wird der überpersönliche Ursprung des Kundalini-Stroms betont, und dieser wird als Umwendung des Inspirationsstroms verstanden. Dieses Wissen vom Ursprung der Kundalini-Kraft geht später, wenn der Bewusstseinsmittelpunkt in den Körper einzieht, verloren. – An dem Rayburna-Buddha wird anschaulich, dass der Kundalini-Strom, wenn er nach oben flutet, in einer Art Flammenbildung am Scheitel aus der Gestalt hervorbricht, ähnlich wie es die Flammenbildung auch an Ellbogen, Knien oder Gewandsäumen gibt. Bei dem Rayburna-Buddha ist diese hervorbrechende Kraft besonders schön als Verlängerung des Kundalini-Stroms erkennbar, der längs des Rückgrats verläuft und in den Stirnlotus, nicht in den Scheitel, mündet.

8.
Lehrer und Schüler auf dem Meditationsweg

In der asiatischen Tradition beginnt der Meditationsweg mit dem Gespräch zwischen einem Lehrer und demjenigen, der Schüler werden will. Da geht es zunächst um die Frage, ob der bisherige Lebensweg schon zu dem Punkt geführt hat, an dem der Wille zum Meditieren ansetzen kann, ob der Sinn des Daseins in der äußeren Welt gesucht, aber dort nicht gefunden worden ist, und ob nun ein echtes Bedürfnis nach Meditation sich entwickelt hat. Darüber wurde bereits im vierten Kapitel gesprochen.

In einem solchen Gespräch geht es nun um eine zweite Frage: Ob derjenige, der Schüler werden will, bereit ist, sich dem Lehrer anzuvertrauen. Vorbehaltlos. Nicht nur in der Anleitung zum Meditieren, sondern in seiner Lebensführung überhaupt. Denn wer noch nicht das volle Vertrauen zum Lehrer hat, ist selbstbezogen, ist noch nicht bereit, den Weg über sich selbst hinaus zu gehen. Das Vertrauen zum Lehrer kann selbstverständlich nicht abgefragt werden, sondern es muss sich in der Haltung des künftigen Schülers zeigen. Immer wieder haben Lehrer zunächst gar nicht eine Meditationsanleitung gegeben, sondern eine praktische Aufgabe gestellt, eine Arbeit mit der Hand verlangt. Nahm der Schüler das selbstverständlich hin, so war er nicht auf einen Meditationserfolg, sondern auf den Lehrer eingestellt.

Der künftige Schüler entscheidet sich für den Lehrer seiner Wahl – und der Lehrer entscheidet sich für seinen Schüler. Dabei geht es nicht um einen Lehrinhalt, der vermittelt werden soll, sondern um die Beziehung von Mensch zu Mensch, um eine totale Zuwendung. Der Schüler vertraut sich dem Lehrer an und nicht nur dessen Meditationsanleitungen. Der Lehrer übernimmt die Verantwortung für den Schüler. In einem indischen Ashram oder in einem japanischen Zen-Kloster hat der Lehrer dafür zu sorgen, dass am Abend das Essen auf dem Tisch steht. Wie er das beschafft, ist seine Sache, denn er hat seine Schüler angenommen. Nur die volle Verantwortung gibt ihm das Recht, auch die volle Hingabe der Schüler zu verlangen.

Mit der Zuwendung an den Lehrer ist nicht eine Verpflichtung auf Lebenszeit verbunden wie beim Gehorsamkeitsgelübde im christlichen Kloster. Wenn der Schüler einen anderen Lehrer findet, so kann er das Kloster verlassen, ohne wortbrüchig zu werden. Dann endet aber auch die Verantwortung des bisherigen Lehrers. Solange man Schüler dieses Lehrers ist, ist man jedoch einzig und allein an diesem Lehrer orientiert. Da kann man nicht zusätzliche Anregungen für die Meditation von dieser oder jener Seite aufnehmen. Es gilt ausschließlich, was der eigene Lehrer sagt.

Der Schüler entscheidet sich für einen Lehrer, wie dieser früher einmal sich seinem Lehrer anvertraut hat, weil der Lehrer menschlich überzeugend gewirkt hat. Mit der Entscheidung für einen Lehrer entscheidet sich der suchende Mensch auch für einen bestimmten Meditationsweg. Jeder Schüler wird zeitlebens seinen Lehrer in hohen Ehren halten, aber über dem Lehrer steht der Weg. Ihm ist der Meditationslehrer verpflichtet. Der Weg ist heilig, er ist nicht durch menschliche Willkür zu verändern. Der Lehrer repräsentiert für den Schüler den Weg, den der Schüler noch nicht unmittelbar wahrnehmen kann. Aber in jedem Wort, in jeder Handbewegung, in jedem Blick lebt der Lehrer diesen Weg, und so kann der Schüler den Weg mit Augen sehen. Der Mensch braucht zunächst die sinnliche Repräsentanz des Weges, um schließlich für den Weg selbst zu erwachen. Wenn der Mensch unmittelbar zum Weg wird, wenn er nicht mehr dessen Repräsentanz in der Sinneswelt braucht, endet das Lehrer-Schüler-Verhältnis. Der Schüler wird selbstständig. Dieser Augenblick wird im Kloster gefeiert. Der für den Weg Erwachte wird vielleicht noch in der Nähe des Lehrers bleiben, aber nicht mehr als Schüler, sondern als Partner. Auch noch nicht als Lehrer, denn dazu muss er noch lernen, anderen den Weg zur Erfahrung des Weges zu eröffnen und die Wirkung der einzelnen Meditationsanleitungen zu überschauen. Das ist eine hohe Anforderung, die gestellt werden muss wegen der Erhabenheit des Weges. Eine Anforderung, die sicher viele nicht erfüllen, die sich heute als Meditationslehrer bezeichnen. Aber hier ist von der großen asiatischen Tradition die Rede und nicht von einer Dekadenz.

Wie der Schüler am Lehrer die rechte Haltung zum Meditieren lernen kann, wird vielleicht am deutlichsten an der japanischen Zen-Schulung. Denn in ihr konzentriert man sich nicht nur auf einen geistigen Inhalt, sondern es wird praktisch etwas getan, in meditativer Haltung: Tuschezeichnen, Blumenstecken (Ikebana), Schwerterkampf, Schießen mit dem Bogen oder die Teezeremonie.

Dabei ist unwichtig, was der westliche Besucher wohl vor allem beobachtet: das Ergebnis. Gewiss, viele Blumengestecke haben den charakteristischen Aufbau mit drei Zweigen, die Himmel, Mensch und Erde symbolisieren. Aber das ist es nicht, was der Zen-Lehrer im Blick hat, wenn er mit dem Blumenstecken beginnt. – Er tritt in den Raum ein, in dem die Schüler warten. Er verneigt sich, nicht vor den Schülern, nicht vor seinem eigenen Lehrer, sondern vor dem Weg, der als lebendiges Wesen verstanden und angesprochen wird. Dann geht er zu dem Kübel mit den Zweigen, die der Gärtner bereitgestellt hat, er streicht mit der Hand liebevoll über den einen oder anderen Zweig, er spürt die Wachstumsspannung ab, die in den Zweigen verborgen liegt, aber noch nicht Form geworden ist, er «erlauscht» mit den Händen, wie die Pflanzen gestellt sein wollen. Schließlich nimmt er einige Zweige aus dem Kübel und stellt sie mit einer zügigen und sicheren Bewegung in die bereitstehende Vase. Der Lehrer verneigt sich erneut und tritt zurück. «Bitte schön», sagt die Handbewegung, mit der er sich an den Schüler wendet. Der steht auf. «Falsch.»

Der Lehrer beginnt von Neuem und fordert dann wiederum einen Schüler auf, seine Zweige zu stellen. Der erhebt sich. «Falsch.» Der unkundige Betrachter wird vielleicht sagen, der Schüler habe ja noch gar nicht begonnen, da könne ja noch nichts falsch sein. Doch wer sich so erhebt, wie der Schüler es eben tat, ist noch in sich befangen, er kann sich nicht in der rechten Weise verneigen und selbstverständlich auch nicht in der rechten Weise die Zweige berühren oder gar stellen.

Der Lehrer hatte nicht zeigen wollen, wie es gemacht wird, sondern er wollte vor den Augen der Schüler die Handlung so ausführen, dass in jeder Bewegung die innere Haltung sichtbar wird, und die Schüler sollten sehen lernen, was sie vor Augen haben. Ikebana lässt sich nicht an einem Lehrbuch lernen, sondern nur am lebendigen Vorbild, an einem Menschen, dessen «beseelte Hand» von der gleichen Kraft geführt wird wie diejenige, die «Blumen wachsen lässt», sodass «Blumenherz, Menschenherz und Allherz» eines sind.[17]

Den Einklang zwischen Mensch und Welt herzustellen, das ist es, was der Schüler vom Lehrer lernen kann. Und diesen Einklang muss auch der Lehrer jedes Mal neu herstellen. Er überlegt nicht, wie er die Zweige stellen wird, er versetzt sich in die Wachstumsgeste der Pflanze und dann weiß er, durch die Pflanze, wie sie gestellt sein will. Das Stellen selbst geht dann schnell und sicher. So wie der Meister der Tuschezeichnung sich zunächst innerlich in das Wesen des Kreises vertieft, um dann in einem raschen Zug die Form zu Papier zu bringen. Und dabei darf gerne die Spur eines einzelnen Pinselhaares sichtbar bleiben. Denn ein Meisterwerk zeichnet sich durch Natürlichkeit aus.

Der Schüler ahmt nicht eine Handlung des Lehrers nach, sondern folgt diesem auf einem inneren Weg. Wenn nur die äußere Form des Vorgehens übernommen wird, kann der Lehrer recht empfindlich reagieren. Chü-Chih, ein Meister des Chan-Buddhismus, wie die chinesische Frühstufe des Zen hieß, hatte von seinem Lehrer den sogenannten «Ein-Finger-Zen» übernommen. Statt einer Belehrung erhob er in bestimmten Augenblicken nur den einen Finger. Einer seiner Schüler übernahm im Gespräch mit Außenstehenden diese Geste, offenbar jedoch ohne ihren spirituellen Hintergrund. Als Chü-Chih das erfuhr, schnitt er dem Schüler den Finger ab. Als der schreiend davonlaufen wollte, rief ihn der Meister zurück und erhob seinen Finger. Da erwachte der Schüler zur Erleuchtung, weil er den Unterschied zwischen echter Haltung und übernommener Form erkannte.[18] So streng konnten die alten Meditationslehrer sein.

Die Erzählung zeigt, dass der Zen-Meister nicht ein falsches Verhalten des Schülers korrigieren, sondern dass er dessen Ich wecken und hervorlocken wollte. Der Schüler sollte selbst erkennen, dass sein Heben des Fingers eine übernommene, hohle Form, dass sein Verhalten unwahrhaftig war. Indem der Meister den Finger abhackte, versetzte er dem Schüler einen Schock, der dessen anmaßende, unechte Verhaltensform zusammenbrechen ließ. Aber mit dieser Erfahrung ließ er den Schüler nicht allein, er rief den Fliehenden zurück und hob nun selbst den Finger. Jetzt konnte der Schüler erkennen, dass der Meister mit dem erhobenen Finger nicht *etwas* sagen, sondern dass er den Weg vergegenwärtigen wollte. Durch den Meister hindurch erwachte der Schüler für die Wahrheit. Er wurde unmittelbar zum Weg, und das ist die Erleuchtung.

Der Meister auf dem Zen-Weg, so sagt das Dürkheim,[19] «überzeugt nicht mit Argumenten, sondern mit seinem Sein [...] Der Meister verhält sich nicht pädagogisch. Er untersucht nicht, belehrt nicht und gibt keinen Rat. Vom Einen erfüllt, blickt er nur unverwandt auf das Eine, schaut auf des Schülers Wesen, fühlt zu ihm hin aus seiner Mitte heraus, liebt es, ruft es an und stößt unmittelbar darauf zu.» Hier ist recht prägnant formuliert, worauf es im Zen bei der Lehrer-Schüler-Beziehung ankommt. Der Meister lebt *in* der Wahrheit, *in* dem Einen. Ihm ist er verpflichtet. Der Schüler sucht die Wahrheit, und indem der Meister den Schüler annimmt, sagt er Ja zu ihm, er liebt ihn, den Suchenden. Der Meister übermittelt dem Schüler nicht ein Wissen, er gibt nicht einmal einen Rat, sondern er «stößt auf das Wesen des Schülers zu», oft recht hart. Denn dieses Wesen muss aus seiner Schale hervorbrechen. Und das ist nur in der Begegnung zwischen dem Ich des Lehrers und dem Ich des Schülers möglich, ganz individuell. «Der Meister ist immer ein Original, das man weder nachahmen kann noch nachahmen will [...] Lebensgemäß wirkt der Meister nur, wo er den Schüler zu sich selbst bringt. Das Original in ihm herausbringt.» – «Und dazu ist dem Meister jedes, aber auch jedes Mittel recht [...] Das ist die sinnlose Antwort, der unvorhergesehene Angriff, der wohlgezielte Schlag, der Schock, der Faustschlag ins Gesicht, die Ohrfeige, die Kränkung, das höhnische Lachen, der erschreckende Schrei, immer das vom Ich Unangenehme, das angenommen werden muss.»[20] Das strenge Vorgehen richtet sich nicht gegen den Schüler selbst, sondern gegen denjenigen Charakterzug des Schülers, der ihn an der Selbstfindung hindert, gegen seine Egozentrik, gegen Konvention und Routine, gegen die Unechtheit. Und diese Strenge will dem wahren Wesen des Schülers Bahn brechen, es ansprechen, es hervorlocken und aktivieren.

Weil es um das wahre Wesen des Schülers geht, ist der Weg immer individuell. Das wird in vielen, vor allem in westlichen Darstellungen der asiatischen Meditationswege nicht deutlich genug betont. Einer der bekanntesten Zen-Lehrer im 20. Jahrhundert, Daisetz Teitaro Suzuki, sagt: «Da es viele individuell denkende Menschen gibt, sind auch entsprechend viele individuelle Wege gegeben. Jeder von uns hat seinen eigenen Weg, den andere nicht betreten können, und jeder löst sein Problem auf seine eigene Art. Das Einzige, was der Zen-Meister vermag, ist, dem Schüler eine Richtung zu geben. Wie er sie geht, ist seine eigene Angelegenheit.»[21]

Der Lehrer hat nicht ein Programm, nach dem er vorgeht, sondern er wartet auf den Augenblick, in dem das wahre Wesen des Schülers hervorbrechen will. Und dann greift er geistesgegenwärtig zu, vielleicht hart. Der Schüler wird nicht dauernd geprügelt, wohl aber in dem Augenblick, in dem die Aussicht auf den Durchbruch besteht. Das bringt einer der großen Meister der Frühzeit, Hui Neng (638–713) in ein einfaches Bild:

«Die Henne weiß genau, wann das Küken herangewachsen ist, und zur richtigen Zeit pickt sie von außen die Schale auf, während das Küken von innen pickt. Die Schale zerbricht und das Küken erscheint. Das wird auf Japanisch Sottaku duji, das gleichzeitige Wirken von Henne und Küken, genannt. Es ist ein Irrtum zu denken, dass Erleuchtung ausschließlich aufgrund der eigenen Kraft entsteht, und es ist genauso ein Irrtum zu glauben, es hinge nur von der Kraft des Meisters ab.»[22]

Die Hingabe an den Lehrer eröffnet nicht nur den Blick auf die Wirklichkeit der geistigen Welt, die im Lehrer schon gegenwärtig ist, sondern die Hingabe löst auch die Seele des Schülers aus der Bindung an die irdische Welt. Die indische Meditationslehrerin Indira Devi sagt: «Seid einfach wie die Kinder. Habt Vertrauen, dass alles, was der Guru sagt, richtig ist. Wenn ihr das erreicht habt, werdet ihr ein großes Gefühl innerer Befreiung erfahren [...] Ihr könnt den ganzen Tag lang meditieren und lauter wie Gold sein, aber sobald ihr einmal bei einem Guru Zuflucht genommen habt, kann es keine Erlösung geben, wenn nicht und bis diese Unterwerfung kommt [...] Nichts auf der Welt ist gesegneter, als ein hilfloses Kind des Guru zu sein. Das Gefühl der Befreiung, das diese Abhängigkeit bringt, übersteigt bei Weitem jede Freiheit, die der auf sich selbst Vertrauende jemals erfuhr.»[23]

Hingabe an einen Menschen oder an ein Ideal aktiviert die Seele und führt sie über die Egoität hinaus. Religiöse Hingabe jedoch greift noch tiefer, bis in die Lebenskräfte, bis in den Ätherleib des Menschen hinein. Religiöse Hingabe löst den Ätherleib bis zu einem hohen Grade aus der Bindung an den physischen Leib und verbindet ihn mit derjenigen Welt, an die er sich hingibt. Das geschieht schon im Schlaf. Die Seele löst sich während des traumlosen Tiefschlafs aus der Verbindung mit dem physischen und ätherischen Leib und wendet sich dann erneut dem Ätherleib zu, um ihm die Kräfte zu vermitteln, die er zu seiner Erquickung braucht. Wenn der betende Mensch sich in selbstvergessener Hingabe der göttlichen Welt zuwendet, bringt er aus dem Gebet eine Kraft für das Leben mit. Hingabe ist tatsächlich Befreiung aus der Egozentrik, die den Menschen krank machen kann, Hingabe entspricht dem Wesen des Ich, dem nicht die Isolierung, die Egozentrik gemäß ist, sondern die Kommunikation mit der Welt.

Die zitierten Sätze Indira Devis sollen wohl vor allem den westlichen Leser provozieren: Freiheit durch Abhängigkeit! Aber sie wollen auch eine Erfahrung formulieren, die zu beachten ist. Die meisten Menschen heute werden einwenden: Freiheit bedeute Selbstbestimmung, und die könne erst beginnen, wo Fremdbestimmung aufhört. Was Indira Devi schildert, sei aber vollständige Fremdbestimmung. Um die Fremdbestimmung abzubauen, sei es notwendig, sie zu durchschauen, ihr kritisch zu begegnen. Und eben die Kritik am Lehrer solle bei dem Schüler vollständig aufhören! Von Freiheit könne also hier nicht die Rede sein. Dieses Argument wird Indira Devi gut kennen, denn sie hat viel mit Menschen aus dem Westen gearbeitet, und sie schreibt hier vor allem für westliche Leser.

Nun ist doch erstaunlich, dass die indische Meditationslehrerin sich gar nicht auf eine Diskussion für und gegen die Stellung des Lehrers einlässt, sondern dass sie sich einfach an diejenigen Menschen wendet, die den Schritt auf den Lehrer zugehen wollen. Indira Devis Schilderung klingt sicher ganz anders als die vorausgehenden Berichte aus dem Zen-Buddhismus, aber es gibt etwas, was ihnen gemeinsam ist: Sie wollen eine neue innere Haltung beim Schüler entwickeln, sie wollen zu seinem Ich vorstoßen, dieses aufwecken für die geistige Welt, die der Schüler im Lehrer vor sich hat, wenn er für ihn erwacht ist.

Aber wird mit dieser vorbehaltlosen Hingabe an den Lehrer nicht das Eigenwesen des Schülers ausgelöscht? Ist das Ende der Selbstbestimmung nicht auch das Ende eines eigenen Ich? An dieser Frage wird ein fundamentaler Unterschied zwischen europäischer und asiatischer Kultur deutlich. Vor allem viele Inder werden aus ihrer religiösen Tradition heraus antworten, in der Hingabe werde das Ich nicht ausgelöscht, sondern gestärkt. Die Beziehung zum Lehrer als eine Stärkung des Ich sei notwendig, um den starken Eindrücken aus der geistigen Welt gewachsen zu sein. Die Kraft für diesen Weg werde nicht im Abstand zur Welt gebildet, sondern in der Hingabe. Wenn der Mensch sich an die Natur hingebe, dann binde er sich an die Erde, denn die Natur ist nach Gesetzen geordnet. Wer sich an den Lehrer hingibt, tritt in eine Welt ein, die in jedem Augenblick neu aus dem einzigartigen Wesen des Lehrers gestaltet wird, der ganz unkonventionell entscheidet, indem er das Einmalige im Schüler und in der gegenwärtigen Situation beachtet. Und dieser Zugriff auf das Ich des Schülers muss gelingen, denn ein enttäuschtes Vertrauen zum Lehrer schwächt die Kraft der Zuwendung an die geistige Welt, und der Schüler hat auch nicht beliebig viele Finger zum Abhacken.

Die Beziehung zwischen Lehrer und Schüler hat sich grundlegend verändert, als der anthroposophische Meditationsweg veröffentlicht wurde. Denn nun kann der Mensch, ehe er sich für diesen Weg entscheidet, überschauen, was ihn erwartet. Und er kann einsehen, weshalb die einzelnen Schritte notwendig sind und weshalb sie so und nicht anders aufeinander folgen. Zu dieser Einsicht führen auch die traditionellen asiatischen

Meditationswege, aber erst dann, wenn der Schüler diesen Weg so weit gegangen ist, dass er sich von dem Lehrer lösen und souverän sein kann gegenüber dem Weg selbst.

Bis dahin repräsentiert der Lehrer den Weg. Der Schüler hat also nur eine mittelbare Beziehung zum Weg, durch den Lehrer. In der Lösung vom Lehrer wird die Beziehung zum Weg unmittelbar. Der Schüler versteht, was der Weg fordert und warum er das tut. Bis dahin nimmt er das am Verhalten des Lehrers wahr. Vom Lehrer ist zu erwarten, dass er bis in seine Sprache und Bewegung hinein den Weg *lebt,* dass er nicht Forderungen an den Schüler stellt, sondern dass er auch im Alltag den Weg anschaubar macht, in einer nicht überspannten, sondern natürlichen Weise, in menschlicher Nähe. Wer diese Aufgabe nicht erfüllen kann, kann eben nicht Lehrer sein.

In den Abschiedsworten Buddhas an seine Schüler ist bereits die Tendenz zu erkennen, den Lehrer gegenüber den Inhalten der Lehre zurücktreten zu lassen. An seinen Lieblingsschüler Ananda gewendet, spricht Buddha davon, dass in Zukunft nicht der Lehrer fehlen werde, denn die Lehre, «die ich euch gezeigt und geoffenbart habe, die ist euer Lehrer, wenn ich hingegangen bin».[24]

Welchen Sinn soll es haben, so würde hier ein Lehrer der traditionellen asiatischen Meditation einwenden, von späten Stadien des Weges zu sprechen, von denen man sich doch kaum realistische Vorstellungen machen kann? Erlebnisse in der geistigen Welt sind doch ganz anderer Art als die vertrauten Erfahrungen in der irdischen Welt, und es besteht die Gefahr, sich die geistige Welt allzu ähnlich der irdischen vorzustellen. Das stimmt, und das gilt nicht erst für die Darstellung des Meditationsweges, sondern schon für jede Darstellung der geistigen Welt. Wer über geistige Wesen spricht, wird darauf achten, den feineren und zarteren Charakter spiritueller Erfahrungen immer von Neuem zu verdeutlichen.

Dass der asiatische Meditationslehrer den Weg nicht vorweg schildert, hat noch einen tieferen Grund. Der Weg des Yoga beginnt, wenn der künftige Schüler die innere Kehrtwendung vollzieht, wenn er einsieht, dass in der Maya nicht der Sinn der menschlichen Existenz zu finden ist, dass er den Weg zurück zum Ursprung einzuschlagen hat. Der meditierende Mensch ist derjenige, der seine irdische Existenz abgestreift und hinter sich gelassen hat. Das ist auf dem anthroposophischen Meditationsweg anders. Hier ist der meditierende Mensch derjenige, der in der genauen Beobachtung der irdischen Welt und in der anschließenden sorgfältigen Begriffsbildung sich auf die Vertiefung der Erkenntnis, auf die Meditation, vorbereitet hat. Der *Erden*mensch wird in die anthroposophische Meditation mitgenommen, im Gegensatz zum Yoga. Und dieser Erdenmensch ist es, der das Bedürfnis hat, den Weg, auf den er sich einlässt, vorweg zu überschauen und den Sinn der einzelnen Meditationsregeln einzusehen.

Damit tritt die Autorität des Lehrers zurück. Der Schüler nimmt dessen Aussagen nicht an, weil sie vom Lehrer kommen, sondern weil er sie einsieht. Wie man, jedenfalls in einem guten Mathematikunterricht, die Lehrsätze nicht annimmt, weil sie von dem Lehrer vorgetragen werden, sondern weil sie einsichtig und mitvollziehbar sind. Die Person des Lehrers tritt hinter der neuen Autorität zurück, hinter der Vernunft. Ein Wissenschaftler kann auf einem bestimmten Gebiet unter seinen Kollegen als Autorität gelten, nicht aufgrund seiner Stellung, nicht weil Wissenschaftler eine Autorität brauchen, sondern weil und solange seine Aussagen sich in der Forschungspraxis bewähren. Die Kollegen wollen die Aussagen der Autorität nicht nur annehmen, sondern auch einsehen. In diesem Sinne kann es auch in der Anthroposophie Lehrer geben, die aufmerksam machen auf Beobachtungen oder Gedanken, die andere noch nicht selbst gefunden haben, aber hätten finden können – nur nicht so schnell. Der Lehrer auf dem anthroposophischen Meditationsweg führt nicht, sondern er gibt Ratschläge, die der Schüler, bitte, erst annimmt, wenn er ihren Sinn einsieht. Diese Selbstständigkeit ist «das Wesen der neuen Initiationsmethode».[25] Den anthroposophischen Meditationsweg kann nur gehen, wer bereit ist, die Verantwortung für den Weg als Ganzes wie auch für die einzelnen Schritte zu übernehmen und sie nicht einem Lehrer oder Berater in die Schuhe zu schieben.

Autoritätsgläubigkeit ist unvereinbar mit dem anthroposophischen Meditationsweg. Denn «Autoritätsglaube kann ein starker Versucher sein, kann gerade den Irrtum anregen». Doch irren kann ich wohl auch ohne Autorität! Ja, aber wenn ich ehrlich und entschieden nach der Wahrheit suche «und irre [...] hier in dieser Inkarnation, so wird die Wahrheit die Kraft haben, mich zu sich zu ziehen in der nächsten Inkarnation [...] Besser ist es, ehrlich zu irren, als unehrlich Dogmen anzuhängen.»[26] Der Lehrer in der asiatischen Tradition beansprucht Autorität nicht für sich persönlich, sondern für den Weg, den er lehrt. Das war schon früher nicht leicht zu unterscheiden, heute ist es wohl noch schwerer. «Die Versuchung ist groß für die Menschen, einer solchen ins Persönliche gezogenen Autorität fanatische Heiligenverehrung entgegenzubringen, was das Schlimmste ist, das es gibt.»[27]

Weshalb aber wirkt Autoritätsgläubigkeit auf dem anthroposophischen Meditationsweg so negativ, während für den Weg des Yoga die vorbehaltlose Hingabe an die Autorität des Lehrers unverzichtbar ist? Für den Yoga-Schüler beginnt mit der

Abwendung von der Maya, in der wir als beobachtende und denkende Menschen leben, der Weg zum Ursprung. In diese Welt des Ursprungs kann er nur eintreten, wenn sie vor seinen Augen von dem Lehrer gelebt wird. Was auf dem Weg des Yoga ausgelöscht wird, die prüfende Seelenhaltung, das eben ist der Ausgangspunkt des anthroposophischen Meditationsweges. Denn der setzt folgerichtig die Entwicklung fort, die der Mensch durch die Kultur des wissenschaftlichen Denkens der letzten Jahrhunderte gegangen ist. Während Yoga diese Entwicklung als einen Irrweg ansieht, der zu verlassen ist, wenn die Wahrheit gesucht wird. Doch hier geht es nicht darum, ob ein Weg richtig oder falsch ist, sondern darum, ob er diesem oder jenem Menschen gemäß ist – ohne jedes Werturteil.

Die Beziehung zwischen Lehrer und Schüler schildert Rudolf Steiner seit dem Herbst 1906 als *den* wichtigen Unterschied zwischen der asiatischen Tradition und dem anthroposophischen Weg. «Die orientalische, die man auch die Yoga-Entwicklung nennt, ist eine solche, in der ein einzelner auf dem physischen Plan lebender eingeweihter Mensch der Führer, der Guru eines anderen ist und dieser sich vollständig und auch in allen Einzelheiten auf den Guru verlässt [...] Die christliche Entwicklung setzt an die Stelle des einzelnen Guru einen großen Guru, den Christus Jesus selbst, für alle, und das Gefühl der Zusammengehörigkeit zu diesem Christus Jesus, das Eins-Sein mit ihm, kann die Hingabe an einen einzelnen Guru ersetzen [...] Da ist dann der Guru nur noch der Freund des Schülers, der Ratschläge gibt, denn den besten Guru erzieht man sich dann selbst in der eigenen Vernunft. Für die heutigen Europäer», so fährt Steiner fort, «ist der im Mittelalter ausgebildete christliche Weg der angemessene Weg für diejenigen, die mehr Gefühl ausgebildet haben», während diejenigen, «die mehr auf dem

Boden der Wissenschaft stehen und wegen der Wissenschaft in Zweifel gekommen sind, am besten den rosenkreuzerischen Weg gehen.»[28] Diese Gegenüberstellung war für Steiner offenbar sehr wichtig, denn er kommt in Vorträgen der folgenden Jahre oft auf sie zurück.[29]

Die Frage, ob der Yoga-Weg für Menschen in der heutigen asiatischen Kultur noch angemessen ist, wird von Rudolf Steiner hier nicht behandelt. Und für Menschen in Europa, in denen eine frühere Verkörperung in Asien noch stark nachwirkt? Diese Frage ist sicher nur individuell zu beantworten. Wie überhaupt zu betonen ist, dass nur derjenige Weg der rechte sein kann, für den sich der Mensch selbst entscheidet.

Schon zwei Jahre zuvor hatte Rudolf Steiner den Lehrer als einen Ratgeber bezeichnet, der die Freiheit des Einzelnen sehr hoch schätzt, doch sei es «in der Regel untunlich, ohne persönliche Anleitung eine mystische Entwicklung zu suchen, weil fast für jeden Menschen der richtige Weg für diese Entwicklung ein anderer ist».[30] Also nicht um die Regeln des Meditierens genau genug einzuhalten, sondern um den Weg individualisieren zu können, ist es «in der Regel» besser, einen persönlichen Lehrer zu haben. Das ist auf dem Yoga-Weg anders, denn die Wahrheit des Ursprungs ist nicht individuell. Hier aber setzt Steiner voraus, dass der Weg an der Stelle beginnt, bis zu der sich der Mensch im Leben entwickelt hat und dass damit auch der weitere Weg eine individuelle Nuance erhält. Den Meditationsweg zu individualisieren, stellt jedoch sehr hohe Anforderungen an den Lehrer.

An die Stelle des Lehrers, der den Weg individualisiert, kann nun die eigene Einsicht in die Regeln des Meditierens treten. Bei der Darstellung des Erkenntnisweges heißt es in Rudolf Steiners *Geheimwissenschaft im Umriss*,[31] dass die Darstellung dieser Regeln nur bis zu einem gewissen Punkt gehen könne. «Doch führt das Mitgeteilte so weit, dass derjenige, welcher dieses auf seine Seele anwendet, in der Erkenntnisentwicklung dazu gelangt, dass er den weiteren Weg dann finden kann.» Dieser «gewisse Punkt» liegt sicher nicht am Anfang, sondern in einem späteren Stadium des Weges. Aber kann der Mensch auch seinen ganz eigenen Weg entwickeln? Gewiss, Dag Hammarskjöld etwa hat in späteren Jahren regelmäßig meditiert und offenbar weder einen persönlichen Lehrer noch ein Buch mit Anleitungen zum Meditieren gehabt. Und das ist bei ihm gut gegangen, wohl deshalb, weil die öffentliche Verantwortung, die er trug, den für das Meditieren notwendigen Ernst entwickelte. Wenn jedoch eigene Regeln erfunden oder gegebene willkürlich verändert werden, weil man sich über solche Regeln glaubt erheben zu können, dann fehlt die Basis für jede sinnvolle Meditation. Willkürliche Veränderungen des Weges werden wahrscheinlich zu stark subjektiv gefärbten Erfahrungen führen.

Dass auf die Selbstständigkeit und Verantwortung des Meditanten ein so großer Wert gelegt wird, ist nicht nur aus der Reife der europäischen Persönlichkeitsentwicklung zu verstehen, sondern auch aus der Zielrichtung der Menschheitskultur. In den gleichen Jahren, in denen Rudolf Steiner die Lehrer-Schüler-Beziehung als den entscheidenden Unterschied zwischen Yoga und anthroposophischer Meditation darstellte, wies er darauf hin, dass bisher die Menschheit geführt wurde durch solche Eingeweihte, die schon zu Beginn der Erdentwicklung hoch entwickelt waren. In unserer Epoche, die mit der Sintflut beginnt, ist das Manu, der biblische Noah. Solche Manus, also andere hohe Eingeweihte, gab es auch in der vorausgehenden Epoche der Erdentwicklung.[32] In der nächsten

Erdepoche, die auf den Untergang der nachatlantischen Kultur, biblisch gesprochen auf den Kampf aller gegen alle, folgt, wird es auch einen solchen führenden Eingeweihten geben, der nicht außerhalb der irdischen Verhältnisse seine Vollkommenheit erlangt hat, sondern während der Erdentwicklung «von der Pike auf» gelernt hat.[33] Der deshalb auch aus einer neuartigen Weisheit heraus arbeiten wird, aus einem Lauschen auf die Sprache der harten irdischen Gesetzlichkeit. Diese Weisheit wird heute entwickelt von solchen Meditanten, die von dem modernen wissenschaftlichen Denken ausgehen.

Diese Weisheit erschließt sich erst, wenn der Mensch sich vorbehaltlos auf die gesetzhaft geordnete Welt einlässt, aber das Erlebnis an ihr verinnerlicht; wenn der Mensch, wie im zehnten Kapitel darzustellen ist, sich in den Wachstumsprozess einer Pflanze vertieft und in sich abspürt, wie in der Geste des Wachstums das Wesen dieser Pflanze sich ausspricht. Indem die genaue Beobachtung vom gegebenen Bild zur Erfahrung des Prozesses, des Wachstums führt, löst sich das Denken aus dem gewohnten Gegenstandsbewusstsein und bewahrt doch dessen Exaktheit. Dieses Denken in Prozessen übernimmt auf dem anthroposophischen Meditationsweg eine Aufgabe, die im Yoga die Hingabe an den Lehrer erfüllt: sich aus der Egozentrik des Gegenstandsbewusstseins zu lösen und doch wach zu bleiben oder überhaupt erst wach zu werden für geistige Erfahrungen.

Der Yoga-Lehrer wird die Beobachtung von Naturvorgängen als Leben in der Maya verstehen, von dem er sich abwenden will, um zur Wahrheit, zum Ursprung zurückzufinden. Der anthroposophische Meditant wird die Natur nicht als Maya sehen, die durch die Lösung des Menschen aus der Wahrheit entstanden ist, wie dies im vierten Kapitel dargestellt wurde, sondern als göttliche Schöpfung. Auf die Formensprache der

Natur so zu lauschen, dass in ihr die Weisheit der Schöpfung in der Seele des Meditanten aufzuklingen beginnt, das ist das Anliegen der anthroposophischen Meditation. Für diesen Blick ist das göttliche Schöpfungswerk erst vollendet, wenn es erkannt und verstanden ist. Von Engeln und von Menschen. Denn Gott will nicht nur eine Welt schaffen, in der die Geschöpfe leben können, sondern er will die Geschöpfe auch an seiner Weisheit und Liebe teilhaben lassen. Das geschieht im «Lobpreis der Engel». Und in ihn kann sich der erkennende Mensch eingliedern, wenn er durch die Formensprache der Natur hindurchdringt zu dem Schöpfungsgedanken.

Im Leben haben wir wohl öfters schon die Erfahrung gemacht, dass Menschen sich wandeln, wenn sie sich verstanden fühlen. Nur Menschen? Oder wandelt sich auch die Natur, wenn der Mensch ihr in liebevollem Verständnis begegnet? Wenn er eine «gute Hand» mit Tieren oder Pflanzen hat? Wenn der Mensch zum reinen paradiesischen Ursprung zurückkehrt, so mag man hoffen, tut das auch die Natur – wie Selma Lagerlöf es so schön in ihren *Christus-Legenden* geschildert hat: Als das paradiesische Jesuskind in der Heiligen Nacht auf der Erde erscheint, wird die Erde friedlich. Aber liegt der Friede nur im Ursprung oder auch, in neuer Weise, im Ziel des Erdenweges? Im gelingenden Alter kann der Mensch friedlich werden, nicht weil er wieder in der Kindheit ankommt, sondern weil er am Leben gereift ist. Es ist das eine andere Qualität des Friedens, die Frucht verarbeiteter Erfahrung, besonders auch leidvoller Erfahrung. So versteht Anthroposophie die Meditation nicht als Rückkehr zum Ursprung, so erhaben auch immer der gewesen ist, sondern als Weg zu einer Altersreife der Menschheit nach einer langen Geschichte. Als einen Weg, auf dem der Erdenmensch mitgenommen wird und auch die Natur. In dem heiteren Frieden der Kindheit strahlt das Licht der himmlischen Welt auf, aus der die Kinder kommen. Der ernste Friede des Alters ist individueller Art, denn die Verarbeitung der Lebenserfahrung ist eine ganz persönliche Leistung.

Wenn Meditation so verstanden wird, braucht sie die Selbstständigkeit und Verantwortung des Meditanten. Dann braucht sie auch Eingeweihte der Zukunft, die stärker als ihre Vorgänger aus individueller Verantwortung handeln, aus der Stille des Ich.[34] Durch die Verantwortung des einzelnen Meditanten eine solche Kultur vorzubereiten, kann als eine Aufgabe schon der Gegenwart verstanden werden.[35]

9.
Zur Praxis des Meditierens

Was ist die beste Tageszeit für die Meditation? Diese Frage kann nicht generell beantwortet werden. «Morgenstund hat Gold im Mund» – das gilt auch für das Meditieren. Viele Meditationslehrer raten ihren Schülern, sogleich nach dem Aufwachen, noch ehe sich die Aufmerksamkeit auf die irdische Welt gerichtet hat, zum Beispiel einen bestimmten Text zu meditieren. Da wird das noch weitgehend leibfreie Denken auf einen geistigen Inhalt gewendet und kann leichter in diesen eindringen. Vorausgesetzt dass der Meditant nicht ein «Morgenmuffel» ist und zunächst zwei Stunden Wachzeit braucht, ehe er seine Gedanken sicher führen kann. Vielleicht ist es ratsam, den «Morgenmuffel» in sich zu überwinden – aber nicht durch eine Textmeditation, sondern durch eine Übung der Persönlichkeitsschulung.

Eine andere für die Meditation wertvolle Qualität hat die besinnliche frühe Abendzeit. Vorausgesetzt der Mensch ist durch die Tagesarbeit nicht zu sehr ermüdet und kann noch besinnlich sein. Wer am Abend den Tag innerlich abrunden kann, löst leichter seine Gedanken aus der Gegenstandswelt und kann sie dem Meditationsinhalt zuwenden. Wer ohne die Anleitung eines persönlichen Lehrers meditiert, wird eben an sich selbst erproben, welche Tageszeit für ihn am günstigsten ist.

Die Wirkung der Meditation wird gesteigert, wenn sie zu einer gleichbleibenden Tageszeit durchgeführt wird – aber nur wenn sich dieser beständige Rhythmus zwanglos in den Tagesablauf und in die Lebenspflichten einfügt. Die sozialen Aufgaben haben Vorrang, wenn die Meditation in die Wirklichkeit der Welt hineinführen soll. Die Meditationszeit, die den praktischen Pflichten abgerungen ist, wirkt intensiver als die Zeit, die in Hülle und Fülle zur Verfügung stand.

Es gibt Zeiten, die für das Meditieren generell ungünstig sind. Nach einer reichlichen Mahlzeit gehören die Lebenskräfte der Verdauung und nicht einem Meditationsinhalt. Ein Fieberanfall schwächt die Führung des Denkens durch das Ich, deshalb sollte in der Regel das Meditieren für einige Tage unterbrochen werden. Es ist nicht ratsam, in der Zeit um Mitternacht, vor allem in der Stunde nach Mitternacht, zu meditieren, wobei die astronomische Zeit, nicht die «Sommerzeit», gilt. Denn in dieser Stunde geht das Meditieren oft zu leicht, sodass es der Führung durch das Ich entgleitet.

Wie lange sollte eine Meditation dauern? Mit dreißig Minuten Meditation zu beginnen, ist sicher nicht sinnvoll. Überhaupt ist es falsch, die Qualität einer Meditation an ihrer Zeitdauer zu beurteilen. Meditation ist die Vertiefung in einen Inhalt und braucht daher nicht eine zeitliche Ausdehnung, sondern eine größere Intensität als das Denken im Alltag. Diese gesteigerte Intensität bereitet auch darauf vor, sich auf das andersartige Tempo geistiger Erfahrungen einzustellen. Wenn uns nach langem Überdenken eines Problems die Lösung plötzlich «einfällt», wenn wir in einem einzigen Augenblick den gesamten Gedankenzusammenhang überschauen, löst das Denken sich aus dem Strom der Zeit, es wird «geistesgegenwärtig». Doch dieser Zustand geht in der Regel so schnell vorüber, wie er gekommen ist. Der Meditant lernt nun, in dieser Geistesgegenwärtigkeit ein wenig zu verweilen, sie auszukosten, sodass der Inhalt der Meditation mehr und mehr sich aussprechen kann.

Diese gesteigerte Intensität des Denkens lässt sich nur erreichen, wenn vorher, in der Vorbereitung auf die Meditation, die ungezügelten Gedanken, die von einem Inhalt zum anderen huschen wollen, zum Schweigen gebracht sind. Die Kraft, die auf die Beruhigung dieser Gedanken verwendet wurde, wird zur Intensität des Meditierens. Weniger die Zeit, sondern vor allem die Energie, die dem Alltag abgerungen ist, bringt den Erfolg des Meditierens, auch wenn die Tagespflichten nur wenige Minuten für das Meditieren lassen. Nicht die viel zitierten fünf Minuten genügen, sondern diejenigen fünf Minuten, die dem Tageslauf abgerungen worden sind.

In den christlichen Klöstern des Mittelalters galt der Leitspruch: ora et labora – bete und arbeite. Tue nicht nur beides, sondern tue es in ausgewogenem Maße. Und dieses Maß ist nicht allgemeingültig in Stunden festzulegen, sondern es muss von Tag zu Tag neu gefunden werden, vom Lehrer oder vom Meditanten selbst. Dieses rechte Maß immer neu abzuspüren, schult das Feingefühl, das für das Meditieren nötig ist. Deshalb ist es nicht sinnvoll, den Meditationsweg im Urlaub zu beginnen, «wenn man mehr Zeit hat». Denn dabei wird der Sinn für die Eingliederung der Meditationszeit in den Tageslauf nicht entwickelt. Meditation soll im Leben stehen und nicht eine Urlaubstätigkeit sein.

Welcher Ort ist günstig für das Meditieren? Zweifellos tut die stille Hütte am Waldrand dem Meditieren gut, besser als der turbulente Verkehr unserer Großstädte. Wenn ich aber in der Großstadt wohne – dann ist das eben der Ort für meine Meditation. Die Stille, die ich im Trubel der Großstadt entwickle, ist wirksamer als die Stille, die mir am Waldrand entgegenkommt.

Das werde ich vielleicht am deutlichsten spüren, wenn ich dann im Urlaub einmal beim Meditieren von Bergen umgeben bin.

Die Umgebung wirkt auf den Menschen während der Meditation stärker ein als während der praktischen Tätigkeiten im Alltag. Das unaufgeräumte Zimmer ist nicht förderlich für die Ordnung der Gedanken während des Meditierens. Die paar Handgriffe, mit denen Ordnung geschaffen wird, sollten aber nicht in einen Hausputz ausarten. Hausputz ja – für ein gepflegtes Wohnen, aber nicht für die Meditation. Der Aufwand sollte immer im rechten Verhältnis zum Sinn der Tätigkeit stehen.

Welche Körperhaltung ist am besten für die Meditation? Es gibt asiatische Meditationslehrer, die hier streng und unerbittlich sind: «Meditation braucht den Lotussitz.» «Und wenn der Schüler nun aus physiologischen Gründen nicht diese Haltung einnehmen kann?» «Dann kann er eben nicht meditieren.» «Während des ganzen Lebens nicht?» «Während dieses ganzen Lebens nicht, denn dann ist der Verzicht von heute der Anfang einer Sehnsucht nach Meditation im nächsten Leben.» – Es gibt andere Meditationslehrer in Asien, die zwar im Lotussitz die beste Haltung sehen, aber unter gegebenen Verhältnissen auch andere Körperhaltungen zulassen. Je näher dem Lotussitz, desto besser.

Lotussitz – das sind nicht die untergeschlagenen Beine, nicht die nach oben gewendeten Fußsohlen, nicht das aufrechte Rückgrat, nicht der gesenkte Blick ... Viele Japaner sind seit ihrer Kindheit gewohnt, in einer ähnlichen Weise am Boden zu sitzen, und doch rechnet man damit, dass sie zwanzig Jahre brauchen, um den Lotussitz zu erlernen, und das bei einer täglichen Übungszeit von sechs Stunden. So lange, um die Schultern so oder ein wenig anders zu halten, um den Oberkörper etwas mehr oder weniger nach vorn zu neigen ...? Nein, sondern um eine bestimmte innere Haltung zu entwickeln. Und hier stößt westliches Denken oft auf eine Verständnisschwierigkeit gegenüber der asiatischen Kultur. Der westliche Betrachter fragt vielleicht, welchem Zweck der Lotussitz diene, was durch ihn erreicht werden solle. Diese Trennung von Mittel und Zweck ist dem asiatischen, vor allem dem ostasiatischen Denken fremd.

Wer sein Auge an der Betrachtung älterer buddhistischer Kunst schult, kann sehr wohl unterscheiden, ob der von oben her kommende Inspirationsstrom die Gestalt Buddhas, eines Bodhisattva oder eines Mönches durchdringt, ob diese Gestalt transparent ist für den Inspirationsstrom oder ob dieser Strom an bestimmten Stellen des Körpers gestaut wird. Das aber ist es, worauf es beim Lernen des Lotussitzes ankommt: transparent zu werden. Nicht den Körper so oder so zurechtzurücken, sondern ihn ganz zu vergessen, nur in dem Inspirationsstrom zu leben. Im Sinne von Yoga heißt das: die irdische Persönlichkeit zum Schweigen bringen, um offen zu werden für die neue Erfahrung der geistigen Wirklichkeit. Im Sinne von Zen heißt das: lernen, auf die vertraute Welt in neuer Weise zu blicken, die Welt nicht mehr als Gegenstände draußen zu sehen, sondern als Freunde in einer ursprünglichen, paradiesischen Welt.

Es geht nicht darum, den Lotussitz einzunehmen, um dann in der rechten Weise meditieren zu können. Sondern: In der richtigen Art zu sitzen, ist das richtige Meditieren. Wer transparent ist für die umgebende geistige Welt, denkt nicht über diese Welt nach, sondern die geistige Welt denkt in dem Meditanten – oder genauer gesagt, sie ist in ihm gegenwärtig und der Meditant in ihr. «Richtiges Sitzen ist die wahre Gestalt des Menschen selber, der Vollzug des richtigen Sitzens ist ein ursprüngliches Erlebnis des Menschen: Die körperliche Tat des richtigen Sitzens ist schlechthin richtiges Denken» (Dürkheim).[36] Die Haltung des Lotussitzes ist nicht nur ein innermenschlicher Prozess, sie harmonisiert Mensch und Kosmos. Denn das Zentrum des Lotussitzes, die Brahmanlinie, «folgt dem organischen Verlauf des Rückgrats. Diese Linie ist zugleich auch als die Mitte des Universums zu verstehen, als deren handelnder Mittelpunkt der Mensch sich fühlen soll» (Lauf).[37] Manche Zen-Meister betonen, dass im Lotussitz der Mensch sich mit Buddha verbindet, so Shizuteru Ueda, wenn er sagt, das Zazen sei für den Buddhisten, was für den Christen die sakramentale Kommunion ist.[38]

Meditation ist also hier nicht ein Mittel, um das Ziel des Erkennens zu erreichen, sondern der Sinn des Meditierens ist das Meditieren. Meditation ist nicht der Weg zu einem weit entfernt liegenden Ziel, sondern der Weg ist schon das Ziel. Das ist wohl nicht weit entfernt von dem Wort Christi: «Ich bin der Weg ...»

Meditieren mit offenen oder mit geschlossenen Augen? Das Wort Mystik wird abgeleitet von dem griechischen *myein* – die Augen schließen. Wer in diesem Sinne meditiert, wendet sich von der Sinneswahrnehmung ab und versenkt sich in sein Inneres, gewiss mit geschlossenen Augen.

Im japanischen Zen-Kloster wird im Allgemeinen mit offenen Augen meditiert, der Blick ist auf den Boden vor dem Meditanten gesenkt, auf die schlichte, beschwingte Maserung der Fußbodendielen. Selbstverständlich schweift der Blick nicht von diesem zu jenem Ort, sondern ruht auf der gleichen Stelle, auf den harmonischen Formen der Holzmaserung. Dabei wird eine lockere, natürliche Haltung eingenommen, nicht von der Welt ganz abgewandt, aber auch nicht an einen festen Punkt gebannt. Der Meditant konzentriert sich selbstverständlich auf einen vom Lehrer gegebenen Inhalt, aber nicht in einer asketischen Haltung gegenüber der irdischen Welt.

Wenn der Mystiker beim Meditieren die Augen schließt, weil er sich nicht durch Eindrücke aus der irdischen Welt ablenken lassen will, sondern sich ganz und ausschließlich dem Meditationsinhalt zuwendet, so hat er auf eine natürliche Lockerheit zu achten. Der Zen-Buddhist erreicht sie durch die geöffneten Augen mit ihrem ruhigen Blick. Diese Haltung muss der Mystiker also rein innerlich herstellen.

Und wer sich nicht einer dieser beiden Traditionen anschließt? Wer seinen Meditationsweg ohne einen persönlichen Lehrer geht? Der wird an sich selbst erproben, ob es ihm persönlich gemäßer ist, mit geöffneten oder mit geschlossenen Augen zu meditieren. Und er wird darauf achten, die Verkrampfung und die Ablenkung zu vermeiden.

10.
Einzelne Meditationsinhalte

Die Meditation von Naturvorgängen

Als Inhalt der Meditation werden von Anthroposophen gern Naturvorgänge gewählt. Denn deren exakte Beobachtung knüpft an die Naturerkenntnis an, die sich in den vergangenen Jahrhunderten in Europa entwickelt hat. Besonders günstig, vielleicht als erste Meditation, ist es, das Wachstum einer Pflanze zu verfolgen.[39] Selbstverständlich könnte auch die Bewegung eines Tieres oder eines Menschen gewählt werden, doch bei dem Wachstum einer Pflanze hat man es mit einem reinen Lebensprozess zu tun, während bei der Bewegung von Tier oder Mensch außerdem eine Empfindung, ein Trieb oder eine Zielvorstellung eine Rolle spielen. Um das innere Auge zu schulen, ist ein Vorgang vorzuziehen, der einfach und eindeutig zu überschauen ist.

Jede Meditation verlangt eine Vorbereitung, in der ihr Inhalt dem Menschen vertraut wird. Hier geht es darum, die Blattformen in verschiedenen Stadien ihrer Entfaltung genau zu beobachten, von der kleinen zur anschwellenden Knospe, zu deren Öffnung, zum Hervortreten des grünen Blattes bis hin zu dessen voller Ausbreitung. Man prägt sich ein, was man beobachtet hat, man beachtet, wie sich die Farbe von einem zarten zu einem satten Grün wandelt, man berührt vielleicht mit den Fingerspitzen die Knospen und Blätter der Pflanze, sodass sie intimer vertraut werden. Diese Beobachtung gehört noch nicht zur Meditation, sie geht ihr voran.

Für den Meditierenden ist dann wichtig, dass *er* bestimmt, wann es beginnt. Während der Beobachtung der Blattformen war es möglich, den Blick abschweifen zu lassen, vielleicht auf die Bewegung der Blätter bei einem Windstoß. Bei der Meditation geht es nur um den Inhalt, den *ich,* der Meditierende, für die Meditation gesetzt habe. In der Beobachtung hatte man einzelne Blattformen vor sich, nebeneinander. In der Meditation denkt man die Verwandlung der Blattformen im Zeitverlauf. Den Wachstumsvorgang sieht man ja nicht mit Augen, und doch gehört er zur Wirklichkeit der Pflanze. Die gegenwärtige Erscheinung ist nur verständlich und nur möglich durch *die Pflanze,* die sich von der einen zur anderen Blattform entwickelt. Ihr wendet sich der Meditierende zu, während er in der Beobachtung an die gegenwärtige Erscheinung in der Sinneswelt gebunden war.

Während des Meditierens sollte man nicht daran denken, dass man sich jetzt über die sinnliche Erscheinung erhebt und sich der Pflanze als Zeitwesen, als lebendigem Wesen, zuwendet, sondern man denkt die Verwandlung der Blattformen, sonst nichts. So verwurzelt das Denken in der Wirklichkeit des Lebendigen. Dafür ist wichtig, dass man «gewissermaßen mitfühlt das innere Leben, das sich in dem Stängel nach oben streckt, in den Blättern nach der Breite entfaltet, in der Blüte das Innere dem Äußeren öffnet ...»[40]

In der anthroposophischen Meditation kommt es darauf an, dass zunächst diejenigen Fähigkeiten weitergebildet werden, die dem Menschen aus dem Alltag vertraut sind: die Beobachtung, die Konzentration, das folgerichtige Denken. Diese Fähigkeiten werden jedoch dem Ich in einem höheren Maße verfügbar, als das im Alltagsbewusstsein der Fall war. Und indem der Mensch nicht einzelne Inhalte nebeneinander stellt und voneinander abgrenzt, sondern indem er den Prozess der Verwandlung von Blattform zu Blattform denkt, gliedert sich das Denken in diejenige Welt ein, um die es hier geht, in die Welt des Werdenden, des Lebendigen. Würde der Meditant an die lichte Welt des Lebendigen statt an die Wandlung der konkreten Blattformen denken, so würde er eine fantastische Innenwelt aufbauen, statt sich auf die Wahrnehmung des Wachstums einzustellen.

Bei der Meditation ist es wichtig, dass der Mensch sich ihrem Inhalt liebevoll zuwendet. Die Meditation der wachsenden Pflanze ist nicht dazu da, die Konzentration oder das Denken in Prozessen zu trainieren. Das kann bei einer Vorübung geschehen, deren Inhalt gleichgültig ist, etwa an der Vorstellung eines Dreiecks. Ich stelle mir ein Dreieck in beliebiger Gestalt vor und lasse den einen Punkt wandern, zunächst vielleicht in einer gleichbleibenden, dann in wechselnder Richtung: Dabei verändert sich fortwährend die Gestalt des Dreiecks. Es ist wirkungsvoller, sich das Dreieck als Fläche vorzustellen, nicht nur die begrenzenden Linien. Das ist leichter beschrieben als praktisch ausgeführt. Wer nun im Üben sicherer geworden ist, kann gleichzeitig den zweiten und schließlich den dritten Punkt wandern lassen. Dann gibt es keinen ruhenden Punkt und keine ruhende Linie mehr, die gesamte Gestalt des Dreiecks ist in Bewegung, und das fördert die Fähigkeit des dynamischen, prozessualen Denkens. Und es hält den Menschen zugleich in einer exakten, nüchternen Vorstellungsbildung.

Zurück zur Meditation. Es kommt nicht darauf an, sich den gesamten Wachstumsprozess vom Samen bis zur erneuten Samenbildung vor Augen zu führen, sondern darauf, überhaupt in den Zeitablauf einzusteigen, die Pflanze als Zeitorganismus zu erfahren. Und dieser Zeitorganismus zeigt sich in der Entfaltung jedes einzelnen Blattes. Hilfreich ist jedoch, nach der Entfaltung des Blattes in entsprechender Weise dessen Verwelken zu denken. Zum Zeitorganismus gehört beides, und die Meditation sollte nicht einer Einseitigkeit verfallen.

Wenn es, vielleicht jahreszeitlich bedingt, nicht möglich ist, an der gleichen Pflanze ein aufkeimendes und ein verwelkendes Blatt zu betrachten, so kann das selbstverständlich auch an verschiedenen Pflanzen geschehen. Aber nicht an der Abbildung der Pflanze, etwa in einem Biologiebuch. Denn es geht darum, sich der Wirklichkeit des Lebendigen zuzuwenden, und die ist nur in der wirklichen Pflanze gegenwärtig, nicht in der fotografischen Abbildung. Und auch nur in begrenztem Maße in der Schnittblume, die aus dem Naturzusammenhang herausgeschnitten ist. Die Topfpflanze dagegen ist durchaus geeignet für die Meditation, wenn es auch günstig ist, von Zeit zu Zeit in der Natur draußen, an einem ruhigen Platz, zu meditieren.

Wer aus Freude an der Pflanze, in der Liebe zur Pflanze meditiert, wird bemerken, dass sein Denken nicht nur dynamisch wird wie das Wachstum selbst, sondern dass sich allmählich ein neuartiges Gefühl einstellt. Gefühle verstehen wir im Allgemeinen als persönliche (subjektive) Reaktionen auf bestimmte Eindrücke oder Gedanken. Die in der Meditation aufsteigenden neuartigen Gefühle haben nicht diesen Charakter einer Reaktion, sondern sie sind die Verdichtung einer Bewegung, die das Denken vollzogen hat. Ein Mensch kann mir sympathisch oder antipathisch sein, das ist eine ganz persönliche Stellungnahme. Wenn ich aber einen mir unbekannten Text lese und im Mitvollzug der Sprache abspüre: dieser Text kann nie und nimmer von Goethe geschrieben sein, aber aus der Feder von Nietzsche könnte er stammen, so handelt es sich nicht um eine persönliche Stellungnahme, Sympathie oder Antipathie sind nicht bestimmend. Sondern es geht um einen Persönlichkeitseindruck, der sich aus dem Mitvollzug der Sprache ergibt. Dieses Gefühl ist nicht die subjektive Reaktion auf einen Eindruck, sondern es verdichtet, was in der Zeit geschehen ist, zu einem Gespür für das Wesen des schreibenden Menschen. Entsprechend ist es beim Mitvollzug des Pflanzenwachstums. Jede Pflanze hat ihre eigene Geste des Wachsens, und die wird im erwähnten neuartigen Gefühl erfasst. Meditation ist nicht Erkenntnis eines gesetzhaften Zusammenhangs, sondern sie ist Wesenserkenntnis. In der Meditation ist die Pflanze nicht Objekt des Erkennens, sie ist nicht *etwas,* das untersucht wird, sondern sie ist *jemand,* dem ich begegne. Die Liebe zum Meditationsinhalt öffnet den Weg zur Wesenserkenntnis. Wie man schon im täglichen Leben nur denjenigen Menschen verstehen kann, den man liebt.

Wenn das Gefühl für das Eigenwesen der Pflanze sich entwickelt hat, kann der nächste Schritt im Meditieren erfolgen. Der Meditant kann «sich abschließen von der übrigen Außenwelt und ganz allein dem folgen, was seine Seele zu der Tatsache des Blühens und Gedeihens sagt».[41] Wie dieser Satz ganz lebensnah verstanden werden kann, ist im dritten Kapitel geschildert worden, als von dem nepalesischen Bauern erzählt wurde, der den Bewegungseindruck der fremden Touristen so verinnerlichte, dass er nun wusste, wer diese Fremden sind.

Das gehört zum Meditieren: sich ganz einlassen auf den, der erkannt werden soll. Und dann den anderen in mir still werden lassen – auf die Sprache, die aus der Stille kommt, lauschen. Wie schon im Gespräch unter Menschen abgespürt werden kann, ob das, was der andere sagt, durch die Stille hindurchgegangen ist oder ob es nur ein angelesenes «Oberflächenwissen» ist. Was still geworden ist, kommt aus der Tiefe des Menschen.

Während die bisher geschilderten Schritte der Pflanzen-Meditation sich unmittelbar anschließen an die gewohnte Naturbeobachtung, ist das Stillwerden des Eindrucks den meisten Menschen heute fremd. Wer einen Sachverhalt bis zu Ende durchdacht hat, geht zu dem nächsten Thema über. Hier trennen sich die Wege des gewohnten – auch des wissenschaftlichen – Denkens und der Meditation. Wenn ein Thema ausformuliert ist, wenn die Aussagen begründet sind, ist der Schlusspunkt einer Gedankenbildung erreicht. In der Meditation geht es nun auch nicht um neue Inhalte, sondern um deren Vertiefung, um deren Stillwerden in der Seele des erkennenden Menschen. Die Tiefe erschließt sich erst, wenn die Oberfläche vollständig abgetastet ist, wie das am japanischen Zen-Garten im dritten Kapitel geschildert wurde.

Menschen sind verschieden veranlagt. Vielleicht neigen sie eher dazu, auf ihre Umwelt zu achten, oder sie leben intensiver in ihren Gefühlen. Beide Veranlagungen können hilfreich sein für das Meditieren. Nun aber kommt es darauf an, in einem nächsten Schritt der Pflanzen-Meditation die beiden Neigungen ins Gleichgewicht zu bringen, ebenso wach den Blick auf die Erscheinung der Pflanze zu richten wie auf die Antwort der Seele zu lauschen, die das Wachstum mitvollzogen hat. Damit tritt der Mensch, der ich meiner Veranlagung nach bin und der ich durch mein bisheriges Leben geworden bin, zurück, und der Mensch, der ich im Meditieren werde, wird bestimmend. Ihm erst erschließt sich die geistige Welt. Das Hervortreten dieses meditierenden Menschen wird dadurch erlebt, dass die Gedanken und Gefühle während des Meditierens kraftvoller werden, dass sie mehr Willenscharakter erhalten, als dies bisher bei Gedanken und Gefühlen der Fall war. Diese willensverwandten Gedanken und Gefühle aktivieren die Wahrnehmungsorgane für die geistige Welt, die Chakren (über die im siebenten Kapitel gesprochen wurde). In unserem Zusammenhang ist noch einmal zu beachten, dass die Meditation nicht ausgeführt wird, *um* die Organe für die Hellsichtigkeit auszubilden, sondern die Aufmerksamkeit und der Wille sind nach außen gerichtet, auf die wachsende oder verwelkende Pflanze. Und der Lebensorganismus der Pflanze ist es, der die geistigen Wahrnehmungsorgane im Meditierenden erweckt.

Allgemeiner gesagt: Meditation muss zweckfrei sein. Die Absicht, ein bestimmtes Ergebnis zu erzielen, verfälscht die Erfahrung, macht sie subjektiv. Schon die Erwartung, wie ein übersinnlicher Inhalt aussehen wird, färbt die auftretende Erfahrung, oder häufiger: Sie macht blind für die zarten Erfahrungen der übersinnlichen Welt, weil diese nicht den eigenen Vorstellungen entspricht. Meditation wird nur dann zu brauchbaren Ergebnissen führen, wenn es um den Inhalt des Meditierens und nicht um ein ins Auge gefasstes Ziel geht.

Die Meditation von Naturvorgängen hat ihren wichtigen Platz auf dem anthroposophischen Meditationsweg, aber nicht im indischen Yoga. Denn die Hinwendung zur Sinneswelt würde ja, so sagt der Yoga-Lehrer, die Bindung des Menschen an die Maya, an die Täuschung der irdischen Welt, verstärken, die durch Meditation überwunden werden soll.

Und passt die Meditation von Naturvorgängen in die spirituelle Kultur Chinas, in den Taoismus und in die frühen Formen des Zen? Die Ostasiaten erleben ja die Sinneswelt nicht als Maya, sondern als Ausdruck der Wirklichkeit, die nicht hinter dem Erscheinungsbild versteckt ist, sondern sich in ihm offenbart. Deshalb wird in der Meditation das Bild der Welt nicht beiseite geschoben, sondern durchstoßen, um dem Wesen eines Menschen, einer Pflanze oder eines Steins zu begegnen. Sich in die Sinneserscheinung zu vertiefen, das ist dem Taoismus und der Anthroposophie gemeinsam. Der Taoist jedoch wird sich eher an den Ausdruck des Bildes hingeben, in ihm verweilen, selbst still werden, bis die Welt zu sprechen beginnt. Der Anthroposoph wird nicht unmittelbar in dem Bild den Ausdruck eines Wesens suchen, sondern die feste Form des Bildes auflösen, indem er das Wesen des Gewordenen im Werden, in der zeitlichen Dimension der Pflanze, sucht. Das bietet den Vorteil, die Exaktheit der Naturbeobachtung in die Meditation zu übernehmen. Denn das Bild der einzelnen Entwicklungsstufen eines Blattes ist bekannt, unterliegt nicht der persönlichen Willkür. Und doch löst sich der Mensch im prozessualen Denken aus der Bindung an die gegenständliche, die irdische Welt. Der meditierende Mensch sucht auf dem anthroposophischen Weg die geistige Wirklichkeit in der selbstvergessenen und intensiven Zuwendung an die irdische Welt.

Von dieser Einsicht her erhält die Vorbereitung der Meditation, die genaue Beobachtung der Pflanze, eine tiefere Bedeutung. Was wir vor Augen haben, ist ja ein Bild, das aus dem Zeitverlauf herausgelöst ist. Das Wachstum selbst, den Zeitorganismus der Pflanze, nehmen wir in der Sinneswahrnehmung nicht wahr. Das geschieht während der Meditation. Diese Abgrenzung sollte wohl beachtet werden. In die Erfahrung des Lebendigen, des Ätherischen, des Zeitorganismus kommt der Meditant nicht durch die Sinnesbeobachtung hinein, sondern durch die Lösung aus der Gegenständlichkeit der Welt, durch den inneren Ruck, der während des Meditierens vollzogen wird. Die Bilder der einzelnen, verschieden weit entfalteten

Blätter hat mir die Natur gegeben, den Weg von Bild zu Bild, von Blattform zu Blattform eröffne *ich,* der Meditierende. Der Naturbeobachter bleibt bei dem genauen Erfassen der Naturformen stehen – diese Genügsamkeit gewährleistet die Exaktheit der Beobachtung und damit die Exaktheit des Meditierens. Der Meditant löst sich dann aus der Gegenständlichkeit der Erfahrung, ohne die Bodenhaftung zu verlieren. Schneller kommt man zu übersinnlichen Erfahrungen, wenn das dynamische Erleben schon in der Beobachtung der Pflanze gesucht wird. Vor Augen aber haben wir nicht das Wachstum, sondern die Form. Und die bleibt für das Auge erhalten, während die Seele in die Dynamik des Wachsens eintaucht. Grenzen dürfen nicht verwischt, sondern wollen willentlich überschritten werden. Das ist wichtig für die Zuverlässigkeit meditativer Erkenntnisse.

Die Meditation von Texten

Während Rudolf Steiner genaue Hinweise zur Meditation von Naturvorgängen gegeben und ausführlich die Meditation des Rosenkreuzes beschrieben hat, fehlt eine umfassende Anleitung zur Meditation von Texten – leider, denn Anthroposophen wählen gerne Sprüche aus dem *Seelenkalender* oder Rudolf Steiners *Wahrspruchworte* als Meditationsinhalte. Deshalb soll versucht werden, einen der möglichen Wege der Textmeditation zu schildern, wie er sich aus der Praxis ergeben hat.

Die Meditation setzt voraus, dass der Text zunächst gründlich durchdacht wurde und dass er vertraut ist. Daher geht der eigentlichen Meditation eine Besinnung auf den Inhalt voran. Man macht sich klar, was der Text meint. Vielleicht bringt er die eine oder andere überraschende Aussage. Vielleicht wirft er

Fragen auf, die im Nachdenken noch nicht eindeutig beantwortet werden können, sondern erst im Verlauf der Meditation. Es ist auch möglich, den Text einmal in eigenen Worten wiederzugeben und dann zum ursprünglichen Wortlaut zurückzukehren, wobei vielleicht einige Motive des Inhalts noch deutlicher hervortreten.

Einen Text meditieren heißt, nicht über ihn nachzudenken, sondern sich in ihn zu vertiefen. Das geschieht zunächst wohl am besten, indem man sich auf seinen Verlauf einlässt, sich in seinen Zeitorganismus einlebt. Man spürt an der einen Stelle den weiten, an einer anderen Stelle den konzentrierenden Gedankenatem. Man löst sich aus dem nur inhaltlichen Verständnis und beachtet die Qualitäten der Gedankenführung. An der einen Stelle des Textes hat die Sprache einen erzählenden Stil, sie strömt dahin, an einer anderen Stelle wird sie substantivisch, stellt markant ein Wort hin, ohne es mit Eigenschaftswörtern, mit Adjektiven, zu umschleiern. Ebenso wichtig ist es, auf den verschiedenartigen Charakter der Pausen zu achten. In ihnen kann der vorhergehende Text nachklingen, vielleicht lange Zeit nachklingen, es kann sich die Wendung zu einer neuen Gedankenbewegung vollziehen, eine Pause kann einen ernsten und stillen Charakter haben oder einen eher beschwingten. Wer sich immer wieder in den Zeitstrom des Textes vertieft, dem wird sich jeder Satz zu einer oder zu mehreren aufeinanderfolgenden Gesten verdichten. Eine Geste ist noch nicht ein imaginatives Bild, aber eine Bewegung, deren bildschaffende Kraft schon erlebt wird.

In einem zweiten Schritt des Meditierens löst sich der Mensch aus dem Zeitstrom des Textes. Er beachtet nun die Stimmung, die in einzelnen Worten, Bildern und Gedanken liegt. Hier führt ihn die Meditation nicht von Satz zu Satz weiter, sondern sie lädt ihn ein, zu verweilen, tiefer in den geistigen Untergrund des Textes einzutauchen. Die einzelnen Worte zeigen, solange man dem Zeitstrom folgt, ihre Bedeutung für den Verlauf des Textes, nun beginnen sie, aus ihrer Tiefe zu klingen. Es wird deutlich, was alles «in einem Wort steckt», was aber im Durchdenken des Textes noch überhört wurde. Auf dieser Stufe des Meditierens spricht ein Wort, ein Bild, ein Gedanke den Menschen viel persönlicher an, als dies beim Vollzug der Zeitgestalt der Fall war.

Wenn man sich immer wieder in ein Wort vertieft, so beginnt wie selbstverständlich ein anderes Wort mitzuklingen. Vielleicht das gleiche Wort, das an anderer Stelle in anderem Zusammenhang steht, vielleicht ein kontrastierendes Wort. Auf solche miteinander korrespondierenden Worte zu achten, hat Rudolf Steiner öfters bei der Einführung von Meditationstexten angeregt. Hier sollte gezeigt werden, wie dieses von Steiner angeregte Vorgehen vorbereitet werden kann, indem die Aufmerksamkeit zunächst auf die Stimmung gerichtet wird und dann die Vertiefung in ein einzelnes Wort folgt. Es ist gut, nicht willkürlich dieses und jenes Wort miteinander in Beziehung zu setzen, sondern darauf zu lauschen, wie bestimmte Worte sich selbst zu Wort melden. Man lässt beim Meditieren den Text in der Seele handeln, man achtet auf das, was der Text «will».

Das bereitet auf eine dritte Stufe des Meditierens vor, bei der die Aufmerksamkeit auf die Wesen gerichtet wird, von denen im Text die Rede ist. Die können offen oder verhüllt auftreten. Besonders deutlich ist in den Sprüchen des *Anthroposophischen Seelenkalenders* zu verfolgen, wie der Kosmos, dem sich der Mensch zuwendet, manchmal in einer allgemeinen begrifflichen Formulierung verhüllt wird, indem vom Weltensein oder vom Weltengeist gesprochen wird, an anderer Stelle sehr konkret von dem Gotteswesen gesprochen wird, das mich jetzt fühlt. – Es kann im Text von bestimmten Wesen gesprochen werden, sie können angesprochen werden oder selbst sprechen. Beim Meditieren kommt es nun darauf an, nicht zu betrachten, was geschieht, sondern diese Handlungen selbst mitzuvollziehen. Ich identifiziere mich mit dem, der spricht oder der angesprochen wird.

Solange man über einen Inhalt nachdenkt, ihn vor sich hinstellt, ihn also vergegenständlicht, stützt sich das Denken auf den physischen Leib. Denn dass Gegenstände nebeneinander im Raume stehen, dass sie sich räumlich ausschließen, gehört zur Gesetzhaftigkeit der physischen Welt. Sobald der Meditierende in den Zeitverlauf eintaucht, im Zeitorganismus des Textes lebt, löst sich das Denken vom physischen Leib und wird nun vom Ätherleib, der ja selbst ein strömender Zeitorganismus ist, getragen. Sobald man in die Stimmung und schließlich in die Tiefe der Worte eintaucht, löst sich das Denken auch vom Ätherleib und schwingt im Astralleib. Wenn man sich schließlich mit den Wesen identifiziert, von denen der Text spricht, ist man in einer reinen Ich-Tätigkeit. Das Ich des Meditierenden begegnet unmittelbar denjenigen geistigen Wesen, von denen die Rede ist.

Selbstverständlich eignet sich nicht jeder Text zum Meditieren, sondern nur ein solcher, der aus der Tiefe der Welterfahrung niedergeschrieben ist und der bis in jedes Wort hinein wahr ist. Ein Text, der nicht nur gute Gedanken bringt, sondern in dem ein Weltgeschehen seinen gültigen Ausdruck gefunden hat bis in die sprachliche Form hinein. Hier liegt eine Schwierigkeit für alle Übersetzungen. Es ist oft schwer, in einer anderen Sprache den ganz adäquaten Ausdruck zu finden. So fehlt uns leider bisher eine Studie über Evangelientexte, die den Wortlaut aus dem griechischen Sprachgefühl heraus dem meditierenden Erleben nahebringt, auf Nuancen des Sprachverständnisses hinweist, die in der einfachen Übersetzung noch nicht zum Ausdruck kommen, vielleicht auch einmal den kulturgeschichtlichen Hintergrund eines Wortes deutlich macht. Dennoch wird man auf die Meditation von Evangelientexten nicht verzichten können.

Die oben besprochenen Stufen der Meditation mögen durch ein Beispiel verdeutlicht werden. Ich wähle einen Text, der für jede Stufe ergiebig ist, was ja nicht bei jedem Text der Fall ist und auch nicht immer der Fall zu sein braucht. Ich wähle einen Spruch, den Rudolf Steiner zu Weihnachten 1922 für Marie Steiner niedergeschrieben hat.

Sterne sprachen einst zu Menschen.
Ihr Verstummen ist Weltenschicksal;
Des Verstummens Wahrnehmung
Kann Leid sein des Erdenmenschen.

In der stummen Stille aber reift,
Was Menschen sprechen zu Sternen;
Ihres Sprechens Wahrnehmung
Kann Kraft werden des Geistesmenschen.[42]

In der Besinnung auf den Text tauchen einige Fragen auf: Was sprachen Sterne? Was sprechen Menschen zu Sternen? Wann war «einst», ist die Sternenweisheit der alten Ägypter und Chaldäer gemeint oder eine weiter zurückliegende Zeit? Inwiefern ist das Verstummen der Sterne ein Welten- und nicht nur ein Menschenschicksal? Diese Fragen werden im Nachdenken über den Text wohl kaum befriedigend beantwortet werden können.

Wenn man den ersten mit dem zweiten Teil des Spruches vergleicht, so scheint ja zunächst das antike Geschichtsverständnis, das den Verlust der ursprünglichen Kulturhöhe betrauert, anzuklingen; im zweiten Teil des Spruches dagegen bricht eine Zukunftsorientierung durch, die dem christlichen Geschichtsverständnis entspricht. Ist wohl in der Pause zwischen den beiden Spruchteilen, unausgesprochen, das Erdenleben Christi zu denken? Der Spruch ist ja ein Weihnachtsgeschenk Rudolf Steiners an Marie Steiner. – Schon während der Besinnung erschließt sich eine Aussage, die dann für das Meditieren wichtig ist. Nicht schon in der stummen Stille reift die Kraft des Geistesmenschen, sondern erst in der Wahrnehmung dieser Worte durch die Sterne. Da zeigt sich ein Prinzip der geistigen Welt: Kein Wesen kann allein durch sich wirken, es ist immer angewiesen auf andere. Der Mensch kann sich nur weiterentwickeln, wenn Engel seinem guten Willen entgegenkommen. Die siebente Zeile korrespondiert hier mit der dritten, die zeigt, dass nicht das Verstummen der Sterne, sondern erst dessen Wahrnehmung zum Leid des Erdenmenschen wird.

Wenn die Zeitgestalt des Spruches meditiert wird, sind zunächst die beiden großen Ströme zu spüren: der eine von den Sternen bis zum Erdenmenschen, in den Zeilen eins bis vier, und der zweite, der im punktuellen Erleben der stummen Stille einsetzt und über die Sterne hinaus zum Geistesmenschen führt, in den Zeilen fünf bis acht. Beide Ströme sind jedoch unterbrochen. Dass Sterne zu Menschen sprechen, ist ein lang dauernder Vorgang. Die zweite Zeile schildert nicht, dass die Sterne verstummen, sondern setzt dieses Verstummen bereits voraus und sagt, dass es Weltenschicksal ist. Die Gedankengeste der zweiten Zeile schließt sich also nicht unmittelbar an diejenige der ersten Zeile an, sondern setzt mit einer neuen Dynamik ein. Der von oben zum Menschen gehende Strom wird abgebrochen, es schiebt sich eine abschließende, in die Weite gehende Geste hinein. Unterhalb dieser Ebene, in der Abtrennung vom Kosmos, wird das Verstummen leidvoll erlebt. Entsprechend bringt die fünfte Zeile eine umhüllend-konzentrierende Geste, und was in ihr gereift ist, öffnet sich in der sechsten Zeile zu den Sternen. Hier kommt dem, was Menschen sprechen, die Zuwendung der Sterne entgegen. Während die zweite Zeile eine Trennungslinie gezogen hat, ist zwischen der sechsten und der siebenten Zeile eine offene Grenze, wie zwischen Erwartung und Erfüllung.

Besonders schön ist in diesem Spruch die verschiedenartige Qualität der Pausen zu erleben. Nach der ersten Zeile klingt noch lange das «sprachen, sprachen ...» nach. In der Pause verstummen die Sterne und schließlich bereitet sich der neue Ansatz der zweiten Zeile vor. Ein inhaltsreicher Vorgang, der im Meditieren ja real vollzogen wird. In der Pause nach der zweiten Zeile wird der Ernst des Weltenschicksals erlebt, es ist eine recht stille Pause. Nach der vierten Zeile, in der Spruchmitte, geschieht fast das Wichtigste. Der vorhergehende Text hatte mit dem Wort «Erdenmensch» geschlossen. Zwischen ihm und dem Eingangswort «Sterne» ist eine starke Spannung erlebbar. Die Sterne sind unsere urferne Vergangenheit, als Erdenmenschen sind wir in unserer ganzen Lebensproblematik angesprochen. Die wird still und wir verstummen. Die doppelte Betonung des Motivs still und stumm, sprachlich durch den Stabreim (st... st...) noch gesteigert, bringt die innere Wendung. Die Kraft, die dann in die Höhe führt, über die

Sterne hinaus, wird in der Pause gesammelt. Sie ist in der fünften Zeile noch verhalten, wird aber in der sechsten offenbar.

Wenn wir auf der zweiten Stufe des Meditierens von der Stimmung der einzelnen Partien des Spruches ausgehen, so fällt wohl zunächst in der ersten wie in der fünften und sechsten Zeile der durch Verben bestimmte, mehr erzählende Stil des Textes auf. Er bringt klare und schlichte Bilder, in die der Meditierende leicht eintauchen kann. Die anderen Zeilen haben einen mehr substantivischen Stil, der in der ersten Spruchhälfte zur Verinnerlichung, in der zweiten Spruchhälfte in die kosmische Welt führt.

Aus diesem Stimmungshintergrund richtet sich die Aufmerksamkeit auf ein einzelnes Wort, vielleicht auf das «sprachen» in der ersten Zeile. Wenn Sterne sprechen, geht es selbstverständlich nicht um die Mitteilung von Inhalten, sondern Sterne sprechen *sich* aus. Sie sprechen aus der Tiefe ihres Wesens. Sie schenken sich hin im Strom ihres Sprechens. Sie geben sich ganz, und wenn das geschehen ist, verstummen sie. Damit bekommt das Wort «Verstummen» einen neuen Klang, es ist nicht mehr Kontrast zum Sprechen, wie das in der vorausgehenden Besinnung vielleicht erschienen ist, sondern es ist Erfüllung des Sprechens. Sterne sprechen, um verstummen zu können, wenn ihr Geschenk vom Menschen aufgenommen ist. – Nun klingt wie von selbst das Wort «sprechen» in der sechsten Zeile auf. Sterne sind verstummt, Menschen beginnen zu sprechen. Doch wir empfinden sogleich, dass dieses Sprechen noch nicht getragen ist. Menschen können zu Sternen nur sprechen, was gereift ist. Im Leid, in der stummen Stille. Das kennen wir aus unserer Lebenserfahrung: Menschen, die während des Lebens gelitten haben, die aber im Leid gereift sind, können so sprechen, dass ihre Worte trösten und ermutigen, dass sie einen anderen

Menschen wirklich erreichen. Wer als Erdenmensch die Vereinsamung gegenüber den Engeln durchlitten hat – stumm, ohne sich ins Paradies zurückzusehnen –, wer sein Ja dazu gesagt hat, dass er ganz auf sich gestellt ist, selbstverantwortlich, in dem reift die Sprache, die Engel erreicht. Das zweite Sprechen hat also einen ganz anderen Klang als das erste, das von den Sternen her kommt. Darauf kommt es im Meditieren an, dass der Klang der einzelnen Worte immer klarer, immer reicher, immer tiefer wird. Im Meditieren erfahren wir nicht immer Neues über den Text, sondern der Text spricht sich in uns aus. Vielleicht zunächst ein einzelnes Wort, dessen Tiefe wir auszuloten versuchen. Dann aber klingen die Worte zusammen, sie tragen sich gegenseitig:

Sprechen – Verstummen – Leid – Reifen – Sprechen – Kraft. Es ist eine Art musikalisches Erlebnis, das eine oder andere Wort in den Vordergrund treten zu lassen und das, was die anderen Worte sagen wollen, in wechselnder Weise mitklingen zu lassen. Wenn das «Reifen» im Vordergrund steht, ist die «Kraft» verhalten. Wenn das Sprechen im Vordergrund steht, erblüht die Kraft in die Welt der Sterne hinein ... Wenn wir immer wiederholt den Spruch meditieren, zeigt er sich von immer neuen Seiten. Fast unerschöpflich.

Wenn auf der dritten Stufe der Meditation die handelnden Wesen erlebt werden, so fällt zunächst auf, dass der Mensch offen genannt wird, sogar in der dreifachen Differenzierung «Mensch», «Erdenmensch» und «Geistesmensch», dass aber die Engel sich hinter ihrer Offenbarung, den Sternen, verbergen. Eben das aber gibt dem Wort «Sterne» eine große Tiefe oder Weite. Aus der Unendlichkeit sich verdichtend, hebt der Text mit dem Wort «Sterne» an. Sterne sprachen, wie schon geschildert, nicht *etwas* aus und sie wandten sich auch nicht an *jemanden,* der die Worte nur hört. Wer die Tiefe des Wortes «sprachen» empfindet, wird wohl verstehen: Im Sprechen der Sterne bildet sich der Mensch. Er ist in jedem Augenblick so, wie er aus dem Gespräch der Engel hervorgeht. Und als die Sterne verstummen, als nicht mehr durch den Menschen die Sprache der Engel in die Welt einströmt, ist das nicht nur Menschen-, sondern Weltenschicksal. Da erst bildet sich der Erdenmensch. Und die Erde in ihrer Gesetzhaftigkeit. Was auf der ersten Stufe des Meditierens als Unterbrechung des Stromes aus der Höhe erlebt wird, gewinnt jetzt seine volle Bedeutung. Der Mensch ist durch die Liebe der Engel zum Dasein gesprochen, nicht aber der Erdenmensch. Der entsteht in einer Art Gegenbewegung durch das Leid, das empfunden wird beim Verstummen der Sterne. Der Erdenmensch im Sinne dieses Textes ist also nicht der auf die Erde versetzte Sternenmensch, sondern derjenige, der sich mit seiner irdischen Existenz identifiziert und zugleich sich der Sternenheimat seines Menschentums bewusst ist. Dieser Mensch kann reifen, er kann menschlich durchdrungenes Erdenwissen so aussprechen, dass Engel es hören wollen – weil es neu für sie ist. Auch der Mensch spricht nicht *etwas* aus gegenüber Engeln, sondern er spricht *sich* als Erdenmensch aus. Und das Erlebnis der Erde von «innen» her, das wollen Engel hören, nachdem sie von «außen» her durch ihre gestaltenden Worte die Erde gebildet haben. – Wenn Engel diese Worte der Menschen hören, dann ist das nicht eine Wieder-Erinnerung an die Sternenweisheit des Ursprungs, sondern ein Gespräch zwischen Engeln und Menschen. In ihm bildet sich der Geistesmensch, aktives und eigenständiges Glied der Sternenwelt. Er spricht, wie zu Anfang nur Sterne gesprochen haben. Es ist also deutlich, dass «einst» nicht die ägyptische und chaldäische Kultur meint, sondern weit vor unsere Erdenexistenz zurückgreift, wie das Wort «Geistesmensch» nicht einen auf Erden erreichbaren Zustand meint, sondern weit in die Zukunft vorausgreift. Im ersten Wort des Textes klingt der früheste uns fassbare Vorläufer der Erde, den Rudolf Steiner den Alten Saturn nennt, in unsere Gegenwart hinein. Und mit dem letzten Wort wird das letzte uns fassbare Entwicklungsziel, das Rudolf Steiner den künftigen Vulkanzustand nennt, vorausgeahnt.[43]

Die Meditation kann damit schließen, dass der Mensch still wird und in sich nachklingen lässt, was dieser Text über das Wesen des Menschen, über das eigene Wesen sagt. Ich bin es, der diesen weiten Weg von den Sternen bis zum Geistesmenschen geht. In diesem Text ist wie in einem Samenkorn das ganze anthroposophische Verständnis des Menschen enthalten, das in jeder Meditation sich immer weiter entfalten kann.

Der vorausgehende Meditationstext beschrieb eine Handlung, einen zeitlichen Ablauf, und das erleichtert es dem Meditanten, sich aus dem Nebeneinander der einzelnen Aussagen zu lösen und in den Zeitstrom einzutauchen. Diese Lösung wird schwerer, wenn der Text knapper, konzentrierter wird, wenn er nicht mehr durch sich selbst von Aussage zu Aussage führt. Dann fordert der Text den Meditanten sogleich zur Vertiefung in einen Inhalt auf, der nicht in Bewegung ist, sondern der in sich ruht. Etwa der Text:

Licht ist Liebe.

In der Besinnung, die der Meditation vorausgeht, wird man sich vielleicht den Quell des Lichtes vorstellen, eine Kerze oder die Sonne. Wie das Licht von dort ausstrahlt und die Dunkelheit erhellt, so strömt die Liebe in eine liebeleere Welt und erwärmt sie. Licht wirkt wie Liebe. Nein, das aber ist im Satz nicht gesagt und das ist auch nicht hilfreich für eine Besinnung, die in die Meditation einmünden soll. Die bloße Assoziation der Begriffe Licht und Liebe besetzt sogar den Seelenraum, der sich für die meditative Erfahrung öffnen soll.

Setzen wir also anders an. Was wir mit Augen sehen, ist ja gar nicht das Licht, sondern es sind die beleuchteten Gegenstände. Wir stellen uns ein Bild aus der Natur oder auch die Wand unseres Zimmers vor, deren Formen und Farben den Widerschein des Lichtes zeigen. Wir lassen eine Weile das Auge oder die Vorstellung auf diesem Bild ruhen, wir erfühlen den Widerschein des Lichtes. Und dann vollziehen wir eine innere Umwendung. Wir versetzen uns innerlich in das Licht, strömen mit ihm den Gegenständen zu, berühren sie und halten inne, wo sich die Formen der Dinge bilden. Und wir spüren, wie verschieden wir die sichtbare Welt berühren, je nach den Farben, die die Gegenstände haben.

Wir erinnern uns vielleicht an starke Eindrücke, die wir vom Licht in der Landschaft hatten, wie ich zum Beispiel an einem Morgen nahe dem Nordkap-Felsen. Es war noch recht nebelig, da brach sich plötzlich die Sonne Bahn. Sogleich färbte sich ein Teil des Gesichtsfeldes in ein tiefes Violett und ein anderer Teil in ein strahlendes Gelb-Rot. Erst später wurde mir deutlich, dass die Nebel violett erschienen, wo hinter ihnen die Berge lagen, und gelb-rot dort, wo hinter ihnen das freie Meer war. Im Augenblick war das Erlebnis von Farben ohne eine Bindung an Gegenstände so überwältigend, dass ich mich mit den Händen an dem Felsen festkrallte, auf dem ich saß.

Oder ich erinnere mich an einen Spaziergang am Ostersonntagmorgen in einem Park am Rande der koreanischen Hauptstadt Seoul. Die Sonne stieg über den Bergen empor und ihr

Licht berührte die Landschaft mit einer Zartheit, die ich nur als ein Streicheln bezeichnen kann. Licht und Erde begegnen einander in verschiedenen Landschaften in recht verschiedener Weise und recht verschieden in verschiedenen Jahreszeiten.

In dieser Besinnung denken wir nicht an Liebe, sondern nur an Licht. Der Begriff Licht verdient es, zunächst für sich genommen zu werden. Wenn wir das Licht als tätig erleben, dann ist es für uns nicht mehr etwas, sondern jemand. Und damit sind wir mitten in der meditativen Haltung. Wir kommen ins Gespräch mit dem Wesen des Lichtes. Im Gespräch gibt es glückliche Augenblicke, in denen wir ganz offen sind und in denen auch der andere sich öffnet. Darauf kann ich zwar hoffen, aber herbeiführen kann ich solche glücklichen Augenblicke nicht. Meditieren ist der Weg in die Tiefe des anderen. Wir lernen, mit ihm allein zu sein, ihn nicht mit anderen zu vergleichen. Das Wort «ist» in dem Text «Licht ist Liebe» wird nicht von mir gesprochen, sondern Licht und Liebe sprechen es, wenn wir auf beide genügend gelauscht haben, wenn wir mit jedem von ihnen allein – und still gewesen sind.

Licht ist der Ausdruck eines geistigen Wesens, ein individueller Ausdruck. Eine erste Erfahrung auf diesem Gebiet haben wir wohl alle, wenn wir den strahlenden Blick eines Menschen wahrnehmen. Das ist Licht, auch wenn es physikalisch nicht messbar ist, es ist individueller Ausdruck eines Menschen, denn jeder strahlt anders. Aber Gestalt nimmt der Blick nicht an, sondern er strömt einem anderen Menschen entgegen. Engel als Lichtwesen strahlen nicht den Menschen an, sondern sie sind verhalten, sonst würden sie überwältigend wirken. Sie halten ihr Lichtwesen so weit zurück, das es Gestalt annehmen kann.

Engel sind Licht-Wesen für den Blick des Menschen. Aber ihr eigentliches Wesen ist nicht das Licht, sondern die Liebe. Erst lange Zeit nach dem Tod, wenn der Mensch die Schwächen seiner Egoität hinter sich gelassen hat, ist er fähig, der Liebe der Engel unverhüllt zu begegnen. Die Liebe der Engel erscheint uns Erdenmenschen, wenn der paradoxe Ausdruck erlaubt ist, abgeschattet zum Licht. Licht ist Liebe, wenn wir dessen Ursprung, dessen Hintergrund erleben. Liebe gerinnt zum Licht, wenn wir den Satz vom Wort «Liebe» her meditieren. Licht ist aus Liebe, wenn wir vom Wort «Licht» her meditieren. Licht ist Liebe, wenn wir beide Worte in gleicher Weise sich aussprechen lassen. In der Meditation kommt es darauf an, dass jedes dieser Worte, auch das kleine Wort «ist», einen immer volleren Klang bekommt.

Im Yoga hat die Meditation von Texten eine große, sogar zentrale Bedeutung. Wenn der Meditationslehrer der alten Tradition folgt, wird er wohl in aller Regel einen Text in Sanskrit wählen, also in einer Sprache, die im Alltag gar nicht gesprochen, gar nicht verstanden wird, die aber in ihrem stark vokalischen Klang, in dem das A eine dominante Rolle spielt, den Menschen über die irdische Ebene hinausführen kann. Sanskrit ist eine heilige Sprache, in der auch nur heilige Inhalte Platz haben.

Um einen solchen Text sprechen zu können, still oder hörbar, braucht der Mensch eine Vorbereitung. Denn ein solcher Text ist nicht die Mitteilung eines Inhaltes, sondern er ist die geistige Wirklichkeit selbst. Am ehesten vielleicht zu vergleichen mit einem Götterstandbild in einem Tempel. Das stellt, im Verständnis der alten religiösen Kulturen, nicht einen bestimmten Gott dar, mehr oder weniger gut durch den Künstler veranschaulicht, sondern es ist in allen seinen Formen, in seinen Proportionen und in seinem Material der gültige Ausdruck des betreffenden Gottes. Und wenn das der Fall ist, dann wohnt der Gott in dem Standbild. Dessen Formen sollen im Menschen, der zum Gebet niederkniet, nicht nur eine Gebetshaltung anregen, sondern ihm die Gewissheit geben, dass er in der Gegenwart des Gottes betet, der in seinem Standbild inkarniert ist. Irgendeine Willkür oder eine künstlerische Fantasie haben bei der Gestaltung dieser Plastik keinen Platz. Denn wenn die Plastik nicht die gültigen Maße trifft, wird dieser Gott nicht in ihr Wohnung nehmen, sondern möglicherweise ein anderes Wesen, ein Dämon. Deshalb wurden Künstler, die «falsch» darstellten, streng bestraft, vielleicht mit dem Tode. Ein heiliger Text, ein Mantram, ist in entsprechender Weise bis in den Rhythmus der Sprache, bis in jeden Laut hinein, ein Götterstandbild im Tempel, in der Meditation. Wer einen Tempel betritt, wird sich zunächst reinigen – so auch, wer ein Mantram in seiner Seele vergegenwärtigen will.

Dieser Reinigung dient die Atemschulung. Yoga-Lehrer weisen immer wieder darauf hin, dass der heutige Mensch das Einatmen gegenüber dem Ausatmen überbetont und dass ein solcher Atem einen mantrischen Text nicht in rechter Weise in sich aufnehmen kann. Es kommt also in der Atemschulung darauf an, intensiver das Ausatmen zu erleben und es auch länger dauern zu lassen als bisher, länger als das Einatmen. Gerne wird dabei als ein Richtwert gegeben: doppelt so lange auszuatmen wie einzuatmen, was selbstverständlich nicht an der Stoppuhr zu orientieren ist, sondern vielleicht am Puls. Atemschulung aber meint nicht eigentlich eine planmäßige Veränderung des Zeitmaßes, sondern greift viel tiefer. Vom Menschen im Alltag kann man sagen, er sauge Luft ein und stoße sie wieder aus, er bestimme das Tempo des Atems. In der Atemschulung kommt es darauf an, die Führung des Luftstroms immer mehr dem

Atemrhythmus zu überlassen. Die Luft will in die Lunge einströmen, in ihr verweilen und schließlich wieder ausströmen. Wann, das bestimmt nicht mehr der Mensch, sondern der Rhythmus. Und der gehört nicht zur egozentrischen irdischen Persönlichkeit, sondern im Rhythmus ragt die übersinnliche Welt in die irdische Persönlichkeit hinein. Der Mensch, der sich dem Rhythmus überlässt, wächst über sich selbst hinaus, er lebt sich bereits in die übersinnliche Welt ein.

Wenn von Atemschulung die Rede ist, wird oft nur von dem Verhältnis von Ein- und Ausatmen gesprochen. Zum Atem aber gehören auch zwei andere Zeitabschnitte: das Verweilen der Luft in der Lunge und deren Verweilen in der Welt. Das erneute Ausatmen erfolgt nicht, weil die Lunge am Maximum ihres Luftinhalts angekommen ist, sondern weil der Atemrhythmus die Verinnerlichung der Luft genügend ausgekostet hat und deshalb wieder der Welt zuströmt. Und entsprechend setzt die Einatmung dann ein, wenn die Luft wieder die Sehnsucht zum Menschen entwickelt. Die Wendepunkte im Atemrhythmus liegen also nicht am Ende des Aus- oder Einatmungsstroms, sondern in den Phasen der Stille.

Atemschulung verändert nicht nur den physiologischen Prozess, sondern regt auch einen Bewusstseinsprozess an. Beim Einatmen strömt Welt in den Menschen ein, beim Verweilen der Luft in der Lunge wird die Welt im Menschen bewusst, und beim Ausatmen gibt der Mensch die Luft an die Welt zurück. Eine nur chemisch veränderte Luft, die der Mensch «ausgebeutet» hat? Nein, der Mensch verbindet mit der ausströmenden Luft auch etwas von seinem Eigenwesen, was die Welt braucht. Eine geistige Substanz, die sich in der Stille zwischen Ein- und Ausatmen gebildet hat.

Wenn der Atemrhythmus als die Stätte verstanden wird, an

der ein heiliger Text, ein Mantram, sich in den Menschen einwohnt, so liegt es selbstverständlich nahe, die Einatmung als eine Inspiration zu verstehen. Und was geschieht dann während der Ausatmung? In populären, vergröbernden Darstellungen, in denen die Phasen der Stille nicht mehr genügend beachtet werden, ist oft davon die Rede, während der Ausatmung komme der Inhalt der Inspiration zum Bewusstsein. Wer nicht theoretisiert, sondern beobachtet, kann jedoch leicht feststellen, dass das Bewusstsein während des Ausatmens nicht wacher, sondern träumender ist. Vor allem aber ist es eine spirituell unmögliche Vorstellung, die Erkenntnis der geistigen Welt ergebe sich in der Folge von Inspiration – Bewusstmachung – Inspiration und so fort. Auf die unersättliche Gier nach geistigen Erlebnissen antworten sicher nicht Engel, sondern allenfalls Dämonen. Nein, die Inspirationen aus der geistigen Welt kommen zum Bewusstsein in der Stille zwischen Ein- und Ausatmen. Und das Ausatmen enthält die Antwort des Menschen auf die Inspiration. Was der Mensch auf die Inspiration antwortet, lässt sich wohl kaum in einem einzigen Wort ausdrücken, es verbindet den Dank für die Inspiration mit dem Bekenntnis zu deren Inhalt. Der Dank wird heute oft vergessen, aber ohne Dankbarkeit bleibt das Tor zur geistigen Welt nicht offen. Im Dank wendet der Mensch sich nicht an eine objektive Ideenwelt, sondern Dank richtet sich immer an jemanden, an geistige Wesen. Geistige Erkenntnis ist immer Wesenserkenntnis. In ihr erfasst der Mensch nicht etwas, ein neutrales Wissen, sondern die Offenbarung geistiger Wesen. Etwa durch die Worte eines Mantram.

Mit Atemschulung ist also nicht eine Technik der Bewusstseinsveränderung gemeint, sondern es geht darum, das geistige Wesen des Menschen, das bisher vor der Inkarnation stehen geblieben ist, in die Meditation hineinzuholen. Ein so zentrales Motiv des Yoga-Weges wie die Atemschulung ist nur zu verstehen, wenn man erkennt, dass in ihr ein Vorgang der geistigen Welt gegenwärtig wird. Ein Vorgang, den jeder Mensch lange Zeit vor der Geburt durchlebt. In der erdenfernsten Epoche zwischen Tod und neuer Geburt lebt der Mensch, selbstvergessen, unter den höchsten Engeln, die die Kraft des Ich für das neue Leben schenken. Hier wird die Richtung zur Erde, zu einem neuen Schicksal, eingeschlagen. Auf dem Wege zur Erde, in der Region der Sonne, lebt der Mensch unter Engeln, die nicht mehr so unmittelbar, so gottnah sind, deren Liebe schon verdeckt ist durch die Welten-Weisheit, die sie inspirativ in den Menschen einströmen lassen. Diese Weisheit wird im Menschen still, wird in ihm verinnerlicht, kommt in ihm zum Bewusstsein, wodurch sich wieder ein Eigenwesen des Menschen entwickelt. Noch gar nicht egozentrisch, noch völlig getragen von Engeln. Ein geistiges Selbstverständnis des Menschen, das ausgeht von dem Erlebnis: Ich bin, weil ich gewollt bin von anderen, weil ich geliebt bin. Ein Selbstverständnis, das noch intensiv in die Kindheit hinein nachwirkt. Und auf diese Erfahrung des Eigenwesens antwortet der Mensch mit dem Dank, der den hohen Engeln der Sonnenregion zuströmt, der von diesen entgegengenommen und verinnerlicht wird, sodass sie den Menschen weiter inspirieren können.

Wer den Weg der Atemschulung in seinen vier Stadien versteht, wird leicht erkennen, dass sein Vorbild in der vorgeburtlichen Existenz des Menschen zu finden ist. So zentrale Motive der Yoga-Schulung sind nicht willkürlich erdacht, schon gar nicht auf einen bestimmten Erfolg hin, sie sind an der Wirklichkeit der geistigen Welt abzulesen. Und wer mit der Atemschulung beginnt, bereitet sich nicht nur auf die Meditation von Mantren vor, sondern er lebt sich schon in die Wirklichkeit der geistigen Welt ein, in die Art, wie Eigenwesen entstehen aus dem Atem von Liebe und Dank. Atemschulung verlangt daher einen Lehrer, der nicht allgemeine Regeln anwendet, sondern den Rhythmus von Hingabe und Selbstfindung individuell vorlebt und der auch den Schüler individuell in diesen Rhythmus einführen kann. Einen Lehrer, der selbstverständlich überschaut, wie diese oder jene Übung in Seele und Leib des Schülers eingreift, bei jedem Schüler anders. Und dazu gehört viel mehr als die Kenntnis von Regeln. Dazu gehört ein Leben in der geistigen Welt, das souverän genug ist, um individualisieren zu können für jeden Schüler.

Als Rudolf Steiner begann, Meditationsübungen zu geben, geschah das in einer persönlichen Lehrer-Schüler-Beziehung. Und diese Anleitungen enthielten auch Hinweise zur Atemschulung. Als der anthroposophische Meditationsweg öffentlich dargestellt wurde und damit auch ohne einen persönlichen Lehrer gegangen werden konnte, war von Atemschulung nicht mehr die Rede. Das bedeutet nicht, dass für den Menschen in alle Zukunft die Atemschulung nicht mehr infrage komme. Aber sie kann auf dem anthroposophischen Weg erst wieder aufgegriffen werden, wenn der Mensch seinen rhythmischen Organismus, seinen Ätherleib, so sicher führen kann wie heute seinen Gedankenablauf. Und davon sind wir noch weit entfernt. Auf dem Yoga-Weg mit einem persönlichen Lehrer, der wirklich die dafür notwendigen Einsichten hat, wird sicher auch weiterhin Atemschulung angewendet werden. Die Wege unterscheiden sich eben, und erst das Ziel vereinigt Meditanten verschiedener geistiger Strömungen.

Ehe Bilder zum Inhalt der Meditation wurden, hatten sie wohl schon lange ihren Platz in Kulthandlungen. Als man anfing, Tempel zu bauen, waren diese nicht in erster Linie für Menschen bestimmt, sondern für einen Gott, der hier Wohnung nahm. Deshalb mussten die Maße für den Tempel so gewählt werden, dass sie dem Wesen des Gottes entsprachen. Architektur war nicht Ausdruck für das künstlerische Empfinden des Bauherrn, sie unterlag nicht menschlicher Willkür, sondern war dem Wesen des Gottes verpflichtet. Vielleicht, wie etwa in Griechenland, konnte man auch nicht einen Gott an einen beliebigen Ort einladen, sondern der hatte seine «Lieblingslandschaften». Es gab bestimmte Felskonfigurationen an der Küste, an denen sich der Meeresgott Poseidon besonders «wohl fühlte», und hier errichtete man einen Tempel für ihn. Bestimmte weit ausschwingende und doch begrenzte Bergformationen waren es, die dem Gott Apollon entsprachen und in denen er gerne Wohnung nahm.

Der Gott war anwesend, weil Menschen im Tempel zu ihm beteten, er war gegenwärtig, auch wenn sie sein Bild gar nicht sahen. So empfand man im frühen Mittelalter noch bei uns. Die romanische Kirche war das Haus Gottes, noch nicht das Haus der Gemeinde. Und Gott war schon in seinem Hause anwesend, ehe am Morgen der erste Gläubige die Kirche betrat. Die Kirche symbolisierte nicht das Himmelreich, sondern sie war der Himmel auf Erden. Es gibt alte norwegische Stabkirchen, deren Pfeiler oben in Engelköpfe münden. Da die Stabkirche nur spärlich beleuchtet war, sahen die Gemeindemitglieder die Plastiken gar nicht – aber sie sind ja nicht für Menschen da, sondern für

Engel, die dort gegenwärtig sind, auch wenn kein Mensch in der Kirche ist.

Nicht nur in architektonischen und plastischen Formen sind Götter gegenwärtig, sondern auch in kultischen Handlungen. Wenn wir Berichte über Prozessionen zu den Tempeln oder von den Umgängen dort lesen, denken wir wohl oft zunächst an die Bitten, die dabei den Göttern vorgetragen wurden. Aber die Menschen wandten sich nicht an einen fernen Gott, sondern dieser Gott war in der Prozession bereits gegenwärtig. Deshalb mussten der Weg, der Rhythmus, die Bewegung dem Wesen des Gottes entsprechen. Keine Willkür, sondern heilige Ordnung. Prozessionen und Umgänge wurden selbstverständlich von Priestern angeführt, die den Willen des Gottes kannten.

Was vor und um den alten Tempel geschah, wurde später in die christliche Kirche hineinverlegt. Dabei blieben die Umzüge oft noch erhalten. An bestimmten Festtagen zog der Chor der Sänger durch den Kirchenraum und sang nach einer festgelegten Ordnung an bestimmten Orten bestimmte Lieder, die eben zu diesem Ort gehörten, denn jeder Platz im Himmelreich ist mit einer eigenen Handlung verbunden. Plastiken und Gemälde in der romanischen Kirche dürfen noch nicht als Erzählung der heiligen Geschichten für die Gläubigen verstanden werden, die nicht lesen konnten, sondern als Vergegenwärtigung der Heiligen im Kirchenraum. Und wenn der betende Mensch vor diesen Gestalten niederkniete, dann wurde nicht zu dem Bild gebetet, sondern durch das Bild hindurch zu dem Heiligen, der an dieser Stelle, genau an dieser Stelle, gegenwärtig war und das Gebet entgegennahm.

Der Gottesdienst hat seinen Mittelpunkt selbstverständlich am Altar. Hinter ihm, in der Apsis, gibt es oft ein Bild, ein Mosaik oder ein Gemälde, das zu dem Gottesdienst hinzugehört.

Wenn man das Apsisbild als Erzählung der heiligen Geschichte verstehen würde, dann würde es ja die Aufmerksamkeit von dem abziehen, was am Altar geschieht. Nun hat Urban Rapp in seiner feinen Studie über das Apsisbild[44] gezeigt, dass in den Mysterienreligionen, zu denen er auch das Christentum zählt, das Apsisbild nicht etwas erzählt, sondern dass es sichtbar macht, was am Altar geschieht. Könnten die Gläubigen mit geistigen Augen sehen, dann würden sie wahrnehmen, was hier dargestellt ist. Das Apsisbild fügt dem, was im Gottesdienst geschieht, nicht etwas hinzu, sondern übersetzt für den geistig Blinden in das anschaubare Bild, was jetzt und hier am Altar geschieht.

Das Bild ist also Teil nicht der irdischen, sondern der himmlischen Welt. Und wenn das Bild aus der Kulthandlung gelöst und für die Meditation verwendet wurde, so meditierte der Mensch nicht *über* den Inhalt des Bildes, sondern er vergegenwärtigte das dargestellte Geschehen, er realisierte es an dieser Stelle in der irdischen Welt. Diese irdische Welt wurde eine andere in dem Augenblick, in dem das Bild meditiert wurde. Da das Bild zum Himmel gehörte, gebührte ihm eine entsprechende Achtung. Unter der Ikone im alten russischen Haus wurden gehässige oder feindselige Gedanken nicht geduldet. Im tibetanischen Kloster gab es die Rollbilder, die nur für die Zeit der Meditation sichtbar waren und nach deren Ende wieder eingerollt wurden. Denn das Bild würde entwertet, wenn man sich ihm in alltäglicher Seelenverfassung nahte.

Da das Meditationsbild aus dem Kultbild hervorgegangen ist, ist auf ihm oft ein innerer Weg erkennbar. Das tibetanische Meditationsbild, die Thanga, zeigt den Weg, den Buddha gegangen ist. Unten, auf tiefblauem Grund, ist die Geburt dargestellt. Geht man im Uhrzeigersinn weiter, so folgt links, auf gelbem Untergrund, die Erleuchtung. Dann oben, auf rotem Untergrund, die Verkündung der Lehre und schließlich, auf blaugrünem Untergrund, der Tod Buddhas, der Eingang in das Nirwana. Der untere Teil des Bildes mit der Geburtsdarstellung ist dem Osten zugeordnet, und dann geht der Weg über den Süden, den Westen hin zum Norden. Der Meditierende also geht zusammen mit Buddha einen Weg, von dem Eintritt in die Erdenwelt bis zur Erlösung. Und jeder Schritt auf diesem Wege ist verbunden mit einer bestimmten Stimmung, in die sich der Meditierende versetzt, indem er sich in den farblichen Untergrund vertieft, um schließlich im Blick auf die weiße Mitte des Bildes sich aus der zeitlichen Folge zu lösen und in die Stille einzukehren – in das Nirwana, durch das hindurch Buddha heute zu finden ist.

Wie der Meditation einer wachsenden oder verwelkenden Pflanze die genaue Beobachtung der Blatt- oder Blütenformen vorausgeht, so der Meditation von Bildern die genaue Betrachtung dessen, was das Auge sieht. Da ist das Bild noch ein Gegenüber, der Mensch befindet sich in dem gewohnten Gegenstandsbewusstsein, wenn auch die Betrachtung nicht eine neutrale Untersuchung aus der Distanz ist, sondern sich auf den religiösen Gehalt des Bildes einstellt. Wie die Meditation der wachsenden oder verwelkenden Pflanze beginnt, wenn der Mensch in den Wachstumsprozess eintaucht, so beginnt die Bildmeditation, wenn der Mensch in die dargestellte Handlung eintaucht, etwa in das Leben Buddhas. Denn beim Eintauchen in die Handlung verlässt der Mensch seinen Standort, von dem aus er die Welt draußen betrachtet, er verlässt das gewohnte Gegenstandsbewusstsein und wird selbst zum Bild.

Für den Meditanten im christlichen Mittelalter nahmen die Bilder der Passion Christi einen zentralen Platz ein. Auch hier ging es, wie bei den tibetanischen Thangas, um einen Weg, der wirklich gegangen worden ist und den der Meditant nun mit- oder nachvollzieht. Deutlicher als im Buddhismus wird im Mitvollzug der Passion die Identifikation mit dem leidenden Christus betont. So stark, dass vielleicht die Wundmale am Leib des Meditanten auftraten. Die Kraft und der Ernst der Meditation wurden vielleicht sogar an dem Auftreten dieser Zeichen abgelesen, die, wenn das ganze eigene Leben zu einer Nachfolge Christi wurde, wie bei Franziskus von Assisi, auch nach der Meditation nicht wieder verschwanden. Der Schweizer Theologe Walter Nigg hat in seinem Franziskus-Essay[45] diese Unmittelbarkeit des Heiligen zu den Passionsbildern recht deutlich geschildert: «Franziskus übte die Nachfolge mit einer solch unüberbietbaren Wucht aus, dass er tatsächlich mit Christus gleichzeitig wurde, den 1200-jährigen Zwischenraum mit einer Handbewegung zur Seite schob und noch einmal von vorne begann, als hätte es noch keine belastete Kirchengeschichte gegeben.» Dass der Mensch den Abstand überwindet, dass er unmittelbar wird, das gehört zur intensiven Meditation. Der Mensch wird zu einer mit-handelnden Figur auf dem Bilde, wie manchmal auch der Maler sich auf dem Bilde darstellt, in einer bescheidenen Haltung am Rande der Handlung.

Die Meditation des Passionsbildes hat der anthroposophische Theologe Friedrich Rittelmeyer wieder aufgegriffen. Im Vorwort zur Neuauflage hat Emil Bock recht treffend von einem «auferstehenden Mönchsernst von der reifen Höhe des Mittelalters» gesprochen, die in Rittelmeyers Buch erscheint. Es ist nicht eine historische Studie, sondern wendet sich an den Leser von heute. Der Ausgangspunkt der Bildmeditation liegt hier nicht, wie bei der anthroposophischen Meditation, in dem Denken, das durch die naturwissenschaftliche Kultur geprägt

Liang Kai, Shakyamuni verlässt die Wildnis der Berge,
1. Hälfte des 13. Jahrhunderts, Nationalmuseum Tokio.

ist, sondern in der innigen religiösen Kultur des Mittelalters. Dieser Meditationsweg ist, wie Rittelmeyer gezeigt hat, auch für den modernen Menschen noch gangbar, verlangt aber eine sehr sorgfältige Schulung des Gefühlslebens.[46]

Wie die Meditation von Bildern praktisch aussehen kann, soll an zwei Beispielen, einem ostasiatischen und einem europäischen, gezeigt werden. – Ein beliebtes Motiv auf ostasiatischen Bildern ist Buddha, der aus einer Berglandschaft hervortritt und den Menschen entgegenkommt. So auf einer Zeichnung von Liang Kai aus dem frühen 13. Jahrhundert. Ein großer Teil des Bildes ist von einem hohen Felsen ausgefüllt, der trotz seiner Größe nicht lastend wirkt, sondern dessen Fläche durch zwei Bäume gegliedert, aufgelockert und leicht gemacht wird. Obwohl der obere Teil des Felsens den größten Teil der Bildbreite einnimmt, schließt er nicht nach oben ab, sondern seine lichte Fläche bleibt transparent für die Nähe der geistigen Welt. Der Fels verdeckt den Blick auf den Weg, den Buddha genommen hat, denn die Welt, aus der heraus er sich den Menschen zuwendet, bleibt unsichtbar, und doch ist sie zu erahnen, denn der Fels verhüllt den Weg, aber er schneidet ihn nicht ab, er macht ihn zum unsichtbaren Hintergrund des Bildes.

Es ist eine Winterlandschaft dargestellt. Die Schneedecke legt sich über die Formen der Pflanzen, denn das Gegenstandsbewusstsein ist ausgelöscht in der Welt, aus der Buddha hervortritt. Daher fehlt hier jede gegenständliche Gliederung. Vor Buddha aber steht ein Strauch, wie der erste Bote der Gegenstandswelt, der Menschenwelt, die Buddha eben erreicht.

Besondere Beachtung verdient selbstverständlich die Gestalt Buddhas. Der Betrachter wird wohl empfinden, dass der Heilige ihm entgegenkommt. Aber geht denn Buddha wirklich, schreitet er aus? Nein. Aber er steht auch nicht. Der Eindruck von Bewegung geht nicht von bewegten Gliedmaßen aus, er ist überhaupt nicht aus dem Bild erklärbar, sondern die Empfindung der räumlichen Bewegung beruht auf der Hinwendung Buddhas zum Betrachter. Wie Bewegung in der geistigen Welt ja überhaupt – anders als in der irdischen Welt – nicht von dem Bewegungsimpuls eines Wesens ausgeht, sondern aus der inneren Beziehung zwischen zwei Wesen entsteht. Nach dem Tode hat der Mensch nicht etwa eine lange Wanderung durch Seelen- und Geisterland vor sich, sondern er wird dorthin versetzt, wohin er gehört, weil er eine innere Beziehung zu bestimmten geistigen Wesen mitbringt und weiter entwickeln kann.

Buddha blickt den Betrachter nicht unmittelbar an, er blickt nicht einmal genau in dessen Richtung. Buddha sieht überhaupt nicht *etwas*, sein Blick ist nicht auf Gegenständliches, sondern auf Wesenhaftes gerichtet. Nicht auf den Betrachter, der vor dem Bild steht, sondern auf dessen Ich, das in das Bild eintaucht. Oder der Asiate würde wohl lieber sagen: Buddha sieht das, was für unser gewohntes Gegenstandsbewusstsein gar nicht existiert. Er sieht nicht *etwas*, er sieht *das Nichts.* Dasjenige in uns, was erst wahrnehmbar wird, wenn die irdische Existenz still geworden ist. Indem Buddha scheinbar an uns vorbeisieht, veranlasst er uns, aus unserer räumlichen Existenz herauszutreten, derjenige zu werden, der immer neben unserer irdischen Erscheinung steht, der auf uns wartet, wenn wir im Tod den Leib verlassen – oder wenn wir das schon jetzt in der Meditation tun.

Das Bild des Buddha, der aus den Bergen kommt, ist ein Meditationsbild. Es will den Betrachter in die Stille einführen, in der die Meditationsinhalte zu sprechen beginnen. Koichi Tsujimura sagt deshalb: «In der Tiefe der Berge erscheint ein Mensch in seiner eigenen Tiefe [...] Zunächst erscheint die tiefe

Stille als Grundstimmung des gesamten Bildes, sie durchwaltet die Natur und den Menschen, beide zu einer Übereinstimmung bringend.»[47]

Stille kann nicht willkürlich hergestellt werden, sondern sie senkt sich auf den Menschen nieder, wenn er den Alltag zum Schweigen gebracht hat. Stille ist nicht eine innerseelische, sondern klingt in ihm auf. Und sie öffnet für die Wahrnehmung der geistigen Welt in deren Vielfalt. Daher kann Stille sehr verschiedenartige Qualitäten zeigen. Die Stille, aus der Buddha hervortritt, verhüllt das, was zum Schweigen gekommen ist, wie auch der Schnee über die Formen der Natur gebreitet ist. Diese Stille hat einen erhabenen Charakter, sie lässt einfach keinen Raum für die kleinen Anliegen des persönlichen Lebens, weil sie viel Wichtigeres zu sagen hat. Diese Stille hat einen tiefwinterlichen Charakter, wie die Landschaft des Bildes. Zu welcher Tageszeit kommt Buddha? Selbstverständlich ist die Hinwendung Buddhas zum Menschen ein Vorgang oberhalb der Zeit, aber man kann vielleicht empfinden, dass die Mitte der Nacht am ehesten an das Geschehen heranreicht. Vertieft man sich in den Charakter der Landschaft, so ist es, als ob Sterne aufgehen. Denn Sterne leuchten so leise, dass sie Buddha in seiner Hinwendung zu den Menschen begleiten können.

Einen ganz anderen Charakter hat die Stille in Raffaels Sixtinischer Madonna. Auch Maria kommt aus einem Hintergrund dem Betrachter entgegen, aber dieser Hintergrund ist nicht verhüllt, sondern die vielen Köpfe, ob sie nun als Engel oder als ungeborene Kinder verstanden werden, sind dem Betrachter zugewandt. Sehr verhalten, aber doch wie eine stille Begleitung des Jesuskindes auf dessen Weg zur Erde. Es scheint, als ob Maria ihr Kind aus diesem Hintergrund abgeholt hat. Wenn man die Gesichter als ungeborene Kinder versteht: Eines von ihnen hat seine Mutter gefunden und tritt hervor aus der Schar der auf ihre Geburt Wartenden.

Maria kommt dem Betrachter entgegen, aber sie geht ihren Weg ebenso wenig wie Buddha Schritt um Schritt, sie schwebt auch nicht, sondern sie gleitet über die Wolken. Schwerelos. Papst Sixtus und die heilige Barbara verkörpern zwei Haltungen, in denen die Menschen sich Maria und dem Kind nahen können. Sie wenden sich der himmlischen Welt zu, aber als Erdenmenschen. Sie sind nicht schwerelos wie Maria, sondern auf die Wolken wie auf einen festen Boden abgestützt. Und die beiden «Engelchen» am unteren Bildrand lehnen sich sogar auf die feste Balustrade, fast unbeteiligt an dem, was in der Bildmitte geschieht. Maria aber kommt nicht *aus* der Welt der Stille auf uns zu, sie ist *in* der Stille, sie ist deren eigentliches Zentrum. Der Betrachter fühlt sich von Maria und dem Kind angeschaut, wahrgenommen, obwohl der Blick der beiden nicht auf den Betrachter fixiert ist. Dieser Blick ist nicht gerichtet wie in der irdischen Welt, sondern er ist überirdisch. Er meint mich, er meint denjenigen, der aus der irdischen Welt in die Stille eintritt. Indem ich so angeschaut werde, bleibe ich nicht derjenige, der ich im Alltag war, ich werde neu, werde erst ganz ich selbst. Die Sixtinische Madonna ist wie jedes große Kunstwerk nicht da, um «betrachtet» zu werden, sondern um ihm zu begegnen. Das ist auch bei dem geschilderten Buddha-Bild der Fall. Aber aus der Begegnung mit ihm gehe ich anders hervor als aus der Begegnung mit der Sixtina. Buddha, auf diesem Bild wie in vielen alten spirituellen Plastiken, blickt den Menschen so an, dass dieser sich aus der irdischen Welt löst, dass alles Unvollkommene unter dem gütigen Blick Buddhas nach unten gleitet und dass

Raffael, Sixtinische Madonna.
Gemäldegalerie Alte Meister, Dresden.

der Mensch, befreit von dieser Last, sich zu Buddha erhebt. Buddha holt den Menschen, wie man heute gerne sagt, da ab, wo er im Augenblick steht, und führt ihn zu sich empor. Wie ein Engel seinen Menschen so anblickt, dass dieser in das Licht der Engelwelt emporgeführt wird. Dagegen ist es ein Kunstgriff Raffaels, dass der Blick Marias den betrachtenden Menschen nicht von sich wegführt, sondern in sich bestätigt. Wenn Maria dem Menschen aus der Welt der Ungeborenen so entgegenkommt, wie die Sixtina es tut, dann möchte man wohl gerne auf der Erde sein: Ich verlasse nicht die Erde, um Stille und Frieden zu finden, sondern unter dem Blick Marias beginnt der Friede auf Erden für die Menschen, die einen guten, einen lichten Willen haben.

11.
Meditation und Gebet

Wer meditiert oder betet, bringt seinen Alltag zum Schweigen und wendet sich einer geistigen oder himmlischen Welt zu. Aber in recht verschiedener Weise. «Beten ist in der Religion», so sagt Novalis,[48] «was Denken in der Philosophie ist [...] Der religiöse Sinn betet, wie das Denkorgan denkt.» Der Mensch hat beide Organe mehr oder weniger weit entwickelt, aber sie können nicht gleichzeitig tätig sein. Es ist möglich, den Text eines Gebetes zu meditieren. Aber wer das Vaterunser meditiert, betet nicht gleichzeitig.

Ist die strenge Unterscheidung von Meditation und Gebet nur die Folge jener unseligen Trennung von Wissen und Glauben, die unsere europäische Kultur seit dem Mittelalter belastet, indem Glaubensinhalte für alle Zeit dogmatisch festgelegt wurden, während wissenschaftliches Erkennen sich darauf beruft, dass der Mensch immer auf dem Wege ist und neue Einsichten die alten ergänzen oder ablösen können? Wenn diese Spaltung der Kultur unser letztes Wort wäre, dann würden wohl der Erkenntnisweg und der religiöse Weg einander ausschließen.

Oder gibt es einen Brückenschlag? Etwa im Sinne des Wortes des Aristoteles, die Erkenntnis Gottes sei das wahre Gebet des Menschen? Wobei der griechische Philosoph voraussetzt, dass Erkenntnis sich nicht nur der gewordenen Welt, sondern auch dem tätigen Gott zuwenden könne und in dieser Zuwendung sich selbst wandle, nämlich zum Gebet werde. Wie anders sollte denn eine Erkenntnis Gottes möglich sein? Rudolf Steiner kennzeichnet noch genauer denjenigen Punkt, an dem das Erkennen in das Beten einmündet: Wer in der Astronomie die Bewegungen der Sterne verfolgt, erfasse deren Gesetze. Wer aber durch das Bild der Sternenwelt hindurchdringt, für den habe «das bloße Funkeln der Sterne [...] aufgehört, und da oben ist wunderbares Wesenhaftes. Da breitet sich aus wachsendes, webendes Leben, groß und gewaltig und erhaben. Und wir stehen erkennend in Anbetung, anbetend im Erkennen.»[49] Das ist die Stelle, an der die geistige Welt nicht mehr im Bilde erscheint, sondern an der geistige Wesen unmittelbar erlebt werden. Anders gesagt: Wenn das Erkennen von der Imagination zur Inspiration vordringt, wird es anbetend.

In einem Vortrag am 11. November 1914 behandelt Rudolf Steiner den Zusammenhang des Menschen mit der Erdenseele und spricht dabei von Gedanken, die diese Erdenseele bewegt. Solche Gedanken, so heißt es da, berühren den «Verkehr des Menschlichen mit dem Göttlichen», deshalb ist es wichtig, dass der Mensch sie «betrachtet wie etwas Heiliges». Solche Inhalte dürfen «nicht anders ausgesprochen werden, als dass ihnen das Gefühl, die Stimmung des Gebetartigen zugrunde liegt [...] Dass dies auf eine naturgemäße Art und Weise geschehen kann, schon durch das äußere Milieu, dazu wird unser Bau aufgeführt», der Bau des ersten Goetheanum, der später durch Brand vernichtet wurde.[50] Dass der Mensch ganz selbstverständlich anbetend wird, wenn er heiligen Inhalten begegnet, dass ein Gebet emporblüht aus der Hinwendung des Menschen zur göttlichen Welt, darauf kommt es Rudolf Steiner an – wie auch ganz selbstverständlich das Gespräch mit geistigen Wesen beginnt, wenn der erkennende Mensch von der Imagination in die Inspiration übergeht.

Ein Gebet beginnt mit der Anrufung Gottes oder der Götter, denn der Mensch will sich hörbar machen für himmlische Wesen. Anrufung – so wird im Allgemeinen der Anfang des Gebetes bezeichnet, womit selbstverständlich nicht eine bloße Adressierung des folgenden Gebetstextes gemeint sein kann. Sondern den Namen Gottes, eines Engels oder eines Heiligen zu nennen, bedeutet, sich innerlich in dessen Sphäre zu versetzen. Mit dem himmlischen Namen wird die himmlische Welt für den Betenden erreichbar. Wenn der römische Kaiser Mark Aurel (121–180) davon spricht, dass wir beten, opfern und schwören unter der Voraussetzung, dass die Götter gegenwärtig sind und mit uns leben,[51] so kann man hinzufügen: Durch die Anrufung Gottes wird diese Gegenwärtigkeit hergestellt oder zum Bewusstsein gebracht. Dass Gott während des Gebetes noch in einem anderen Sinne gegenwärtig ist als während des übrigen Lebens, wird auch noch durch bestimmte Handlungen eingeleitet: Der betende Buddhist schlägt vielleicht eine Glocke an und bittet so um Gehör. Oder die alten Griechen, wenn sie sich im Gebet an die Erdgötter wandten, klopften auf den Boden oder berührten jedenfalls die Erde.[52] Wenn die olympischen, die himmlischen Götter angesprochen wurden, hob man die Arme diesen Göttern entgegen.[53] Ähnlich in frühchristlicher Zeit. Später wurde diese Geste verinnerlicht, indem die Hände vor der Brust aneinandergelegt oder indem sie gefaltet wurden.

Der betende Mensch spricht nicht *von* Gott, sondern *zu* ihm. Gebet ist immer gerichtet, was bei der Meditation nicht der Fall ist. Wenn ein Text meditiert wird, so werden die einzelnen Inhalte des Textes in Beziehung zueinander gesetzt. Besinnliches Nachdenken oder Meditieren webt zwischen den einzelnen Motiven des Textes. Im Gebet ist jedes Wort auf denjenigen hin orientiert, der angerufen wird. Wer den Text des Vaterunser meditiert, wer die Zeilen

> «Dein Name werde geheiligt,
> Dein Reich komme zu uns,
> Dein Wille geschehe wie oben im Himmel,
> also auch auf Erden»

spricht, wird vielleicht die Begriffe Name, Reich und Wille miteinander in Beziehung setzen und ihre Bedeutung differenziert zu erfassen suchen. Er wird erkennen, dass es ein Weg ist, der vom Namen über das Reich zum Willen führt, dass dieser Weg immer tiefer hineinführt in das Leben Gottes: von der Offenbarung seines Wesens im Namen über die Verwirklichung der göttlichen Ordnung in seinem Reich bis zur Kraft des Schöpferwortes selbst. Ein Gebet sind diese Erkenntnisse nicht, sie sind noch nicht *an* Gott gerichtet. Aber Meditation und Gebet können sich gegenseitig fördern, wenn der Mensch ein Bedürfnis nach beiden hat. Denn, so sagt der anthroposophische Theologe Hans-Werner Schroeder, «in dem treu geübten regelmäßigen Gebet reift langsam auch die Kraft zur Meditation heran, so wie andererseits in ernster Meditation der Entschluss reifen mag, die göttliche Welt unmittelbar anzusprechen, das heißt: zu beten».[54] Mit diesen Worten ist betont, dass Meditation und Gebet jeweils für sich bestehen, dass sie einander helfen können, aber nicht voneinander abhängig sind. Die Darstellung Schroeders wird wohl dem Gebet besser gerecht als diejenige seines älteren Kollegen Christian Geyer, der meint, dass «es zwar Meditation ohne Gebet, niemals aber Gebet ohne Meditation geben kann, denn Meditation ist konzentrierte Andacht oder andächtige Konzentration.»[55] Wenn Geyer dann Versenkungsgebet und Bittgebet unterscheidet und dabei auch vom egoistischen Charakter des Bittgebets spricht, so hat er, der erfahrene Seelsorger, gewiss viele Situationen der Gebetspraxis im Blick, wird aber dem Bittgebet im Ganzen nicht gerecht, nicht der liebevollen Fürbitte für einen anderen Menschen, nicht der Bitte um göttliche Hilfe, wenn eine starke religiöse Persönlichkeit allein durch die Kraft des Gebetes eine Krankheit heilt. Das gibt es seltener als das egoistisch motivierte Bittgebet. Ja, gewiss. Und ist denn die Meditation immer frei von dem egoistischen Wunsch nach bestimmten Erkenntnissen?

Wenn der meditierende Mensch die göttliche Welt berührt, werden also seine Gedanken anbetend. In einem Stadium der Reife stehen Meditation und Gebet nicht mehr einander gegenüber, sondern sie verbinden sich, wie zwei Flüsse sich zu einem Strom vereinigen können. Sind Meditation und Gebet auch in ihrem Ursprung miteinander verwandt?

Wie können wir uns die frühesten Gebete der Menschen vorstellen? Eine heute weit verbreitete Meinung sagt, dass schon der Mensch der Frühzeit sich an eine höhere Macht gewendet habe, um Hunger, Krankheit oder Verfolgung abzuwenden. Die Texte solcher Gebete seien ganz urtümlich gewesen, aus dem Augenblick eingegeben, vielleicht unbeholfen, aber echt und daher für Gott hörbar. So wie auch heute Erwachsene oder Kinder einfach vor Gott aussprechen können, was sie bedrückt. In der religiösen Unterweisung wird diese Art des Betens als «freies Gebet» bezeichnet und empfohlen. Nun habe es immer wiederkehrende Notsituationen gegeben, und da sei es naheliegend gewesen, auch mit gleichbleibenden Worten um Hilfe zu bitten. Das ursprüngliche, frei strömende Beten sei verkümmert oder gar degeneriert zu einem feststehenden Gebetstext.[56]

Aber ist denn sicher, dass Beten so unbeholfen begonnen hat, in der Einsamkeit des Menschen, der nach Hilfe ruft? Ist denn sicher, dass Beten ursprünglich überhaupt ein Bittgebet war? Wenn auch ein so bedeutender und spiritueller Denker wie Platon Beten und Bitten gleichsetzt: «Opfern heißt: den Göttern Gaben bringen: Beten heißt: die Götter bitten.»[57] Ist der betende Mensch allein oder gliedert er sich in die Gemeinschaft der zu Gott Betenden ein, der Menschen und der Engel? Wie der frühchristliche Denker Origines empfunden hat: «Wenn Menschen, die sich mit dem festen Entschluss das Bessere zum Ziele nehmen, zu Gott beten, dann beten ungezählte Tausende von heiligen Mächten ungerufen mit ihnen.»[58] Tausende von Engeln beten mit uns – oder wir mit ihnen? Gliedert sich der betende Mensch in einen Strom des Betens ein, der Himmel und Erde schon durchdringt? So verstanden, haben nicht Menschen zu beten begonnen und schon gar nicht vereinsamte Menschen, sondern Engel. Und die haben sicher nicht Bittgebete gesprochen, sondern das Beten der Engel ist Aufschau zu Gott, ist Lobpreis Gottes. Eine Aufschau, die Himmel und Erde brauchen, die nicht nur der Betende für sich braucht. Das Weltall ist getragen von der Kraft des Betens, die von Engeln ausgeht und an der auch Menschen mit ihren bescheidenen Kräften sich beteiligen. Wenn im mittelalterlichen Kloster alle drei Stunden ein Gottesdienst stattfand, so war das nicht als eine religiöse Pflichtübung gemeint, sondern als Teilhabe an dieser die Welt tragenden Kraft.

Es ist doch wohl kaum denkbar, dass ein so verstandenes Beten im Widerspruch zum Meditieren steht. So ist es naheliegend, von einem gemeinsamen Ursprung der beiden zu sprechen. Und dieser Ursprung ist gewiss der Kultus. Dass Engel die Lehrer der Priester am Altar sind, ist noch dem mittelalterlichen Menschen ein vertrauter Gedanke – wenn auch die Erfahrung dieses Engel-Kultus zu den seltenen Lichtpunkten der damaligen religiösen Kultur gehörte. So spricht Alkuin, der bedeutendste Lehrer an der Hofschule in Aachen, in einem an Karl den Großen gerichteten Gedicht davon, dass Michael im Raum der Kirche geschaut wurde, das goldene Weihrauchgefäß in den Händen, aus dem die duftenden Wolken zum Angesicht Gottes emporstiegen.[59] Und die Legende berichtet vom Besuch des deutschen Königs Heinrichs II. im Michael-Heiligtum auf dem Monte Gargano; sie erzählt, dass der fromme Herrscher am Abend, als die Kirche geräumt wurde, darum bat, über Nacht bleiben zu dürfen. Heinrich nahm am Kultus der Engel teil und bekam, wie die Engel, den Text des Evangeliums zum Kuss gereicht, was ihn so berührte, dass er seine Hüfte nicht mehr bewegen konnte. Er war vor aller Augen gezeichnet, weil er teilgenommen hatte am Leben der Engel, das die Erde und die Menschen trägt, aber im Allgemeinen im Dunkel der Nacht vor den Augen der Erdenbürger verborgen wird.

Wenn Meditation und Gebet einen gemeinsamen Ursprung und eine verwandte Zielrichtung haben, dann liegt es wohl nahe, auch in ihrem Verlauf, in ihrem Aufbau verwandte Motive zu suchen.

Im fünften Kapitel ist dargestellt worden, dass der anthroposophische Meditationsweg von dem Studium der Geisteswissenschaft ausgeht, von dem gedanklichen Verständnis der meditativen Erfahrungen. Dort ist in die Worte der gewohnten Sprache gefasst, was nur schwer formulierbar ist. Doch es kommt darauf an, dass die Denkfähigkeit, die an der irdischen Welt Wachheit und Klarheit gewonnen hat, in das meditative Leben einbezogen wird. Kaum jemand wird behaupten können, dass er im Studium der Geisteswissenschaft sogleich voll versteht, was ausgesagt ist. Aber er kann schon mit diesen Gedankeninhalten leben, bis sie allmählich ihre Tiefe erschließen.

Wie der Schüler auf östlichen Meditationswegen im Lehrer schon das Leben in der geistigen Welt ständig vor Augen hat und damit sich selbst allmählich in die geistige Welt einlebt, so wirken auf dem anthroposophischen Weg die Darstellungen der geistigen Welt weckend auf die Denkfähigkeit des Meditanten – vorausgesetzt selbstverständlich, dass der Gedankengang und dessen sprachliche Formulierung dem Inhalt angemessen sind. Wie ja auch in der asiatischen Tradition der Schüler von dem Lehrer erwarten darf, dass nicht nur der Inhalt seiner Belehrungen, sondern auch seine Umgangsformen, bis in den Klang der Sprache hinein, ein Ausdruck der geistigen Welt sind.

Entsprechend kann der Gebetstext in die himmlische Welt einführen. Wenn am Beginn des Vaterunser von Gott gesprochen wird, der in den Himmeln ist, so kann sogleich ein erster Zugang zur Bedeutung des Wortes Himmel gefunden werden. Sehen wir doch an schönen Tagen, wie er sich über unsere Erde wölbt, uns umschließt und birgt. Hier liegt ein Verständnis des Wortes Himmel, das in eine religiöse Empfindung einmündet, sehr nahe. Aber gibt es nur den Himmel dort oben oder auch einen Himmel auf Erden? Ist Gott auch hier? Ist Christus auch zwischen Menschen, wenn zwei oder drei in seinem Namen, in seinem Geiste beisammen sind? In christlicher Nächstenliebe ist Gott nicht fern, jenseitig oder transzendent, wie man heute gerne formuliert, sondern er ist greifbar gegenwärtig, wenn wir im Sinne des Schöpferwortes zu Menschen werden – für Augenblicke, die uns erlebbar machen, dass wir noch am Anfang des Weges sind, nicht am Ziel. Ähnlich wie das Studium der Geisteswissenschaft ein Weg zur Wahrheit ist, nicht deren Besitz. Wer sich am Ziel des Weges dünkt und das laut, vielleicht recht laut mitteilt, wirkt unerträglich, weil er einen Wesenszug des Menschen, der ein Wanderer auf dem Wege ist, leugnet.

Im Kultus erscheint dieser erste Schritt als die Verkündigung. Der Evangelientext spricht zu den Menschen aus dem Wissen um den göttlichen Willen, und die Menschen verstehen davon so viel, wie sie im Leben auf der Erde gelernt haben. Vielleicht ist das wenig, obwohl im Text die Botschaft Christi offen ausgesprochen ist. Man sagt heute oft, die religiöse Verkündigung solle den Menschen dort abholen, wo er steht. Das Wort «abholen» aber legt nahe, zu meinen, sie führe den Menschen von dort weg, wo er steht. Nein, sie bestätigt ihn dort, wo er steht, sie sagt «Ja» zu dem Weg, den der Mensch bisher gegangen ist, und zeigt die nächste Wegstrecke auf. Die Verkündigung richtet sich an den einzelnen Menschen, sie bejaht die Individualisierung und setzt sie fort, wie das Studium der Geisteswissenschaft und die erste Stufe des Gebetslebens es auch tun.

Der Kultus wird vom Priester für die Gemeinde vollzogen, als ein gemeinsamer Weg. Gebet und Meditation sind nicht dem Priester vorbehalten, sondern stehen jedem Gläubigen oder Erkenntnissucher offen. Und sie vollziehen sich von Mensch zu Mensch in verschiedener Weise. Auffallend ist, dass im Evangelium nirgends davon die Rede ist, Christus habe mit den Jüngern gemeinsam gebetet. Offenbar hat jeder Jünger das in eigener Weise getan.

Im Kultus folgt auf die Verkündigung die Opferung. Wer opfert? Was wird geopfert? Früher wohl überall, aber auch heute noch an vielen Stellen der Erde wird während des Gottesdienstes ein sichtbares Opfer dargebracht, vielleicht ein Tier aus dem Besitz desjenigen Menschen, der mit dem Opfer eine Bitte an die Götter verbindet. Mit dem Opfer eines Besitzes will der Opfernde sich von seinem Ego lösen, doch es geht nicht nur um *etwas,* was der Mensch hingibt, sondern um den Vorgang des Hingebens. Denn in ihm entsteht etwas Neues. Im Hingeben wird der Mensch aktiv und er wird zugleich offen für dasjenige, was ihm aus der göttlichen Welt entgegenkommt. Der Mensch opfert nicht *etwas,* sondern *sich.* Er verleugnet nicht seinen Weg durch die Erdenwelt, denn dieser Weg hat ihn ja dazu geführt, dass er opfern kann. Opfer ist eine Reifestufe der Entwicklung, nicht deren Missachtung. Der Opferwillige opfert gerne, weil er den Sinn des Lebens nicht in sich, sondern in der Welt, in dem Dienst für andere sieht.

Wenn Gebet ein verinnerlichter Kultus ist, so lässt sich eine zweite Stufe der Gebetskultur erkennen, die der Opferung im Kultus entspricht. Da wird der Egoismus, der zunächst in der Bitte an die Götter liegt, der vielleicht auch ganz offen ausgesprochen wird, überwunden. Homer lässt den trojanischen Königssohn Hektor beten, als er seinen kleinen Sohn auf dem Arm trägt:[60]

> «Zeus und ihr anderen Götter, gewähret,
> dass dieser, mein Knabe,
> einst mir selber gleiche, so glänzend unter den Troern,
> so gewaltig an Kraft, in Ilios mächtig zu herrschen,
> mancher rufe dann laut, der ragt weiter über den Vater,
> kehrte er vom Kampfe nach Haus. Auch bringe er
> blutige Beute,
> wenn er den Feind erschlagen. Dann möge
> die Mutter sich freuen.»

Es wird nicht bedacht, dass die Mütter der getöteten Feinde sich nicht freuen können. Jahrhunderte später aber mehren sich die Stimmen, die davon abraten, die eigenen Wünsche im Gebet den Göttern vorzutragen, weil der Mensch oft gar nicht beurteilen könne, was ihm gut tut. So mahnt Epiktet, ein stoischer Philosoph im 1. und 2. Jahrhundert: «Nicht was du begehrst, erbitte von den Göttern, sondern dass du frei werdest von allem Begehren, das erflehe von ihnen. Dann werden dich die Götter erhören, wenn du nicht um das Angenehme, sondern um das Wertvolle betest.»[61] Noch deutlicher sagt das Augustinus: «Lernet, Gott so zu bitten, dass ihr es dem Arzt überlasst zu tun, was er für gut findet. Du bekenne deine Krankheit, jener bringe das rechte Heilmittel in Anwendung.»[62]

Beten im Sinne dieses Augustinus-Wortes bedeutet also, nicht um das Verschwinden einer Not zu bitten, sondern um die Kraft, sie zu tragen. Mein Alltags-Ich, mein Ego, wird dieser Not ausweichen wollen, es fragt nicht danach, wie ich an ihr reifen kann. Aber das Ego ist Gott fern, es kann sich für Gott kaum hörbar machen. Und es neigt dazu, blind zu werden gegenüber allem, was über seine eigene Welt hinausreicht. Wie Hektor blind ist für das Leid der Mütter, die ihre Söhne im Kampf verloren haben. Wer Beten als Opferung der Egoität versteht, wird wohl nicht nur darauf verzichten wollen, seine egoistischen Wünsche vorzutragen, sondern vielleicht auch auf seine eigenen Worte. Ein Gebetstext, der dem Menschen gegeben wird, ist dann nicht die erstarrte oder degenerierte Spätstufe des ursprünglichen freien Betens, sondern zeigt die Hingabe an einen religiösen Inhalt.

Dass die zweite Stufe auf dem Meditationsweg, die Imagination, der zweiten Stufe des Kultus, der Opferung, entspricht, ist vielleicht nicht auf den ersten Blick zu erkennen – denn bei den geistigen Bildern, die während der Meditation auftreten, denkt man oft an den Gewinn einer neuen Erkenntnis, eines neuen, transzendentalen Bewusstseins und nicht an ein Opfer. Damit aber ist die Bedeutung dieser Bilder missverstanden. Der Meditant ist vielleicht glücklich, dass sein langes Bemühen endlich belohnt wurde, wenn er nun in die geistige Welt hineinschauen kann. Doch schon in der asiatischen Tradition wird wohl der Lehrer kaum in diesen Jubel einstimmen, sondern zurückhaltend urteilen: Dieses oder jenes Bild habe kaum einen Wert, ein anderes führe sogar vom Wege ab, doch jenes unscheinbare Bild verdiene Aufmerksamkeit, bei ihm möge der Meditant verweilen. Denn, so sieht es der Lehrer, das Auftreten geistiger Bilder sei gar nicht das Ziel der Meditation. Visionäre Bilder, so wird er hinzufügen, treten ganz selbstverständlich auf, sobald sich der Mensch aus dem Gegenstandsbewusstsein des Alltags löst, wie das ja auch beim Traum und dessen Symbolen der Fall ist. Die Neigung zu symbolisieren tritt ganz selbstverständlich auf, sobald das Bewusstsein sich aus der Bindung an die Raumeswelt löst, sobald es die Welt des Schlafes berührt. Wenn es sie berührt, aber noch nicht in sie eintaucht. Denn sobald der Mensch fest schläft, verliert er sein Selbstbewusstsein und damit die Erinnerungsfähigkeit. Wir wissen nach dem Aufwachen nicht, was im Tiefschlaf geschehen ist. Aber der Schlaf hinterlässt zwei Spuren in der Seele: diejenigen Träume, die Inhalte der Tiefschlafwelt in Symbolen formulieren – und das Erlebnis der Regeneration, der Erquickung, die wir hoffentlich aus dem Schlaf mitbringen. In der Frische des Morgens spricht sich das Ergebnis des Schlafes oft unmittelbarer aus als in den Bildern des Traumes, die nur in verschlüsselter Form von dem sprechen, was im Tiefschlaf geschehen ist. Wer die inhaltsvollen Traumbilder verstehen will, muss in die Tiefe lauschen, und damit verblassen die Bilder selbst – wie die Imaginationen, wenn der Mensch sich nicht an sie hängt.

Der Bilderfolge auch in bedeutenden Träumen, in den großen Wahrträumen, sind wir ausgeliefert, nur selten ergreift ein Träumer während des Traumes die Initiative, den Verlauf der Handlung zu verändern. Initiative aber zeigt das Wirken des Ich an.

Das Ich hält sich während des Traumes zurück, es ist aber intensiv tätig während des Tiefschlafs, allerdings selbstvergessen. Und deshalb können wir uns nach dem Aufwachen an die Tiefschlafzeit nicht erinnern. Dass wir uns erquickt fühlen nach einem guten, vielleicht gar nicht so langen Schlaf, beruht eben auf dieser selbstvergessenen Tätigkeit des Ich. Das Ich weiß während des Tiefschlafs nichts von sich, aber von der Welt, in die es eingetaucht ist. Die Harmonie mit der geistigen Welt im Tiefschlaf wird nach dem Aufwachen als Erquickung erlebt, die Disharmonie mit der geistigen Welt lässt uns «gerädert» erwachen.

Wenn der Meditant in die Bilderwelt der Imagination eintritt, so ist eine Gedankenarbeit vorausgegangen – nicht nur ein Nachdenken über bestimmte Inhalte, sondern ein Eintauchen in sie. Die Imaginationen verdichten also eine ausgeführte Tätigkeit zum Bild, wie die Tätigkeit des Ich im Tiefschlaf sich zu den Bildern der Wahrträume verdichtet. Innere Bilder können aber auch auftreten, ohne dass ihnen eine Gedankentätigkeit vorausgeht, sondern vielleicht intensive Gemütserlebnisse. Dann allerdings sollte man nicht von Imaginationen, sondern eher von Visionen sprechen. Die religiöse Literatur bringt eine Fülle von Visionen vor allem in Zusammenhang mit dem Erleben der Passion Christi. Die Hingabe an diese Schilderungen kann so weit gehen, dass am Leib des Visionärs die Stigmata, die Wundmale Christi, auftreten.

Auf die Opferung folgt im Kultus die Wandlung. Brot und Wein auf dem Altar werden zu Leib und Blut Christi. Diese Wandlung ist die Antwort der göttlichen Welt auf die Zuwendung des Menschen, die in der Opferung zum Ausdruck kam. Hier wird eine Schwelle überschritten: In der Opferung haben wir es mit einem seelischen Prozess zu tun, die Wandlung greift bis in die leibliche Welt ein. Hier ist der Himmel auf der Erde angekommen. Die Wandlung ist die Bestätigung dafür, dass das Opfer des Menschen angenommen wurde.

Das Gebet wird gerne als Zwiegespräch des Menschen mit Gott bezeichnet. Dieses gewichtige Wort wird allerdings nicht immer mit dem nötigen inneren Gewicht gebraucht. Zwiesprache? Hören wir denn im Gebet Gott, oder einen Engel, sprechen? Das kann sehr wohl geschehen und ist dann ein überraschendes Erlebnis. Überraschend sicher auch im Inhalt dessen, was die himmlische Welt spricht. Fehlt dieses Neue, Überraschende, so ist es naheliegend anzunehmen, dass wir unsere Hoffnungen oder Ängste nur nach außen projiziert haben und nun als eine Stimme von außen hören, die wir Gott zuschreiben. Echte Zwiesprache ist ein Hin und Wieder in der Zuwendung, ein Wechsel zwischen Sprechen und Lauschen, verwandt einem guten Gespräch zwischen Menschen. Das beginnt damit, dass ich still werde und lausche, den anderen *sich* aussprechen lasse, ohne festlegende Erwartungen auf das, was er sagen wird. Wenn der andere *sich* ausgesprochen, nicht nur *etwas* mitgeteilt hat, erfolgt die innere Wendung, in der ich nun auch mich zeige, unverhüllt und ungeschützt. Und damit sind wir in der Zwiesprache, wir tauschen uns aus, zeigen uns in der Tiefe unseres Wesens. In diesem Sinne kann Beten zur Zwiesprache werden, in der das menschliche dem göttlichen Wesen begegnet, unmittelbar.

Im fünften Kapitel wurde gezeigt, dass auf dem anthroposophischen Meditationsweg die Inspiration diesen Charakter der Zwiesprache mit geistigen Wesen hat. Während die Imagination eine Berührung des Menschen mit geistigen Wesen ist und die Bilder der Imagination die (subjektiv gefärbte) Widerspiegelung dieser Berührung in der Seele des Menschen sind, ist Inspiration die Zwiesprache mit diesen Wesen selbst. Nicht ein «Inspiriert-Werden», in dem der Mensch passiver Empfänger himmlischer Botschaften ist. Auf dem anthroposophischen Meditationsweg gilt, wie im Gebet, der Satz, dass Gott oder die Engel warten, bis wir uns als Menschen zeigen, ehe sie sich auch ihrerseits zu erkennen geben. Dann aber offen und ohne Zurückhaltung. Es sei denn, sie haben einen «Pferdefuß» zu verbergen. Inspiration in diesem Sinne ist Zwiesprache, nicht Mitteilung geistiger Inhalte.

Der Kultus führt schließlich zur Kommunion, der Mensch nimmt Leib und Blut Christi zu sich, er verbindet sich mit dem göttlichen Wesen. Auch wenn der Wein, wie in der katholischen Messe, stellvertretend für alle, nur vom Priester getrunken wird. Das ist nicht mehr Zwiesprache zwischen göttlichen und menschlichen Wesen, sondern der Mensch ruht in Gott – wie im Paradies, nun aber als Erfüllung einer Entwicklung, die durch Individualisierung geführt hat und diese in die Harmonie einbringt. Kommunion in diesem Sinne ist Ziel der Entwicklung, über alle Differenzierungen der Entwicklungswege. In der Kommunion können wir uns menschheitlich verstehen, in ihr wirkt Menschheits-Kultur.

So kann auch das Beten zu einer Kommunionsstufe führen. Der Mensch kann die Worte «Vater unser» so sprechen, dass in ihnen der ganze Sinn der folgenden Bitten enthalten ist – oder richtiger gesagt: dass alle Bitten still werden im Blick auf das väterliche Wesen Gottes. In Gott den Vater zu erleben, ist Erfüllung dessen, was der religiöse Mensch erwarten kann. «Vater unser» zu sprechen in der Gegenwart des Vaters ist die Erfüllung des Gebetes. Ich bitte dann nicht mehr um *etwas,* ich bitte um Gott. Und Gott ist da, wenn ich sein göttliches, sein väterliches Wesen erlebe.

So mündet auch der Meditationsweg in eine Kommunionsstufe, in die Intuition. Die ist nicht mehr Zwiesprache, nicht mehr Austausch zwischen zwei Wesen. Intuition taucht ein in das Wesen des anderen, identifiziert sich mit ihm, erlebt dessen Wesen von innen her. Wer einen anderen liebt, taucht in dessen Wesen ein, erlebt ihn von innen her. Er ist, für Augenblicke, der andere, ehe er zu sich selbst zurückkehrt. Intuitive Erkenntnis vergleicht einen Menschen oder ein geistiges Wesen nicht mit anderen. Der Erkennende ist mit dem anderen allein. Außer ihm gibt es im Augenblick nichts anderes auf der Welt. Erst dann erschließt sich die Tiefe des anderen. Intuition ist die Erkenntnis aus der Stille – und deshalb verbindet sie mit dem anderen.

Sicher sind Meditation und Gebet deutlich zu unterscheiden. Wichtiger aber ist, den Unterschied zwischen einer älteren und einer neueren Kultur zu beachten – bei der Meditation wie auch beim Gebet. Wenn die Jünger erlebten, dass Christus sich immer wieder zum Gebet zurückzog, und wenn sie ihn baten, sie beten zu lehren, so kann das ja kaum aussagen, die Jünger hätten bis dahin nicht gebetet, sondern die Bitte kann doch wohl nur meinen: Lehre uns in neuer Weise zu beten.

Dabei geht es sicher nicht nur um neue Inhalte, sondern um eine neue Haltung beim Beten. Die kommt schon in den beiden ersten Worten des nun übermittelten Gebetstextes zum Ausdruck. Bisher war Gott als Herr oder als Schöpfer angesprochen worden, nun als Vater. Wer aber darf eine so vertrauliche Wendung gebrauchen, um sich an Gott zu wenden? Nur derjenige, der *unseren* Vater anspricht. Wer aber ist mit *wir* gemeint? Nicht eine kleine oder größere Gruppe, für die mitgebetet wird, nicht die Familie oder Gemeinde, sondern die

Menschheit als Ganze. Erst wer als verantwortliches Glied der Menschheit spricht, darf in Gott den Vater ansprechen. Wer betet, ist hier nicht der Einzelne, der selbstbezogene Mensch, sondern der Menschheits-Mensch in uns. Derjenige, der durch die Kulturentwicklung zur Persönlichkeit, zur unverwechselbaren Individualität gereift ist und der in dieser Reife sich einbringt in das Ganze der Menschheit. Es spricht derjenige, der den anderen liebt, auch wenn der ganz andersartig ist, einfach weil der andere ein Mensch ist. Wenn die Liebe zur Menschheit, zur Erde, fehlt, so sind Worte wie «Vater unser» nicht ehrlich gesprochen. Ohne das Erlebnis von «unser» gibt es auch nicht das Erleben von «Vater».

Wer aber ist der Menschheits-Mensch, der im Sinne Christi zu beten beginnt? Bisher ging dem Beten die Reinigung voraus. Die Seele war zu reinigen, aber auch der Mund, der die Worte des Gebets sprechen wollte. Deshalb gibt es den Wasser-Quell am Eingang asiatischer Tempel. Nur der Mensch, der sich gereinigt hat, wird hörbar für Gott. Und nun spricht Christus davon, dass im Himmel eine größere Freude herrsche über den einen Sünder, der sich wieder dem Himmel zuwendet, eine größere Freude als über neunundneunzig Menschen, die rein geblieben sind. Der Menschheits-Mensch, der das Vaterunser beten darf, ist derjenige, der sich auf die Erde eingelassen hat und der aus der Verbindung mit der Erde etwas mitbringt, was es bisher im Himmel noch nicht gibt. Daher die Freude der Engel. Nur die Liebe zur Erde entzündet die Liebe zum Himmel. Wer rein bleiben will, wer sich nicht der Mit-Verantwortung für das Schicksal als Zeitgenosse stellt, wird erd-flüchtig, er entwickelt eine Sehnsucht nach dem verlorenen Paradies, aber nicht die Liebe zum Himmel, der auf die Früchte des Erdenweges wartet. Es ist der Erden-Mensch, der Menschheits-Mensch, der im christlichen Sinne betet, während die vorchristliche Gebetskultur den paradiesischen Ur-Menschen wieder aktivieren will.

Und ähnlich ist es bei der Meditationskultur. Wenn der Zen-Buddhist meditiert, so will er sich nicht vor der Welt verschließen, sondern er will lernen, diese Blume, diese Wolke so zu sehen, wie er sie vor allen Erdenleben gesehen hat – paradiesisch. Der Zen-Buddhist verschließt nicht die Augen vor der wahrgenommenen Welt wie der Meditant auf dem Yoga-Weg, aber er fragt weniger nach den Früchten der irdischen Entwicklung, sondern mehr nach der Wahrheit, die im Ursprung der Welt zu finden ist. Hier liegt ein fundamentaler Unterschied zur anthroposophischen Meditation. In ihr wird der Erden-Mensch aktiviert, der nicht von der Sehnsucht zurück nach dem Ursprung der Welt ausgeht, sondern der im Hier und Jetzt bleibt und der in der Zuwendung an diese Welt, hoffentlich, schließlich das Schöpferwort ahnt, das allen Erscheinungen zugrunde liegt. Wenn der Anthroposoph gerne von der Meditation von Naturvorgängen ausgeht, so nicht, um möglichst bald die zugrunde liegende geistige Wirklichkeit zu erfahren, sondern um in der wahrgenommenen Erscheinung zu verweilen, um sich in sie zu vertiefen. Beim Weg von der asiatischen Tradition zur anthroposophischen Meditation geht es also nicht um die Weiterentwicklung einer Methode, sondern um einen grundsätzlich neuen Ansatz.

Der ist nur gerechtfertigt, wenn im Christentum nicht allein eine neue religiöse Lehre gesehen wird, sondern eine tief greifende Wandlung von Mensch und Erde. Das christliche Geschichtsverständnis sucht nicht den Weg zurück zum Anfang der Welt, will nicht die Welt «abstreifen», um in die Wahrheit des Ursprungs zurückzukehren, sondern sieht, dass Christus dem Menschen aus der Zukunft entgegenkommt, als die Erfüllung, nicht als die Auslöschung der irdischen Existenz. Und genau das ist der Ansatzpunkt des anthroposophischen Weges in der Meditation wie im Gebet.

Jeder Mensch kann meditieren, wenn nur sein Bedürfnis nach Meditation echt ist, und das gilt auch für das Beten. Es gibt im Leben eines Menschen nicht ein «Entweder Meditation oder Gebet», aber es gibt ein Entweder-oder in der Entscheidung für den Weg der asiatischen Tradition oder für den anthroposophischen Weg. Ich kann nicht mit einem Bein zurück zum Ursprung der Welt und mit dem anderen Bein in die entgegengesetzte Richtung gehen. Damit ist nicht eine Wertung gemeint, sondern eine Entscheidung. Wer seine eigene Entscheidung ernst meint, kann auch die Entscheidung des anderen würdigen. Nicht aber die Unentschiedenheit, die nach Belieben Inhalte für einen Erkenntnisweg oder für einen religiösen Weg zusammenstellt. Denn jeder Schritt auf einem Weg vollzieht sich im Spannungsbogen zwischen Ausgangspunkt und Ziel.

Wenn auch für den Anthroposophen eine Meditations- und eine Gebetskultur sehr wohl vereinbar sind, sind beide doch deutlich zu unterscheiden. Die Meditation – im anthroposophischen Sinne – geht davon aus, das Ich des Menschen zu aktivieren und nur in demjenigen Teil der Persönlichkeit wirken zu lassen, der dem Bewusstsein zugänglich ist, also innerhalb derjenigen seelischen Fähigkeiten, die vom Menschen geführt werden können, etwa der Aufmerksamkeit, der Konzentration, der Vorstellungsbildung. Der – im anthroposophischen Sinne – Meditierende verzichtet darauf, mit seinem Ich in diejenigen Schichten der Persönlichkeit einzuwirken, die dem Bewusstsein und damit der Kontrolle durch das Ich entzogen sind. Um es mit den Begriffen der anthroposophischen Menschenkunde auszudrücken: Das Ich greift in die bewussten

Teile des Astralleibes ein, aber nicht tiefer. Gewiss werden während einer guten Meditation die Atmung und der Blutkreislauf sich harmonisieren, aber das bewirkt nicht das Ich des Menschen, sondern das bewirkt die Meditation.

Im Gebet ist es ebenfalls das Ich, das tätig ist, aber hier greift das Ich unmittelbar in tiefer liegende seelische Schichten und sogar in den Lebensorganismus ein. Religiöses Leben gründet sich in ganz anderem Sinne auf Hingabe als das Erkenntnisleben. Es lässt sich gut im Sitzen meditieren, beten kann ich nur, wenn ich innerlich niederknie – ob ich das auch leiblich tue, ist nicht entscheidend. Und wie der betende Mensch tiefer hineingreift in seine Persönlichkeit, so greift er auch höher hinauf. Albrecht Haushofer, der so spirituell veranlagte Widerstandskämpfer gegen den Nationalsozialismus, hat es kurz und eindringlich ausgesprochen:

«Das Ich wird still,
wenn ES in ihm schon leise beten will.»[63]

Das Es, der Teil des Menschenwesens, der nicht egozentrisch ist, der schweigt, wenn der Mensch sich den Alltagsinteressen hingibt, der aber spricht, wenn der Mensch sich der göttlichen Welt zuwendet. Das Es, das man auch als das höhere oder als das wahre Ich des Menschen bezeichnen kann, lebt auf der Nachtseite unserer Existenz und kann daher auch in die tieferen Schichten der Persönlichkeit einwirken. Das geschieht in der Meditation beim Übergang von der imaginativen zur inspirativen Erkenntnis, wenn die Gedanken anbetend werden. Die Gedanken, nicht meine persönliche Absicht. Diese Gedanken greifen dann auch durch den Astralleib hindurch in den Ätherleib ein, wie das Gebet schon von Anfang an.

Schauen und Erkennen

12.
Meditative Erfahrungen im Wandel der Zeiten

Noch im Einklang mit der Welt – nahe dem Paradies

Wohl alle großen Kulturtraditionen sprechen von einem Ursprungszustand, in dem es Leid, Not, Alter und Tod noch nicht gegeben habe. In diesem idealen, paradiesischen Zustand waren Mensch und Welt noch eine Einheit, es herrschte vollkommene Harmonie. Diese Welt scheint uns heute sehr fern zu liegen. Und doch gibt es zwei Erfahrungen, die uns diesen Ursprungszustand augenblicklich nahebringen können: wenn der Blick eines Neugeborenen oder der Blick eines friedlich Sterbenden auf uns ruhen.

Zu Beginn des Lebens wandert der Blick des Kindes noch unstet von Eindruck zu Eindruck. Wie könnte es anders sein, denn die Konzentration auf ein Gegenüber setzt ja eine gewisse Reife der Beobachtungsfähigkeit voraus. Aber was nicht sein dürfte, das gibt es doch: Der Blick des Neugeborenen kann lange Zeit intensiv im Blick eines anderen Menschen ruhen, nicht betrachtend, sondern in die Tiefe eindringend, als ob das Kind uns genau kennen würde. Wissen und Kraft sind noch eine Einheit in diesem Blick. Wir fühlen uns wahrgenommen, nicht wie wir im Alltag sind, nicht mit unseren Schwachstellen, sondern in unserem eigentlichen Wesen. Und oft ist es nicht das Kind, sondern der Erwachsene, der diesen Blick nicht lange ertragen kann. Ähnlich ist es beim Blick eines friedlich Sterbenden. Was die nachtodliche Welt ist, das können wir durch diesen Blick erfahren. Denn er kommt schon aus der Welt, in der wir wieder mit uns selbst einig sind. Daher der Friede, der von einem sterbenden Menschen ausgehen kann.

Der Blick an den Grenzen des Erdenlebens ist ein Abglanz des Bewusstseins, in dem der Mensch selbstvergessen in der Welt lebt, in dem es nicht Gegenstände draußen gibt, weil Mensch und Welt eine Einheit sind. Diesen Bewusstseinszustand nennen wir das Paradies.

Die alten Kulturen wussten um das «Goldene Zeitalter», die Heimat, aus der sich der Mensch entfernte, als er zum Selbstbewusstsein erwachte. Es ist die Welt der Wahrheit, so sagt die asiatische Tradition, und zu ihr strebt der Mensch zurück, sobald er eingesehen hat, dass im Zwiespalt mit der Welt der Sinn des Lebens verloren geht. Wer zum Ursprung zurückfindet, lebt auch wieder im Einklang mit der Welt. Dieser Kerngedanke der alten chinesischen Kultur wird, mit einem wehmütigen Blick rückwärts, im 22. Kapitel des Chuang-tzu ausgesprochen:

Nach dem Verlust des TAO gab es die Urtugend,
nach dem Verlust der Urtugend gab es die Menschlichkeit,
nach dem Verlust der Menschlichkeit gab es die Gerechtigkeit,
nach dem Verlust der Gerechtigkeit gab es die Riten.

Den Weg von den Riten, den festgelegten Lebensregeln, über die Gerechtigkeit, die Menschlichkeit und die Urtugend zum TAO zurückzufinden, das ist es, was der Weise anstrebt.

Die Chinesen schauten nicht nur wehmütig zurück auf den Verlust des paradiesischen Ursprungs, sondern sie versuchten, das damalige Bewusstsein wiederherzustellen. Vor allem in der

Meditation. Deren Aufgabe war es, selbstvergessen auf eine ursprüngliche und natürliche Art mitzuleben, was in der Welt geschieht. Wenn das Ego ausgelöscht wird, ist auch die Distanz zur Welt aufgehoben. Der Mensch nimmt die Dinge nicht mehr von außen, in ihrer Gegenständlichkeit, wahr, sondern als Ausdruck ihres inneren Wesens. Der Chinese will sich, im Gegensatz zum Inder, nicht aus der Sinneswelt lösen, um zum Ursprung zurückzukehren, er will nicht in eine andere Welt eintreten, sondern die vertraute Welt anders sehen. Nicht so, wie sie mir erscheint, sondern so, wie sie sich selbst aussprechen will. So wie sie zum unbefangenen Kinde spricht und in reinster Form zum Menschen der Urzeit gesprochen hat.

Damals, so erzählt eine Sage, lebten die Menschen auf fünf Inseln vor der Küste der Provinz Schantung. Die Berggipfel ragten empor in die Wolken, die Täler waren ein Paradies mit duftenden Blumen. Schneeweiße Vögel flogen durch die Luft und pflückten Perlen von den Bäumen. Die Inselbewohner, die in Palästen aus kostbaren Metallen lebten, waren unsterblich und immer jung. Sie konnten durch die Luft fliegen. Doch sie waren nicht zufrieden, denn sie wollten nicht länger auf den schwimmenden Inseln wohnen, sondern festen Boden unter den Füßen haben. Deshalb schickte der herrschende Gott eine Schar von Riesenschildkröten, die die Menschen nach China brachten.[64] – Während der Han-Zeit (206 v. Chr. bis 220 n. Chr.) rüsteten mehrere Kaiser Flotten aus, um diese Inseln zu suchen. Leider vergeblich. Schließlich ließ Kaiser Wu einen Garten anlegen, der ein Nachbild dieser Inseln sein sollte, in der Hoffnung, dass die Götter dort Wohnung nehmen und die Geheimnisse des ewigen Lebens mitbringen würden.

Es entspricht dem chinesischen Empfinden, den Einklang mit der Welt zu suchen. Harmonie ist das große Ideal der ostasiatischen Kultur: Harmonie mit der Natur, Harmonie mit sich selbst. Eine Harmonie, die auch in der Gestaltung der Welt zum Ausdruck kommt. Wenn die Felsen im chinesischen Garten die Berge der fünf Inseln abbildeten, wenn die Seen die Weite des Meeres vergegenwärtigten, wenn der Farbenklang und die Duftskala des Gartens diesen fünf Inseln entsprachen, dann wurde der Ursprungszustand wieder Wirklichkeit. Dann würden hoffentlich die Götter sich in diesem Garten heimisch fühlen, dann würden Menschen wieder mit Göttern zusammen sein.

Wer in Harmonie mit der Welt lebt, handelt nicht aufgrund von Geboten oder Gesetzen, sondern er ist spontan. Der Weise in Ostasien ist nicht an traditionelle Lebensregeln gebunden, das ist ein Missverständnis vieler westlicher Beobachter, sondern er ist originell und natürlich. Auf die Kraft der Ursprünglichkeit glaubte Kung Fu-tse (Konfuzius, etwa 550 bis 480 v. Chr.), sich nicht mehr verlassen zu können, und deshalb vermittelte er seinen Schülern ein System von Regeln, die das gesellschaftliche Leben bestimmen sollten – und durch zweieinhalb Jahrtausende bestimmt haben. Kung Fu-tse aber soll im Alter gesagt haben: «Mit fünfzehn wandte ich mich dem Lernen zu, mit dreißig hatte ich festen Grund, mit vierzig hatte ich keine Zweifel, mit fünfzig kannte ich den Willen des Himmels, mit sechzig war ich bereit, auf ihn zu hören, mit siebzig konnte ich den Wünschen meines Herzens folgen, ohne gegen das Rechte zu verstoßen.»[65] Am Zielpunkt des Lebens handelte er also spontan, in Harmonie mit der Welt.

Dass auch Menschen im 20. Jahrhundert spontan leben und handeln konnten, erzählt recht anschaulich die japanische Schriftstellerin Hisako Matsubara in ihren Lebenserinnerungen.[66] Ihr Vater war oberster Schinto-Priester in der alten

Kaiserstadt Kyoto. An ihm orientierten sich die Menschen, als man, bis zum Jahre 1945, den Herrscher noch als Nachkommen der Götter verehrte, und später, als der Glaube der Japaner an die göttliche Ordnung durch den verlorenen Krieg erschüttert wurde. Es gab keine traditionellen Regeln, wie man sich zu verhalten habe, wenn der Feind das Land besetzt, denn das war noch nie geschehen. Die Ursprünglichkeit des Schintoismus wiederherzustellen, als dessen nationale Ideologie zusammengebrochen war, das verlangte eine spontane und souveräne Persönlichkeit, den obersten Schinto-Priester. Die Mutter der Schriftstellerin dagegen dachte traditionsgebunden und hielt streng die überkommenen Lebensregeln ein. Tradition aber, so zeigt sich, verbindet den Menschen nicht mit dem Ursprung, sondern entfremdet ihn von ihm. Es ist keine Frage, wem die Sympathie und die Bewunderung der Tochter gelten.

Wie sehr die innere Haltung des «paradiesischen» Menschen auch die äußere Erscheinung formen kann, zeigt ein berühmter japanischer Roman aus dem 11. Jahrhundert: *Die Geschichte vom Prinzen Genji*. Beim Fest des roten Herbstlaubes «sang Genji so schön, dass man seine Stimme für die des Kalawinka [eines Vogels aus dem buddhistischen Paradies] hätte halten können. Tief bewegt vergoss der Kaiser Tränen ... als nach Beendigung des Gesangs Genji seine Ärmel zum Tanz zurückzog, die Instrumente, die auf diesen Augenblick nur gewartet hatten, plötzlich lebhaft einsetzten, erschien ein Antlitz leuchtender als je zuvor.» Und an anderer Stelle heißt es: «Als es zu dunkeln begann, fiel ein dünner Regen. Selbst der Himmel schien begriffen zu haben, dass hier Außerordentliches geschah. Der Iriaya-Tanz, den Genji, die leuchtenden Chrysanthemen auf dem Kopf, mit noch größerer Kunst als sonst vollführte, war so überirdisch schön, dass es die Zuhörer kalt überlief.»[67]

Auch für die alten Ägypter waren Feste die Augenblicke, in denen das ursprüngliche Zusammenleben mit den Göttern wiederhergestellt wurde. Denn der Stadtgott, der dem Ägypter nahe war, nahm an den Kulthandlungen teil. «Das ägyptische Fest beruht auf dem Gedanken, dass die Trennung von Himmel und Erde in bestimmten Grenzen rückgängig gemacht werden kann und die Götter wieder leibhaftig auf der Erde gegenwärtig sind ... Das ägyptische Fest inszeniert die Urzeit, als die Götter auf Erden wandelten und der Sonnengott über Götter und Menschen gemeinsam herrschte.»[68] Götter können nur dann gegenwärtig sein, wenn Worte und Bewegungen der Kulthandlungen der gültige Ausdruck des göttlichen Wesens sind.

Für Griechen und Römer war der paradiesische Ursprung der Menschheit, das «Goldene Zeitalter», unwiederbringlich verloren. Doch blieben die großen Helden der Frühzeit die Vorbilder für spätere Herrscher. So besuchte Alexander der Große, als er zu seinem Feldzug nach Persien aufbrach, das Grab des Achilleus bei Troja und wollte ein neuer Achilleus werden.

Der jüdische Mystiker Isaak Luria (1534–1572) hat einen Weg in die Zukunft beschrieben, der nicht beim Ursprungszustand anlangt, sondern bei dessen Überhöhung. Aus der Schöpfung ging das reine Wesen des Adam Kadmon hervor, in das das göttliche Licht einströmte. Adam Kadmon jedoch konnte dessen erhabene Kraft nicht in sich fassen, und deshalb kam es zum «Bruch der Gefäße». Um seinen Schöpferwillen zu vollenden, wartet Gott nun darauf, dass ein neuer Lichtstrahl aus der Stirn Adams hervorbricht, der wieder heilt, was zerbrochen ist. Der Mensch, der auf seinem Erdenweg dem Schöpfer treu bleibt, gibt Gott erst die Möglichkeit, sein Schöpfungswerk zu vollenden. «Es ist also mit anderen Worten der Mensch, der dem Antlitz Gottes die letzte Vollendung gibt, der Gott als den

König und mystischen Gestalter aller Dinge erst eigentlich in sein Himmelskönigtum einsetzt und dem Gestalter selbst die letzte Gestalt gibt.»[69] Ein kühner Gedanke, der dem Menschen nicht nur die Stellung des Geschöpfes zuweist, sondern Verantwortung für die Weltentwicklung zuspricht. Ein Gedanke, der den Juden, die aus ihrer Heimat vertrieben waren, eine Perspektive für ihr Leiden und für ihre Treue zur Religion geben wollte.

Der Weg von der Schöpfung zur Erlösung ist von Isaak Luria fein durchdacht, aber seine Aussagen stießen bei jüdischen Theologen auf Widerspruch – und sie wären ja wohl auch von christlichen Theologen abgelehnt worden. Doch hier ist in origineller Weise ein Kerngedanke des christlichen Geschichtsbildes weiterentwickelt worden: Die Geschichte kehrt nicht zu ihrem Ursprung zurück, zum alten Paradies, sondern sie führt zu dem «Neuen Jerusalem», in dem die Menschen wieder in die göttliche Welt aufgenommen sind. Der Mensch wird dort nicht mehr das kindliche Wesen sein, das Gut und Böse noch nicht unterscheiden kann. Sondern auf seinem Erdenweg ist der Mensch gereift, er bringt die Früchte seiner Entwicklung mit.

Nicht im Blick auf die Vergangenheit, sondern im Blick auf die Zukunft unterscheidet sich das christliche Geschichtsverständnis grundlegend vom asiatischen. Wenn dort der Weg zurück zum Paradies gesucht wird, so muss das Anliegen der religiösen oder meditativen Schulung vor allem die Reinheit sein, die Abkehr von der Erde. Die wird am konsequentesten in der Askese angestrebt. Und die hat auch im christlichen Mittelalter noch eine große Rolle gespielt. Wenn später, in der geistlichen Dichtung des 18. Jahrhunderts, von dem «irdischen Jammertal» die Rede ist, aus dem Gott uns erlösen möge, so wird der Sinn der Entwicklung nicht auf der Erde gesehen.

Der Verlust des Paradieses wurde nicht nur als Fall des Menschen gesehen, sondern mit dem Menschen fällt auch die Natur aus ihrer ursprünglichen Harmonie heraus. Davon berichtet ein Mythos aus dem indianischen Kulturkreis Südamerikas.[70] Makonaura, ein schöner junger Mann, trifft beim Fischfang Anuataitu, ein anmutiges Mädchen. Die beiden verlieben sich und wollen heiraten. Aber dafür ist selbstverständlich das Jawort auch der Eltern notwendig, und so wandern die beiden in das Heimatdorf des Mädchens. Der junge Mann besteht die auferlegten Proben, und die Zukunft scheint gesichert. Doch der Schwiegervater ist ein unbeherrschter Mann, und einmal im Zorn erschlägt er Makonaura. Dessen Stamm nimmt Rache und tötet die Eltern des Mädchens. Anuataitu schwankt zwischen der Liebe zu ihrem Mann und der Rachepflicht gegenüber ihrem Stamm. Als die trunkenen Angehörigen Makonauras sich ihrer Tat rühmen, flieht sie mit einem furchtbaren Schrei in den Wald. Und der verändert die Natur. Die Tiere des Waldes beginnen nun, einander zu jagen, und die Schlangen werden giftig. – Der Mensch also ist es, der Unfrieden in die Natur gebracht hat. Kann durch den Menschen auch einmal wieder Friede in die Natur einziehen?

Diesem Thema hat sich die schwedische Dichterin Selma Lagerlöf (1858–1940) zugewandt. In ihren *Christus-Legenden* stellt sie dar, dass die Erde die Geburt des Jesuskindes in der Heiligen Nacht wahrnimmt und still wird. Die Bäche hören auf zu rauschen, der Wind verstummt und die Tiere werden friedlich. Später werden Pflanzen und Tiere zu Spielgefährten Jesu, so als Maria und Joseph auf der Flucht nach Ägypten sind und auf ihrer Wanderung durch die Wüste durstig werden. Jesus geht zu der Dattelpalme und streichelt deren Stamm. «Palme, beuge dich, Palme, beuge dich.» Und der Baum neigt sich bis zur Erde, sodass Jesus die Datteln pflücken und Maria bringen kann. Und wieder streichelt Jesus den Stamm. «Palme, richte dich auf, Palme, richte dich auf.» Das tat der Baum, und in seinen Blättern klang es wie Harfentöne.

Will Selma Lagerlöf hier eine Durchbrechung der Naturgesetze durch Magie schildern? Sicher nicht. Sie meint offenbar, dass hier die Gesetzhaftigkeit der Natur selbst aufgehoben wird, dass die Erde in einen vor-gesetzhaften Zustand zurückkehrt, in dem Menschen, Tiere und Pflanzen noch geschwisterlich miteinander umgehen, in dem es auch noch keine Feindschaft zwischen den Naturwesen gibt.

In ihrem Buch über die schwedischen Landschaften, im *Nils Holgersson,* erzählt die Dichterin von dem großen Fest der Tiere in der Nacht auf dem Kullaberg. Jede Tierart zeigt ihre Kunststücke und bekommt Beifall von den anderen, ob es sich nun um die lustigen Tänze der Hasen oder um das eintönige Krächzen der Krähen handelt. Und kein Tier muss Angst vor denen haben, von denen es sonst gejagt wird. Einmal jedes Jahr erinnert sich die Natur an den Urzustand, in dem es noch keinen «Kampf ums Dasein» gab – oder darf die Natur einmal im Jahr einen friedlichen Zukunftszustand vorausnehmen? Oder ist beides gemeint?

In der liebenswürdigen Art, in der Selma Lagerlöf diesen idealen Zustand schildert, können wir ihre Worte wohl hinnehmen, auch wenn sie unserem naturwissenschaftlichen Weltbild widersprechen. Als Dichtung können wir sie akzeptieren. Aber gibt es diesen Zustand nur in der Dichtung?

Der Schweizer Pädagoge Ernst Jucker, der in den Zwanziger Jahren des vorigen Jahrhunderts in Sibirien tätig war, erzählt, dass er beim Ritt durch den Urwald, weit entfernt von der nächsten Siedlung, zu einem Hof kam. Der Bauer und die

Bäuerin hatten schlechte Erfahrungen mit Menschen gemacht und sich in die Einsamkeit zurückgezogen. Aber mit den Tieren verstanden sie sich gut, besonders der vierzehnjährige Sohn Boris. Am nächsten Morgen ging Jucker mit dem Jungen hinaus in den Wald. Dort pfiff Boris eine Melodie, die ihn ein alter Tungusenjäger gelehrt hatte und die zur Beschwörung der Tiere diente.

«Das Bild», so berichtet Jucker, «das sich nun bietet, ist mir unfassbar. Wenn es mir jemand erzählte, könnte ich es kaum glauben. Doch es ist reine Wirklichkeit. Von allen Seiten kommen die scheuen Bewohner des Urwaldes. Das Bärlein vom Abend, drei Eichhörnchen, ein Marder, ein Iltis, zwei Hasen, ein junger Wolf, ein Luchs und ein Fischotter. Ich traue meinen Augen nicht, wie ich sehe, dass der Hase gar keine Angst hat vor dem blutdürstigen Iltis, und als erst noch ein niedlicher Fuchs erscheint, gefolgt von einem Hermelin, da erwarte ich jeden Augenblick eine blutige Tragödie. Dass aber zugleich von allen Seiten Vögel aller Art angeflogen kommen, übersteigt mein Fassungsvermögen. Ich stehe da mit offenem Munde und staune. Die ganze urkomische und doch so natürliche, freie Menagerie folgt Boris auf jedes Wort. Er verteilt seinen Zöglingen allerlei Leckerbissen, die sie gierig, aber manierlich aus seinen Händen fressen. Ohne jede Scheu drängt sich der Hase neben den Fuchs, der Bär neben den Wolf, und nicht einmal die Bisamratte fürchtet sich vor dem Marder. Die Vögel setzen sich dem Knaben auf den Kopf, die Schultern und den Korbrand, und das Eichhörnchen, das ich schon kenne, klettert an ihm hinauf, um in sein ‹Nestchen› unter der Bluse zu gelangen. Bin ich an einer Tierversammlung aus Reineke Fuchs oder gar im Paradies? Boris aber hat mich vergessen. Mit unendlicher Liebe und Sorgfalt betreut er seine ‹Familie›. Für jedes Geschöpflein hat er ein gutes Wort. Jedes lässt sich von ihm berühren und streicheln, jedes kann er auf den Arm nehmen. Jetzt versucht sogar das Bärchen mit dem scheuen Luchse zu spielen, wird aber deutlich abgewiesen, ohne beleidigt zu sein ...»[71]

Die Eltern haben Boris das Schreiben und Lesen gelehrt, er besitzt eine gut zusammengestellte kleine Bibliothek: Hagenbeck, Brehm, Duroff. Und der Pädagoge bescheinigt, das Tagebuch zeuge «von jugendlichem Gelehrtenfleiß und einer außerordentlichen Beobachtungs- und Einfühlungsgabe». Und wie denken sich die Eltern die Zukunft ihrer Kinder? Sie kennen «gleichgesinnte Menschen mit Söhnen und Töchtern», und da gibt es wohl die Möglichkeit zu einer Erweiterung der Siedlung und zur Heirat. «Aber zu den Menschen zurück, nein, das wollen wir nicht.»

Wie ist eine solche Beziehung zur Natur möglich? Der Vater meint, wenn man den Tieren nicht ihre Freiheit raubt, könne man sie an den Menschen gewöhnen und zu Freunden machen. Und wenn es gelungen ist, sie zusammenzubringen, dann hören sie auch auf, einander zu verfolgen. Mit dieser Aussage geht der sibirische Bauer noch über Selma Lagerlöf hinaus. Boris ist nicht ein Nils Holgersson, der zum *Zeugen* eines friedlichen Tierlebens wird, sondern er ist dessen Mittelpunkt. An ihm werden die Tiere friedlich. An einem Menschen, der keineswegs ein verträumter Analphabet ist, sondern der klar und mit «Gelehrtenfleiß» beobachtet. Jedes dieser Tiere, so erzählt der Vater weiter, habe seine eigene Geschichte. Unter ihnen sind von Boris «erzogene und aufgepäppelte Waisenkinder», die zwei Eichhörnchen, die an diesem Morgen auf Boris' Schultern saßen, sind von den zahmen mitgebracht und werden immer zutraulicher. Werden vielleicht auch die nicht domestizierten Tiere durch den Menschen individueller und menschennäher?

Das ursprüngliche, das paradiesische Bewusstsein ist nicht eine unwiederbringlich verlorene Welt des Ursprungs, sondern liegt – verschüttet – in jedem Menschen. Es gehört, auch wenn es nur selten sichtbar wird, zur Wirklichkeit des Menschen.

Die magische Kultur

Wenn der heutige Mensch über Magie spricht, erscheint sie ihm als Fremdkörper in einer Kultur, die auf den selbstbewussten und verantwortlichen Menschen hin orientiert ist. Magie wirkt unheimlich, vielleicht angsterregend. Magie jedoch ist nicht einer Gedankenkultur hinzugefügt worden, sondern sie ist aus einer vorausgegangenen paradiesischen Kultur entstanden und nur aus dieser verständlich.

Als Magier wird ein Mensch bezeichnet, der sich aus der gesetzhaft geordneten Welt bis zu einem gewissen Grade lösen, aber noch in die Welt einwirken kann. Wenn die Welt offen ist für den Zugriff des menschlichen Willens, dann muss sie sich in einem vor-gesetzhaften Zustand befinden. Oder genauer gesagt: Der Magier muss in der Lage sein, die Welt für eine gewisse Zeit wieder in diesen Zustand zu versetzen. Er durchbricht also nicht die Naturgesetze, sondern hebt sie auf.

Der egozentrische Mensch in ihm muss schweigen, wenn die magischen Fähigkeiten erwachen sollen. Magie ist nicht eine Steigerung des Eigenwillens durch übernatürliche Mittel, sondern die Einfügung des Willens in das Weltgeschehen und die Fähigkeit, dieses zu verändern. Der Abstand zur Welt wird ausgelöscht, der Mensch wirkt nicht *auf* die Welt, sondern *in* ihr, als ein Glied ihres Lebens.

Es gibt aus früheren Jahrtausenden zahlreiche Berichte über

die Anwendung magischer Fähigkeiten. Verständlicherweise wird gegen sie immer wieder eingewendet, die Menschen seien früher wohl leichtgläubiger gewesen und hätten auch gerne solche Berichte überliefert, weil sie eine Bestätigung für ihr religiöses Weltbild gaben. Ehe der Mensch naturgesetzlich dachte, habe eben der Glaube an magisches Wirken nicht im Widerspruch zu seinem Weltbild gestanden. Wenn naturgesetzlich gedacht wird, müssten solche Berichte als unannehmbar zurückgewiesen werden. Schließlich gebe es viele Tricks, die ein scheinbar übernatürliches Wirken glaubhaft vor Augen führen.

Eine solche Argumentation kann schnell zum Vorurteil werden. Es wird abgelehnt, was nicht in das eigene Weltbild passt. Da wir heute die Urteilsfähigkeit der Menschen in der alten magischen Kultur oft grundsätzlich bezweifeln, seien zwei Berichte über die Anwendung magischer Fähigkeiten angeführt, die ein prominenter Wissenschaftler des 20. Jahrhunderts, Idries Shah, aus eigener Beobachtung gegeben hat.

Das erste Experiment wurde durchgeführt von einem Bon-Priester, dem Repräsentanten einer vorbuddhistischen Religion in Tibet. In einem Graben, neun Meter lang, drei Meter breit und neunzig Zentimeter tief, der auf dem Boden mit glatten Steinen ausgelegt war, wurde eine große Menge Holz angezündet, sodass während sechs Stunden die Steine erhitzt wurden. Nachdem die Holzasche entfernt war, ging der Priester «zunächst dreimal im Uhrzeigersinn über das Feuer und anschließend fünfmal in entgegengesetzter Richtung, wobei er gleichzeitig seine Hände von der Glut weg und wieder auf sie zu bewegte. Diese war immer noch sehr heiß. Unter Murmeln von Gebeten oder Beschwörungen fing er an, mit dem Stab seine Beine zu schlagen, zuerst das eine, dann das andere. Auf das Signal einer Knochentrompete hin schritten zehn Männer langsam durch die Menge und bildeten vor dem Magier eine Reihe. Nachdem sich jeder von ihnen verbeugt hatte, wurde er mit einem Stab zuerst auf die eine Schulter geschlagen und dann auf die andere. Nicht ein einziger Laut war dabei zu hören. Etwas Unheimliches schien in der Luft zu liegen. Die Hitze des Feuers und der noch am Himmel stehenden Sonne waren erdrückend. Einige der Zuschauer, die von der Hitze oder von ihren Gefühlen überwältigt wurden, fielen auf der Stelle um. Niemand nahm davon mehr als beiläufig Notiz, und aller Augen konzentrierten sich auf die Unheil verkündende Gestalt des Priesters. Während der Zauberer einen hohen, näselnden Gesang anstimmte, überquerten die Männer in einer Reihe die weiß glühende Masse und verließen das Feuer schließlich, nachdem sie in eine kleine mit Wasser gefüllte Schale getreten waren. Daraufhin folgte der alte Zauberer und vollführte in der Mitte des Grabens einen Tanz. Dann rief er nach Leuten, die nicht initiiert waren und die an diesem Ritual teilnehmen wollten. Er berichtete auch allen von den großen Kräften, die der Sonnengott jedem Teilnehmer für diese Art der Verehrung verleihen würde. Nur drei Männer und zwei Frauen stellten sich dieser Herausforderung, wobei jeweils ein Angehöriger der beiden Geschlechter eindeutig von indischer und nicht von mongolischer Abstammung war. Es folgte die gleiche Vorführung des Durch-die-Flamme-Laufens, die gleichen Begrüßungen und das Erheben der Hände, jedoch stimmten diesmal die ersten zehn in die Gesänge des Zauberers ein. Angeführt von den beiden Frauen, die der Zauberer fast vorwärts stieß, bewältigten die fünf ihren Gang durch das Feuer ohne Zwischenfall. Ich konnte sehen, dass ihre Gesichter mit Schweiß bedeckt waren und dass sie zu Tode erschrocken waren. Nachdem sie das Feuer verlassen hatten, untersuchte ich ihre Füße: Ich war fast gezwungen, dies zu tun, denn sie zeigten sie dem gesamten Publikum. Ihre Erleichterung war so gewaltig, dass man sie geradezu spüren konnte. Weder ihre Füße wiesen Anzeichen von Verbrennungen auf noch irgendein Teil ihrer Kleidungsstücke aus Baumwolle oder Yakfell.»[72]

Selbstverständlich hätten, so wird wohl jeder kritische Leser einwenden, nicht nur Verbrennungen an den Füßen auftreten müssen, sondern die Feuerbegeher, wie man sie nennt, hätten ohnmächtig werden und auf den glühend heißen Steinen völlig verbrennen müssen. Tatsache ist aber, dass dies nicht geschah. Weshalb nicht? Worauf beruht diese magische Wirkung?

Es gehört, besonders auch in Tibet, zu den Aufgaben der geistigen Schulung, dass der Meditant seinen Wärmeorganismus beherrschen lernt. So wird von ihm erwartet, dass er im bitterkalten Winter nackt auf dem Eis sitzen kann, dass man nasse Tücher auf seinen Körper legen kann und dass diese trocknen. Bis zu einem gewissen Grade ist ja der Wärmehaushalt eines jeden Menschen stabil gegenüber der Außentemperatur. Das ist eine Fähigkeit des Organismus, die biologisch zu erklären ist. Diese Fähigkeit hat ihre Grenzen, die jedoch verschoben werden können. Ein Mensch kann in emotionaler Erregung oder in Begeisterung stärker durchblutet werden als in gleichgültiger Haltung. In der Schulung magischer Fähigkeiten wird diese Grenze nicht ungewollt, sondern durch den Willen des Schülers verschoben, undzwar in einem erstaunlichen Maße. Ein Mensch mag sich noch so sehr für einen Gedanken begeistern, nackt auf dem Eis im tibetischen Winter wird er erfrieren und nicht nasse Tücher trocknen.

Wichtig ist, zunächst zu beachten, dass magische Fähigkeiten auf einer Steigerung solcher Fähigkeiten beruhen, die jeder Mensch besitzt. Magie entwickelt also nicht völlig neue

Fähigkeiten, es wird nicht auf den Alltagsmenschen ein weiteres Stockwerk der Persönlichkeit aufgesetzt, sondern Magie greift wandelnd in das bisherige Persönlichkeitsgefüge ein. Unwillkürlich verlaufende Prozesse werden dem Willen des Menschen verfügbar. Und schließlich werden Seele und Leib des übenden Menschen offen für den Zugriff des Willens. Seele und Leib werden transparent für die magische Wirkung.

Es gibt zahlreiche Berichte aus dem europäischen Mittelalter über sogenannte Gottesurteile. Wenn Schuld oder Unschuld eines Menschen im Verlauf des Prozesses nicht bewiesen werden konnten, wurde manchmal die Entscheidung Gott anheimgestellt, etwa dadurch, dass der Angeklagte über glühende Kohlen ging. Wenn er unverletzt blieb, so sagte man, war seine innere Haltung im Einklang mit der göttlichen Weltordnung. Dieser Brauch geht also von den beiden eben genannten Voraussetzungen aus: Nicht der menschliche, aber der göttliche Wille greift in die organischen Prozesse ein, und der Leib ist oder wird transparent für dieses magische Wirken. Verständlicherweise waren Historiker der letzten Jahrhunderte skeptisch gegenüber solchen Berichten. Die Erfahrungen, die heute im Blick auf andere Kulturen gemacht werden können, bestätigen jedoch die Berichte über die sogenannten Gottesurteile aus dem europäischen Mittelalter.

Der zweite Bericht Idries Shahs ist noch schwerer zu akzeptieren und zu verstehen. Er hatte einen «hinduistischen Magier von beachtlichem Ruf» in sein Haus eingeladen. Es war also nicht eine Veranstaltung in der Öffentlichkeit, an der der Wissenschaftler als Beobachter teilnahm, sondern er hatte das Programm der Untersuchung selbst zusammengestellt. Obwohl Idries Shah die Aufgaben mit dem Magier offenbar vorher nicht abgesprochen hatte und die Führung an diesem

Abend in der Hand behielt, blieb er skeptisch gegenüber möglichen suggestiven Einwirkungen oder gar einer hypnotischen Beeinflussung, wie der folgende Bericht zeigt:[73]

«Als ich mir sicher war, dass er weder einen Gehilfen noch eine besondere Vorrichtung mitgebracht hatte, bat ich ihn, einen Stuhl vom Boden aufsteigen und in der Luft schweben zu lassen. In tiefer Konzentration zog er seine Augenbrauen zusammen, schloss seine Augen und streckte beide Hände in Richtung des größten Stuhls auf der Veranda aus. Nach zehn Sekunden – wie ich mit einer Stoppuhr feststellte – schien der Stuhl in der Luft aufzusteigen und, nachdem er sich leicht gedreht hatte, auch in einer Höhe von ungefähr 1,75 Meter zu schweben. Ich näherte mich dem Stuhl und zog an den Stuhlbeinen. Daraufhin schwebte er zu Boden; aber sobald ich ihn losließ, segelte er wieder aufwärts. Ich fragte den Mann, ob ich auch selbst auf diesem Stuhl in die Höhe befördert werden könne. Er nickte mit dem Kopf. Also zog ich den Stuhl wieder nach unten – er schien jetzt ein Eigenleben zu führen – und setzte mich darauf. Dann stieg ich mit ihm in die Luft auf. Da ich überzeugt davon war, dass es sich hier um eine Art Hypnose handeln müsse, brachte ich den Magier dazu, alle Möbel im Raum aufsteigen zu lassen. Anschließend bat ich ihn, auf gleiche Weise Blumen aus einem nahegelegenen Garten herbeizuschaffen – und sie erschienen. Ich hatte leider keine Blitzlichtkamera zur Verfügung, sonst wäre dies eine Gelegenheit gewesen, den Dingen ein für alle Mal auf den Grund zu gehen. Dennoch kann ich nicht glauben, dass Hypnose, so wie wir sie kennen, hinter diesen Ereignissen steckte. Denn erstens hätte die Induktion des hypnotischen Zustands in diesem Fall unglaublich schnell erfolgen müssen, und zweitens konnte ich auch, während die Phänomene erzeugt wurden, nicht glauben, dass sie echt waren. Ich schien in keiner Weise en rapport mit dem Magier zu stehen, denn es war mir leicht möglich, mich an meine vorgefertigte Liste zu halten und die dort aufgeschriebenen Dinge zu verrichten. Was jedoch meinen Verdacht, es handle sich um die uns bekannte Art von Hypnose, endgültig zum Verstummen brachte, war dies: Ich hatte den Hindu gebeten, mir die Inhalte der nächsten beiden Briefe zu beschreiben, die ich erhalten würde, und das konnte er fehlerlos. Daraufhin bat ich ihn, mir sofort eine Flinte zu beschaffen, die, wie ich wusste, meinem Nachbarn gehörte und die sich fünf Meilen entfernt im nächstgelegenen Hause befand. Und das Gewehr erschien. Als ich am darauffolgenden Morgen beim Frühstück saß, besuchte mich der Eigentümer des Gewehrs, um es zurückzuholen. Ich war in diesem Augenblick viel zu verwirrt, um nachdenken zu können. Er behauptete, er habe in der vorangegangenen Nacht geträumt, dass er mir das Gewehr geliehen habe. Zwei Jahre später in England – also zu einer Zeit, zu der sich eine Hypnose wirklich hätte verflüchtigt haben müssen – traten wir wieder in Briefwechsel, und mein Freund bestätigte, dass dieses Ereignis wirklich stattgefunden habe. Was sollte ich davon halten? Der Magier hatte nie um irgendeine Form von Bezahlung oder Belohnung gebeten. Er kam, wie er sagte, ‹um die Kräfte zu demonstrieren, die ein Mensch wirklich erlangt, wenn er auf den Pfaden der Tugend wandelt›.»

Dass ein Stuhl sich vom Boden erheben und frei in der Luft schweben kann, widerspricht eindeutig dem Gesetz der Schwerkraft. Es muss also eine Kraft wirksam gewesen sein, die für eine gewisse Zeit stärker war als die Schwerkraft. Wenn Idries Shah sagt, der Stuhl «schien jetzt ein Eigenleben zu führen», so hat er offenbar in der Berührung mit dem Stuhl etwas von dieser Kraft gespürt – leider aber diese Erfahrung nicht genauer beschrieben. Nun gibt es eine Beobachtung, die jeder Mensch an sich selbst machen kann: Wenn wir müde sind, empfinden wir das Gewicht unseres Körpers viel stärker, als wenn wir ausgeruht sind. Und wenn wir innerlich beschwingt sind, empfinden wir vielleicht sogar eine Leichte, die uns vom Boden zu heben scheint. Objektiv ändert sich damit selbstverständlich nicht das Gewicht des Körpers, wohl aber ändert sich das Körperempfinden. Dieses ist dem Zugriff der seelischen Verfassung offen, nicht aber das objektive Gewicht des Körpers. Die Schwelle zwischen Körperempfinden und dem materiellen Leib, der physikalischen Grenzen unterliegt, wird nun offenbar vom Magier überschritten. Auch hier handelt es sich also nicht um eine Fähigkeit, die dem Menschen im gewöhnlichen Leben völlig fremd ist, sondern um die Steigerung uns wohl vertrauter Fähigkeiten und um eine Grenzüberschreitung – das ist deutlicher als bei dem vorausgegangenen Bericht über die «Feuerbegeher».

Das Phänomen der Levitation, wie es genannt wird, ist auch aus der religiösen Literatur des europäischen Mittelalters gut bekannt. Manche dieser Berichte halten einer kritischen Prüfung nicht stand, aber doch gibt es eine größere Anzahl, die nicht übersehen werden darf. Unter ihnen solche, die nicht nur das Phänomen selbst, sondern auch das innere Erleben bei der Levitation schildern. Maria Villanis, eine Dominikanerin aus dem 17. Jahrhundert, schrieb ihrem geistlichen Führer: «Als ich einmal in meiner Zelle war, machte ich eine neue Erfahrung. Ich fühlte mich ergriffen und mit solcher Kraft völlig entrückt, dass ich von den Fußsohlen an aufwärts mit dem ganzen Leib in die Höhe gehoben wurde, genau wie ein Stück Eisen von einem Magnet angezogen wird, jedoch mit einer wunderbaren, entzückenden Sanftheit. Zuerst fürchtete ich mich sehr, aber nachher fühlte mein Geist die denkbar größte Befriedigung und Freude. Obwohl ich außer mir war, wusste ich gleichwohl, dass ich etwas über den Boden emporgehoben war, und während einer beträchtlichen Zeitspanne schwebte mein ganzer Körper. Bis zum Vorabend der letzten Weihnachten (1618) geschah mir dies bei fünf verschiedenen Gelegenheiten.»[74]

Sie fühlt sich «ergriffen», «wie ein Stück Eisen von einem Magnet angezogen», also sie spürt eine Kraft, die von außen, offensichtlich von oben, in sie einwirkt. «Mit einer wunderbaren, entzückenden Sanftheit», also auch in seelischer Hinsicht eine überpersönliche, vielleicht übermenschliche Kraft. Und die kann die Schwelle zwischen Körpergefühl und physischem Leib überwinden und «während einer beträchtlichen Zeitspanne» den Leib schwebend über dem Boden halten.

Unter den immerhin Dutzenden von zuverlässigen Augenzeugenberichten über Levitation sei wenigstens ein weiterer angeführt. Der Großadmiral von Kastilien, spanischer Gesandter am päpstlichen Hof, besuchte im Jahre 1645 den heiligen Joseph von Copertino in Assisi und war sehr beeindruckt von ihm. Als seine Frau «das heftige Verlangen äußerte, denselben Vorzug genießen zu dürfen, befahl Pater Guardian dem Bruder Joseph, in die Kirche hinunterzugehen und mit Ihrer Exzellenz zu sprechen. Er erwiderte: ‹Ich will gehorchen, aber ich weiß nicht, ob ich mit ihr werde sprechen können.› Kaum hatte er die Kirche betreten, fiel sein Blick auf eine Statue der Maria Immaculata, die über dem Altar stand, und auf einmal flog er etwa zwölf Schritte weit über die Köpfe der Anwesenden hinweg zum Fuße der Statue hin. Nachdem er kurze Zeit seine Huldigung dargebracht und dabei den bekannten schrillen Schrei ausgestoßen hatte, flog er wieder weg, verließ den Admiral, dessen Gattin und das große Gefolge in sprachloser Verwunderung und kehrte geradewegs in seine Zelle zurück.»[75]

Der Mönch hatte also zuvor gespürt, dass er einer Entrückung wieder nahe war, konnte aber das Gespräch mit der Frau des Großadmirals nicht verweigern. Die Ekstase kam über ihn, als er das Marienbild erblickte, und führte zu jenem Schrei, der als Durchbruch zu einer höheren Ebene des Erlebens zu verstehen ist, wie das auch aus manchen östlichen Meditationsschulungen bekannt ist.

Der Magier in Idries Shahs Bericht erhebt nicht sich selbst in die Luft, sondern die Möbel. Der Eingriff des Willens überwindet also eine zweite Schwelle, nicht innerhalb der Persönlichkeit, sondern zwischen sich und der Welt, und zwar in einer erstaunlich kurzen Zeit, in zehn Sekunden. Dass der Wille eines Hypnotiseurs rasch in die offene Seelenverfassung vor allem eines labilen Menschen eingreifen kann, ist allgemein bekannt. Entsprechendes gilt für den Willen des Dompteurs gegenüber Tieren. Und schließlich gibt es sogar eine Wirkung des Menschen auf das Wachstum von Pflanzen. Schwer zu erklären, aber zweifellos zu beobachten ist, dass manche Menschen «eine glückliche Hand» in der Pflege von Pflanzen haben, andere nicht. Es ist also sicher, dass alle Lebewesen offen sind für die Seelenverfassung des Menschen, der mit ihnen umgeht, Pflanzen allerdings nur in einer Langzeitwirkung. Von der Offenheit eines leblosen Gegenstandes, hier sogar eines handwerklichen Produkts, zu sprechen, fällt schwer. Doch nötigen uns die Tatsachen, nach einer Erklärung zu suchen.

Wenn Idries Shah von einem Eigenleben spricht, das der Stuhl zu führen schien, so wird offensichtlich eine Kraft erlebt, die der Schwerkraft entgegenwirkt. Ich möchte sie die Leichte nennen, womit nicht ein Mangel an Gewicht gemeint ist, sondern eine eigene Kraftquelle, die Maria Villanis als eine Art magnetischer Wirkung mit einer überirdischen Sanftheit beschreibt. Für den Blick des heutigen Betrachters erscheint diese Kraft als Kontrast zur Schwerkraft, die nach unten zieht. Diese Deutung würde aber sicher nicht dem Selbstverständnis des Magiers entsprechen, sondern der Magier würde in der Leichte die ursprüngliche Kraft sehen, die das Paradies aus dem göttlichen Willen her trägt. Die Levitation, das Leicht-Machen des eigenen Körpers oder auch der Gegenstände, wäre dann die Wiedereingliederung der Welt in den ursprünglichen Zustand der Leichte. Und die Rückkehr zum Ursprung ist das Anliegen aller religiösen und meditativen Schulung in der traditionellen asiatischen Kultur.

Das *Mahabharata*, ein Nationalepos der Inder aus vorchristlicher Zeit, schildert an mehreren Stellen, wie Menschen durch Askese magische Fähigkeiten erwerben. In der Askese wird das Ego ausgelöscht und schließlich der Anschluss an den ursprünglichen Zustand der Reinheit gefunden. Der Erwerb magischer Fähigkeiten darf daher nicht zur Macht über andere Menschen führen, sondern soll zeigen, dass der Weg zurück zum Paradies tatsächlich gangbar ist. Idries Shahs Magier kam, «um die Kräfte zu demonstrieren, die ein Mensch wirklich erlangt, wenn er auf den Pfaden der Tugend wandelt». Das ist sein Anliegen, nicht ein spektakulärer Auftritt vor anderen Menschen.

Am schwersten zu akzeptieren ist wohl, dass das Gewehr des Freundes plötzlich erschien. Dass es aus einer Entfernung von fünf Meilen durch einen Helfer in kurzer Zeit herbeigeholt wurde, ist nicht denkbar. Es bleibt also nur die Erklärung, dass der Magier es in der Ferne (ohne seine Hand zu gebrauchen) ergriffen oder dass er es an seinem Platz entmaterialisiert und in seiner Hand erneut materialisiert hat. Gegen einen solchen Gedanken wehrt sich unser naturgesetzliches Denken vehement. Und wenn der Berichterstatter nicht ein Mensch wäre, dessen wissenschaftliche Sorgfalt außer Frage steht, so würde jeder kritische Leser den Bericht beiseite legen wie andere Berichte dieser Art auch. Es ist eine Zumutung, den Bericht ernst zu nehmen, aber dieser Zumutung müssen wir uns stellen, wenn wir den Quell asiatischer, afrikanischer und indianischer Kulturen verstehen und würdigen wollen.

Die Berichte von Idries Shah geben einen Einblick in die Anwendung magischer Fähigkeiten für solche Menschen, die nicht in einer magischen, sondern in einer Gedankenkultur leben. Für sie steht die Anwendung der Magie in Kontrast zu dem Leben, das sie führen. Magische Kultur jedoch will nicht ein ausgesparter Raum innerhalb eines Lebens sein, das durch Gedanken geordnet ist, sondern sie ist der Ausdruck einer Seelenverfassung, die stärker und elementarer mit der Welt verbunden ist als das gedankliche Weltverständnis. Magische Kultur gründet sich auf ein Bewusstsein, das als ekstatisch bezeichnet wird. Das Wort stammt aus dem Altgriechischen: Ekstasis meint das Heraustreten aus sich selbst und wird oft mit Entrückung oder gar mit Wahnsinn übersetzt. Zunächst sagt es nur, dass der Mensch seinen egozentrischen Standort verlässt und die Welt nicht mehr von dem Mittelpunkt seines Ich her betrachtet, sondern in das Weltgeschehen eintaucht, die Welt also von innen her erlebt.

Wenn wir «spüren», dass in unserer Umgebung etwas Ungutes vor sich geht, ohne dass äußere Anzeichen dafür sprechen, dann sind wir «über uns hinaus», also am Beginn eines ekstatischen Bewusstseins. Ein solches Gespür in der Beziehung zu nahestehenden Menschen ist heute gar nicht selten. In anderen Kulturkreisen ist es offenbar weiter verbreitet und erfasst vielleicht auch das Leben von Fremden oder die Vorgänge in der Natur.

Davon erzählt der Afrikaforscher Laurens van der Post.[76] Auf einer Expedition durch die Wüste hatte man sich eben zur Ruhe niedergelegt, da kam der alte Buschmann-Dolmetscher auf van der Post zu: «Menschen! Da draußen, sie kommen hierher.» Nichts war zu sehen oder zu hören. «Bist du sicher, dass Menschen hierher kommen?» «O ja, ich spüre, dass sie kommen.» Indem er mit einem Finger auf die weiche gelbe Haut seiner nackten Brust klopfte, hatte er ohne Zögern geantwortet und fügte noch hinzu: «Männer und Frauen in Not kommen hierher.» «In Not? Wie kannst du das wissen?» «O ja, in Not. Ich fühle es hier.» Er schlug sich noch nachdrücklicher auf die Brust ... Laurens van der Post konnte noch immer nichts wahrnehmen. Erst als die Vögel von einem Baum aufflogen, wurde er aufmerksam. Und da kamen sie: fünf Männer und sechs Frauen mit fünf Kindern, alle furchtbar abgemagert und nahe am Verdursten.

Die Schilderung ist genau genug, um zu erkennen, dass nicht ein feineres Gehör oder ein feinerer Gesichtssinn den Buschmann auf den nahenden Trupp aufmerksam gemacht hatte, sondern dass er in der Ferne die Not der Menschen miterlebt hatte. Was, noch nicht sichtbar, geschah, pulsierte im Mitgefühl des Alten und kam im Herzen zum Bewusstsein. Was die notleidenden Buschmänner durchmachten, wurde zunächst also mitvollzogen und kam schließlich im Herzen zur Ruhe, konnte verstanden und formuliert werden.

Während des Wahrnehmungsvorganges ist der Mensch im ekstatischen Bewusstsein völlig eingetaucht in das Weltgeschehen. Deutlich getrennt aber sind das Wahrnehmen und das Verstehen, während im ursprünglichen paradiesischen Bewusstsein die beiden noch eine Einheit bilden. Der alte Buschmann versteht nicht mit dem Kopf, sondern mit dem Herzen, denn das Herz ist dem Mitvollzug des Weltgeschehens näher.

Dass ekstatisches Bewusstsein die Voraussetzung für magische Fähigkeiten ist, wird recht deutlich beim Lauf der Lung-gom-pa in Tibet. Alexandra David-Neel hat einmal einen solchen Lung-gom-pa, einen Schnellläufer, beobachten können, der unmittelbar an ihr vorbeikam. Sie konnte deutlich «sein unbewegliches Gesicht und seine weit aufgerissenen Augen» erkennen, «mit denen er fest auf irgendeinen hoch in der leeren Luft befindlichen Punkt zu blicken schien. Der Lama lief nicht. Er hob sich scheinbar bei jedem Schritt von der Erde und flog wie eine elastische Kugel sprungweise in die Höhe.» Alexandra David-Neel und ihre Begleiter konnten dem Lung-gom-pa noch etwa drei Kilometer zu Pferde folgen, bis dieser den Pfad verließ und einen steilen Abhang emporlief. Während dieser Zeit bewunderten sie die Regelmäßigkeit, «mit der seine Schritte wie die Schwingungen eines Pendels aufeinanderfolgten».

Lung-gom-pas legen auf diese Weise große Entfernungen zurück, ohne ihren Lauf zu unterbrechen und offenbar auch ohne zu ermüden. Gerne hätte Alexandra David-Neel den Lama angesprochen und ihn während des Laufes fotografiert, aber davor wurde sie von ihren Begleitern gewarnt, denn die Lamas dürfen ihre stummen Rezitationen nicht einen Augenblick unterbrechen. «Der Gott, den sie im Innern tragen, entweicht, sobald sie mit der Wiederholung der Zauberformeln aussetzen. Und wenn er sie zur unrechten Zeit verlässt, schüttelt er sie so heftig, dass sie davon sterben.»[77]

Der Bericht zeigt, dass diese Lamas während ihrer Ekstase zu seelischen und körperlichen Leistungen in der Lage sind, die nur als magische Wirkungen erklärt werden können. Deutlich wird auch, dass der ekstatische Bewusstseinszustand scharf getrennt ist von dem gewohnten Wachbewusstsein, dass beide nicht ineinandergreifen dürfen.

Die Wirkung der Leichte lässt sich recht gut schon an spielenden Kindern beobachten. Die Bewegungsleistung, die sie, auf der Wiese hin und her springend, erbringen, müsste bald zur Erschöpfung führen. Und das geschieht auch, sobald das Kind aus der Spielhaltung herausfällt. Es ist nun müde und möchte auf den Arm genommen werden. Die Spielhaltung aber überspielt das Erlebnis und die Wirkung der Schwere. Nicht nur in das Körpergefühl, sondern auch in die objektive Leistung greift die Spielhaltung ein. Und ein verwandtes Erlebnis kann der erwachsene Mensch haben, wenn er nach erquickendem Schlaf eine frische Initiativkraft entwickelt. Er leistet mehr als in den Zeiten, in denen die Schwere des Leibes das Körpergefühl bestimmt. Die Leichte wirkt also stärker, wenn der Mensch weniger fest mit dem Leib verbunden ist, wenn er offenbar noch den Zugang zu einem Kraftquell hat, der in der festen Verbindung mit dem Leib versiegt. In diesen Situationen steigert sich die Kraft der Leichte, wenn auch die Schwerkraft nicht aufgehoben wird wie in der Magie.

Bei einer Expedition im südlichen Afrika hat Laurens van der Post die Wirkung der Leichte auf seine Sinnesorganisation erlebt. «Ich kann auch gar nicht genug betonen, was für eine Wohltat es war, nicht von dem Treiben der Zivilisation beansprucht und von ihrem Kolorit bedrängt zu werden. Unsere Sinne waren völlig in Töne und Farben versunken, die nichts mit dem Menschen gemein hatten. An diesem Tage lernte ich eine neue, ungehemmte Tätigkeit meiner Sinnesorgane kennen. Sie kam zwar nicht greifbar zum Ausdruck, war aber doch so konkret, dass mir zumute war, als hätte man eine große physische Last von mir genommen.»[78]

Die veränderte Beziehung zur Welt verändert die Beziehung zum eigenen Leib. Indem die Schwere entfällt, ist bereits der Anfang des ekstatischen Bewusstseins erreicht, während das denkende Bewusstsein ungestört erhalten blieb.

Uns heutigen Menschen scheint es vielleicht gekünstelt, wenn Haikus, japanische Kurzgedichte, aus siebzehn Silben in einer bestimmten Anordnung bestehen müssen. Gewiss, man kann Siebzehnsilber konstruieren, aber das sind keine Haikus. Bei einem Fest am japanischen Kaiserhof konnte man den Menschen, die eine bestimme Meditationsschulung durchgemacht hatten, ein Motiv nennen, etwa das fallende Herbstlaub, und diese Dichter versetzten sich so intensiv in den Klang eines fallenden Blattes und in dessen tiefsinnigen Ausdruck, dass sich in ihrer Seele ein Haiku formte – das den Naturvorgang und seinen spirituellen Hintergrund in ein schlichtes und zartes Bild fasste:

> Ein Blatt.
> Noch ein Blatt,
> fällt im Herbstwind.[79]

Ein solches Gedicht symbolisiert nicht einen Gedanken, die Vergänglichkeit des Lebens und die Unaufhaltsamkeit des Sterbens, sondern es will die Tiefendimension des Naturvorgangs so zum Bild verdichten, dass der zuhörende Mensch angesprochen und einbezogen wird, ebenso wie der Dichter. Die Tiefendimension des Bildes erschließt sich erst, wenn der Mensch still wird.

Reste dieser alten Fähigkeit zu dichten haben sich noch bis in unsere Zeit erhalten. Ein Augenzeuge erzählte mir aus dem finnischen Winterkrieg der Jahre 1939/40: Auf der Flucht vor den sowjetischen Truppen hatte sich eine Gruppe von Finnen am Abend um ein Feuer gelagert. Da sagte eine Frau, sie könne weinen, wenn sie nur wüsste, worüber. Einer der Finnen verstand, dass diese Frau eine berufsmäßige «Weinerin» war, und sagte: «Weine, dass die finnische Erde trauert, weil ihre Kinder sie verlassen.» Die Frau setzte sich nieder, wiegte sich hin und her, wie die Sänger der *Kalewala*, des großen finnischen Nationalepos, es taten, und begann zu singen. Nicht ein bekanntes Lied, sondern in diesem Augenblick dichtete sie – oder richtiger müsste man wohl sagen: Das Motiv dichtete in ihr und fand seinen sprachlichen und musikalischen Ausdruck. Weinerinnen wurden in Finnland immer wieder zu Totenfeiern geladen. Man erzählte ihnen das eine oder andere Motiv aus dem Leben des Verstorbenen, die Weinerin versetzte sich in einen Trancezustand, und spontan dichteten sich diese Motive in ihr zu einem Preis des Toten. Die Aufgabe musste immer von anderen gestellt werden, denn die Weinerin hatte nicht eine dichterische Idee, sondern diente einem Inhalt.

Wenn heute ein Magier auftritt und seine außergewöhnlichen Fähigkeiten zur Schau stellt, wirkt das sensationell und soll es vielleicht auch tun. Magische Kultur ist das nicht. Die will sich nicht in Gegensatz stellen zur Verstandeskultur oder sich gar vor dieser rechtfertigen. Sondern sie will, soweit wie möglich, den Einklang des Menschen mit der Welt, wie er im Paradies bestanden hat, für eine kurze Zeit wiederherstellen. Nur mithilfe der Magie, so sagt man, könne der Mensch das Leben nach dem Verlust des Paradieses ertragen.

Magische Kultur orientiert sich nicht an einem Entwicklungsziel, sondern am Ursprung des menschlichen Daseins. Wohl alle Magier berufen sich darauf, dass ihre Vorfahren viel größere Fähigkeiten hatten als die Zauberer heute. Wohl alle vorchristlichen Völker sehen den Höhepunkt ihrer Kultur am Anfang, in der großen Inspiration, die ihre Gründer empfangen haben: die sieben heiligen Rishis in Indien, Zarathustra im Iran, Imhotep in Ägypten ... Noch Griechen und Römer sahen ihre Kultur am besten verwirklicht in den Helden der Frühzeit. Die Treue zur Weisheit des Ursprungs oder zu den Tugenden der Frühzeit bestimmten das Leben der Nachkommen.

Als der Mensch nicht mehr selbstverständlich im Einklang mit der Welt lebte, brauchte er ein Mittel, um diese Harmonie wiederherzustellen, und das war vor allem der Tanz. Nicht eigentlich der Mensch tanzte, sondern die Strömungen der geistigen Welt durchdrangen ihn, wenn er sich den Rhythmen seiner kultischen Tänze hingab. Dazu musste er sich aus dem egozentrischen Bewusstsein lösen und in Trance versetzen.

Der kultische Tanz ist nicht eine Erfindung des Menschen, sondern den Göttern abgelauscht. Für die Inder ist Shiva der tanzende Gott. «Aus dem nie ermüdenden, nie nachlassenden Strom seiner kosmischen Energie» gehen alle Wesen hervor und sind verzaubert von den «endlos sich wiederholenden rhythmischen Figuren».[80] Alle sind verzaubert, außer dem großen Magier selbst, Shiva.

Die chinesische Kultur beginnt mit einem magischen Tanz. Yü, der erste Kaiser, «gründete das chinesische Reich und befriedete Land und Wasser. Diese Werke eines Demiurgen waren nur durch die Kraft eines rituellen Tanzes zu verwirklichen ... So tanzte er, um die sintflutartigen Wassermassen zu bändigen, indem er mit den Füßen auf Steine stampfte.»[81]

Es ist die Magie der Götter und der Menschen, durch die das Leben auf der Erde entstanden ist und erhalten wird. Sogar der Gang der Gestirne und der Wechsel des Wetters werden durch Zauberformeln oder durch Lebensführung der Menschen beeinflusst. Die Ordnung des Universums wird für den Chinesen der Frühzeit gestört, wenn das Eheleben des Kaiserpaares nicht harmonisch ist. Dann können Sonnen- und Mondfinsternis eintreten. Denn der Kaiser lenkt die Bewegung von Yang, dem männlichen Prinzip im Kosmos, die Kaiserin lenkt die Bewegung von Yin, dem weiblichen Prinzip.[82] Und nur wenn die beiden im Gleichklang wirken, ist auch die Harmonie im Weltall gesichert.

Die Buschmänner in Südafrika waren beunruhigt, wenn der Mond abzunehmen begann. «Sieh, der Mond, der so hübsch dasitzt und sich so voller Licht fühlt, jetzt beginnt er zu schrumpfen und zu schwinden und wird ganz und gar hinsterben, und er wird sich nicht erneuern, wenn nicht wir, die wir uns so tanzen fühlen, ihn nicht durch und durch spüren lassen, dass unsere Herzen ihm zu eigen sind und wie sehr wir sein Licht brauchen, um unsren Weg in der Finsternis auf Erden zu finden.»[83] Hier wird deutlich, dass der Mond als Person verstanden wird, der Sorgen und Bitten der Menschen wahrnimmt und beantwortet. Und der Mond wächst wieder. Aber damit die Bitten den Mond erreichen, müssen die Menschen in bestimmten Formen und in einem bestimmten Rhythmus tanzen, denn damit gliedern sie sich in die kosmischen Strömungen ein, in denen sich auch die Bewegung des Mondes vollzieht. Selbstverständlich werden diese Tänze nur während der Zeit des abnehmenden Mondes ausgeführt.

Als im 7. und 8. Jahrhundert die Meister des tantrischen Esoterischen Buddhismus nach Changan kamen, fanden sie großen Anklang unter den Chinesen, weil man ihnen die Fähigkeit zuschrieb, das Wetter regulieren zu können. Wer solche Wirkungen hervorruft, muss im Einklang mit der göttlichen Weltordnung stehen. Und dann werden auch die Lehren dieser Meister wahr sein. Entsprechende Fähigkeiten erwarteten die Chinesen auch von den ersten jesuitischen Missionaren im 16. Jahrhundert. Erst wollte man Wunder sehen, dann ließ man sich taufen.[84]

Unter den Anwendungsgebieten der Magie ist wohl am meisten die Krankenheilung beachtet worden. Für die Chinesen der Frühzeit beruhte Krankheit auf dem Wirken von Dämonen. Der «Arzt» brauchte nicht ein medizinisches Wissen in unserem Sinne, sondern er sollte Dämonen erkennen, mit ihnen umgehen und über sie gebieten können.

Dazu musste die Kraft des Magiers zunächst aktiviert werden: durch einen heiligen Text, durch einen kultischen Tanz oder vielleicht auch bestimmte Requisiten, ein Gewand oder eine Zaubermütze oder einen geweihten Stab. Dann mussten die magischen Kräfte auf den Platz konzentriert werden, an dem der Kranke lag. Der Magier ging, indem er bestimmte Texte sprach oder sang, mehrmals um das Krankenlager herum, er zog einen magischen Kreis. Der Kranke wurde von den Kräften des Heilers umschlossen, aus dem Umkreis heraus wirkten die Bewegungen und Worte des Magiers auf den Kranken ein. Sie durchdrangen dessen Körper, sodass sich die Macht des Dämons zurückziehen musste. Von dem Magier wurde selbstverständlich erwartet, dass er in jedem Augenblick wusste, wie weit die Kraft seiner Worte und Bewegungen schon vorgedrungen und wie weit der Dämon zurückgewichen war. Die magische Heilung war also nicht eine kultische Handlung mit einem vorweg bestimmten Ablauf, sondern sie wurde so lange fortgesetzt oder auch variiert, bis der Magier den Sieg über den Dämon errungen hatte.

Nicht nur Dämonen konnten von einem Menschen Besitz ergreifen, sondern auch ein Fluch konnte ihn krank machen. Das musste der Magier erkennen, er musste den Ursprung der Krankheit durchschauen, wenn er sie überwinden wollte. Ein Fluch konnte selbstverständlich nicht zurückgenommen werden, aber seine Kraft konnte durch den Magier gelöscht werden. – Ein Fluch wird besonders wirksam ausgesprochen, wenn man dabei einen Gegenstand aus dem Besitz des Verfluchten in der Hand hält oder wenn man dessen Bild vor sich hat. Daher bis heute die Scheu von Menschen in manchen Gegenden, sich fotografieren zu lassen, denn wer das Bild von mir besitzt, hat Macht über mich.

Durch magische Handlungen können Dämonen nicht nur vertrieben, sie können auch ferngehalten werden, zum Beispiel von einem Verstorbenen. Das habe ich eindrucksvoll bei einem Bergstamm im Norden Thailands erlebt. Der kürzlich Verstorbene lag aufgebahrt inmitten der Siedlung, die Stammesangehörigen standen im Kreis um ihn herum und sangen beständig ihre Lieder, die durch den Klang der Schlaginstrumente begleitet waren. Der starke Rhythmus war offenbar sehr wichtig, um die Dämonen fernzuhalten – bis der Leichnam unter der Erde oder verbrannt war.

Die Akupunktur, die bis heute in der chinesischen Medizin angewendet wird, knüpft an die alte Dämonenvertreibung an. Das ist daraus zu ersehen, dass der Arzt Pien Ch'io im fünften vorchristlichen Jahrhundert die dreizehn wichtigsten Einstichpunkte der Nadeln noch «Dämonenlager», «Dämonenherz», «Dämonenruhestatt» usw. nannte.[85] Der Arzt in der uns bekannten Traditionellen Chinesischen Medizin ist kein Magier mehr, er wirkt nicht mehr durch Zauberformeln, aber er hat noch ein ekstatisches Bewusstsein. Wenn heute, vor allem im Westen, Akupunktur angewendet wird, liegt zunächst eine Diagnose vor und dann werden, gemäß den überlieferten Erfahrungen, bestimmte Nadeln an bestimmten Stellen des Körpers eingestochen. Von dem Arzt in der alten Tradition wurde erwartet, dass er im konkreten Fall durchschaute, wie die Harmonie zwischen den im Körper wirkenden Weltenkräften Yin und Yang gestört war, dass Yin und Yang in einem bestimmten Organ zu schwach eingriffen. Durch den Einstich der Nadel sollte diese Kraftströmung gestaut und damit verstärkt werden. So wurde die Harmonie zwischen Yin und Yang wiederhergestellt.

In Harmonie zu leben ist das große Ideal der ostasiatischen Kultur, in Harmonie mit sich selbst, mit den anderen Menschen, mit der Natur. Wenn jemand erkrankt, ist die Harmonie an dieser Stelle gestört. Heilung heißt nicht, die Arbeitsfähigkeit eines Menschen wiederherzustellen, sondern die Ordnung im Weltganzen wieder zur Geltung zu bringen. Wenn der Arzt diese Verantwortung gegenüber der Welt empfindet, wirkt in ihm die alte magische Kultur fort. In ihr geht es nicht in erster Linie um ein Wissen, sondern um eine innere Haltung.

In der tibetischen Medizin wird das Sammeln von Heilkräutern bis heute mit rituellen Handlungen begonnen, denn, so schreibt der Leibarzt des Dalai Lama, «erst wenn der Geist geläutert war, konnten wir handeln». Die Herstellung des Heilmittels durfte nicht unterbrochen werden, auch wenn sie tagelang dauerte, weil an ihr Götter oder Naturgeister beteiligt sind, deren Verbindung mit der Substanz die Wirkung des Heilmittels ausmacht.[86]

Die Anwendung magischer Fähigkeiten ist noch nicht gleichbedeutend mit magischer Kultur. Wenn jedoch die Welt angewiesen ist auf Magie, wenn magische Texte oder Tänze notwendig sind, um das Leben der Erde zu erhalten und zu erneuern, ist es berechtigt, von magischer Kultur zu sprechen. Es gehörte zu den Aufgaben des chinesischen Kaisers, alle fünf Jahre einmal das Reich zu bereisen, im Frühling nach Osten, im Sommer nach Süden, im Herbst nach Westen und im Winter nach Norden, wobei die Reise nicht bis an die Grenzen führen musste, aber die Ausdehnung des Reiches in vier Richtungen im Auge hatte. Die Fahrt in jede Himmelsrichtung verlangte ihre eigenen Riten und Gewandfarben. Indem die Reise von Peking, dem Mittelpunkt des Reiches, ausging, wurde die spirituelle Kraft des Raumes erneuert.[87] Und entsprechend musste auch die Kraft der Zeit erneuert, die Erdenzeit in Einklang mit der Himmelszeit gehalten werden. Das geschah regelmäßig durch die rituellen Neujahrstänze des Kaisers und zu Beginn der Regierungszeit durch die Ordnung des Kalenders. Die Kraft von Raum und Zeit wurde an bestimmten Stellen besonders intensiv erlebt, etwa am Himmelstempel in Peking. Dort habe ich, noch im Jahre 1989, einen Mann im Trancezustand beobachten können, der offenbar recht real die ätherischen Strömungen erlebte und seine Arme von ihnen tragen ließ wie von den Wellen eines Stromes, in denen er stand. Die kopfschüttelnden und achselzuckenden Chinesen, die dort saßen, die kommenden und gehenden Touristen und meinen Fotoapparat hat er offensichtlich nicht wahrgenommen. Er war vollkommen eingetaucht in «seine» Welt – bis er mit einem Ruck in das Wachbewusstsein zurückkehrte und, als ob nichts geschehen wäre, still den Tempel verließ.

Das visionäre Hellsehen

Bestimmte Menschen, so wird oft gesagt, haben außer den beiden Augen, die der Sinneswelt zugewandt sind, ein «drittes Auge», mit dem sie die übersinnliche Welt wahrnehmen. Diese Redewendung vom dritten Auge verleitet dazu, sich die geistige Wahrnehmung allzu ähnlich der Sinneswahrnehmung vorzustellen. Und außerdem wird die Sinneswahrnehmung missverstanden als eine bloße Widerspiegelung dessen, was draußen in der Welt existiert. Wahrnehmung aber ist eine aktive Leistung des Sinnesorganismus, die unser Bild von der Welt im Innern erst aufbaut, nicht fertig übernimmt.

Das kann an einer alltäglichen Beobachtung leicht bestätigt werden: Wir fahren an einer Bahnstation vorbei und sehen das Schild mit dem Namen der Stadt, der Zug fährt jedoch so schnell, dass wir die Schrift nicht lesen können. Denn wir müssten mit unserem eigenen Bewegungsorganismus den Schriftzügen folgen können, um zu lesen. Dafür benötigen wir nicht viel Zeit, aber bei der Geschwindigkeit des vorbeifahrenden Zuges war auch diese kurze Zeit nicht gegeben. Wenn Sinneswahrnehmung nur die Widerspiegelung der Welt draußen wäre, so hätten wir den Namen der Stadt erfasst, denn die Aufmerksamkeit war auf die richtige Stelle in der Welt gerichtet.

Was für die Sinneswahrnehmung gilt – dass in ihr eine

ausgeführte Bewegung, der Mitvollzug der Welt, zum Bilde gerinnt –, das gilt auch für die geistige Wahrnehmung. Da ist kein drittes Auge, das wahrnähme, was ohne unser Zutun in der geistigen Welt existiert, sondern es wird nur wahrgenommen, worauf wir uns aktiv einlassen. Ein Wahrnehmen in der geistigen Welt ohne ein persönliches Engagement gibt es also nicht. Und weil dieses Engagement individuell ist, ist auch der Umkreis der geistigen Wahrnehmung von Mensch zu Mensch verschieden.

Dem wissenschaftlich Arbeitenden ist es selbstverständlich, dass die Fähigkeiten der Wahrnehmung durch ein Studium erst entwickelt werden. Was der Arzt oder der Psychologe in ihrer Ausbildung lernen, kann so weit verinnerlicht werden, dass sich der diagnostische Blick entwickelt. Mit ihm sehen Arzt oder Psychologe zwar nicht etwas anderes als jeder Laie, aber sie sehen es anders. Bestimmte Erscheinungen werden zu aussagefähigen Symptomen, während sie für den ungeschulten Betrachter stumm bleiben. Das Erfahrungsfeld des Diagnostikers ist individuell, seine Erfahrung aber (hoffentlich) nicht subjektiv.

Wenn der Arzt oder der Psychologe ein Erscheinungsbild bei ihrem Gegenüber als Symptom verstehen, so fügen sie dem Gesehenen nicht einen Gedanken hinzu, sondern sie blicken in die Tiefe eines Phänomens, sodass dieses sprechend wird, symptomatisch für eine Krankheit oder für eine seelische Störung wird. Der erfahrene Diagnostiker ist nicht im Erscheinungsbild befangen, sondern sieht durch das Bild hindurch auf das Wesen (etwa einer Krankheit), das sich im Bild äußert. Es wird oft nicht genügend beachtet, dass auch in der geistigen Wahrnehmung Bilder nicht nur gesehen werden, sondern dass sie verstanden werden wollen.

Im zweiten Teil dieses Kapitels wurde dargestellt, dass Ekstase und Magie möglich sind, wenn der Mensch nicht «bei sich» ist, sondern wenn er die Vorgänge der Welt mitlebt. Wenn der Mensch sich nun teilweise aus diesem Mitvollzug löst, gerinnt die Handlung der Ekstase zum Bild der Vision. Genauer gesagt: Wille und Gefühl sind noch eingefügt in das Weltgeschehen, das Vorstellen hat sich bereits aus diesem Zusammenhang gelöst und spiegelt wider, was Wille und Gefühl vollziehen. Visionen sind also nicht Wahrnehmungen eines «dritten Auges», die zu den Eindrücken der Sinnesorgane hinzukommen, sondern sie sind Bilder, die entstehen, weil der Mensch nicht mehr als Gesamtpersönlichkeit in der geistigen Welt leben kann. Während die Bilder des alltäglichen Bewusstseins entstehen, wenn die Eindrücke unserer differenzierten Sinnesgebiete miteinander verwoben werden, entstehen die Bilder des Visionärs, wenn das Vorstellen sich von Gefühl und Wille trennt. In der Abschattung der Handlung zum Bild wird der Mensch um einen Grad selbstständiger gegenüber der geistigen Welt. Bewusstseinsgeschichtlich ist das Auftreten der Vision als Schritt auf dem Wege vom paradiesischen zum Erdenmenschen zu sehen. Wenn das Götterwirken nicht mehr mitvollzogen, sondern geschaut wird, werden die Sagen, die Mythen erzählt. Die mythische Kultur löst die magische ab.

An der buddhistischen Plastik kann recht schön beobachtet werden, dass die auftretenden Visionen nicht nur den Menschen von der Welt lösen, sondern dass sie auch die Persönlichkeit selbst spalten. Bei einigen älteren Werken zeigt der Gesichtsausdruck Buddhas tiefe Stille, die ganze Gestalt ist erfüllt von der Inspiration, die sie durchdringt. Bei den meisten alten Plastiken ist jedoch zu erkennen, dass der Inspirationsstrom in der unteren Körperhälfte gestaut wird, dass dort also Buddha noch mitvollzieht, was in der geistigen

Meditierender Buddha unter dem Bodhibaum,
Dvaravati-Stil, Nationalmuseum, Prachin Buri, Thailand.

Von der Naga-Schlange beschützter Buddha,
Dvaravati-Stil, Nationalmuseum, Bangkok.

Welt geschieht, während der Gesichtsausdruck lauschend ist. In ihm wird nacherlebt, was in der Tiefe geschieht. Die Vision bringt zum Bewusstsein, was, selbstvergessen, im unteren Menschen mitvollzogen wurde. Damit bahnt sich auch eine neue Beziehung Buddhas zum betrachtenden Menschen an. Wenn der Gesichtsausdruck Buddhas Stille zeigt, wird auch der betrachtende Mensch in die Welt der Stille einbezogen und von ihr umschlossen. Der lauschende Gesichtsausdruck dagegen zieht den Betrachter zu Buddha empor. Man fühlt, wie die eigene Unvollkommenheiten abgestreift werden, wenn der gütige Blick Buddhas auf dem Gläubigen ruht. Der Mensch fühlt sich erlöst von der Erde. In der thailändischen Kunst während der Sukothai-Epoche (13. bis 15. Jahrhundert) schließlich wendet sich Buddha dem Betrachter zu, spricht ihn persönlich an. Die Plastik verliert die Fähigkeit, den Menschen über sich selbst hinauszuführen.

Kulturgeschichtlich betrachtet erhebt also die visionäre Hellsichtigkeit den Menschen nicht über die nüchterne Betrachtung der irdischen Welt, sondern sie führt, im Gegenteil, den Menschen vom selbstvergessenen ekstatischen Bewusstsein zum wachen Ich-Bewusstsein. In der Vision ist der Mensch nicht mehr einbezogen in die Bewegungen der geistigen Welt, aber er kennt noch deren Inhalte. Er ist der irdischen Welt noch nicht unmittelbar ausgesetzt, sondern die Berührung mit ihr ist gewissermaßen abgefedert durch das Wissen, die irdischen Ereignisse seien bewirkt durch den Willen der Götter.

Das visionäre Hellsehen ist nur zu verstehen, wenn sein kulturhistorischer Untergrund beachtet wird. Das Bild der Vision ist hervorgegangen aus dem Mitvollzug eine Handlung, also aus der magischen Kultur. Der russische Ethnologe Wladimir Propp hat an Beispielen gezeigt, wie in den Bildern der Märchen die Erinnerung an alte Riten, an heilige Handlungen fortwirkt, als diese selbst gar nicht mehr ausgeführt wurden.[88] Im Märchen ist zum Bild geronnen, was einmal praktizierte Magie war. Das Märchen selbst spricht das einfach aus, wenn es beginnt: «In den alten Zeiten, als das Wünschen noch half ...» Das visionäre Bild zeigt die Wirklichkeit in dem Maße, in dem es die magischen Kräfte, die in der Welt wirken, einfängt. Die inneren Bilder des Visionärs sind also wirklichkeitsgerecht, wenn sie in der magischen Kultur wurzeln.

Wer heute die Entstehung von Visionen untersucht, wird sie vielleicht mit den Bildern irdischer Gegenstände vergleichen, die wir am Tage um uns haben. Dann erscheinen Visionen als etwas, was den gewohnten Bewusstseinsinhalten hinzugefügt wird, als ein «zweites Gesicht», das unser normales erstes Gesicht ergänzt. Diese Betrachtung der Vision ist kulturhistorisch nicht gerechtfertigt. Denn Visionen in der alten mythischen Kultur wurden nicht dem nüchternen Gegenstandsbewusstsein hinzugefügt, sondern gingen diesem voraus. Sie können nur verstanden und gewürdigt werden auf dem Hintergrund der magischen Kultur.

Auch dem heutigen Menschen sind solche inneren Bilder, die sich in Symbolen aussprechen und daher den alten Visionen verwandt sind, wohl vertraut, nämlich aus dem Traum. Zwar gibt es Träume, vor allem Einschlafträume, die den Erinnerungen am Tage sehr ähnlich sind und einfach dasjenige wiederholen, was der Mensch am Tage erlebt hat. Die eigentlich interessanten Träume aber, die Wahrträume, haben ihre Weisheit nicht aus dem Tagesleben, sondern aus dem Tiefschlaf. Was im bildlosen Tiefschlaf, dem Menschen nicht erinnerbar, eine Bewegung, eine Handlung war, gerinnt in den Wahrträumen zum Bild, zu einem Bild, das vielleicht in eine bedeutsame Stimmung oder auch in ein Wissen um den Sinn des Traumes eingebettet ist. Wenn kulturgeschichtlich das visionäre Bewusstsein aus dem magischen hervorgegangen ist, so wiederholt sich dieser Vorgang in der Nacht, wenn die Inhalte des bildlosen Tiefschlafbewusstseins sich zu den Bildern der Wahrträume verdichten.[89]

Wer die Traumhandlung komponiert, ist nicht der träumende Mensch, denn der ist der Handlung des Traumes ausgeliefert, der muss abwarten, was geschieht, sondern der Komponist der Traumhandlung ist der schlafende Mensch. Entsprechend schildert Rudolf Steiner, dass in den Visionen am Tage es nicht das Ich des Menschen ist, das die einzelnen Bilder verbindet, sondern «allerlei geistige Wesenheiten, die in ihm stecken. *Deren Logik* lernt man dann kennen, nicht *seine* Logik lernt man dann kennen.»[90]

Beim Aufwachen ist nicht sicher, dass die Inhalte des Tiefschlafs sich unverfälscht in den Traumbildern aussprechen können, sondern es ist möglich, dass die egozentrische Verfassung des Wachbewusstseins schon in die Bilder, vor allem in die Stimmung des Traumes, eingreift. In Angstträumen wird das besonders deutlich. Entsprechendes gilt für das visionäre Hellsehen. Die innere Bewegung, die die Seele im Mitvollzug dessen ausgeführt hat, was in der seelischen Welt geschieht, kann mehr oder weniger klar in die Bildgestalt der Vision gerinnen. Oder anders gesagt: Die Vision kann mehr oder weniger transparent sein für den Inhalt, den sie aussprechen will. Das Märchen unterscheidet sehr genau diejenigen magischen Fähigkeiten, die im Sinne der moralischen Weltordnung verwendet werden, und diejenigen, die eigennützig eingesetzt werden. Als die Welt noch stimmte, gab es zwölf Feen, die zusammen alle diejenigen Wünsche aussprachen, die Segen für das Leben bringen. Nun aber gibt es inzwischen eine neue, dreizehnte Fee, die zerstörend eingreift, die Zauberkräfte besitzt wie ihre zwölf Schwestern, die aber nicht wünscht, was das Königskind, das Dornröschen, braucht, sondern was sie selbst will. Wenn die alten magischen Fähigkeiten egoistisch eingesetzt werden, verschwinden sie also nicht, sondern sie stiften Unheil. Eine dekadente, böse gewordene Magie wird nicht durch eine bessere, weiße Magie überwunden, sondern durch eine an der Erde gereifte Seelenverfassung. Die zwölfte Fee, die bei der Taufe Dornröschens ihren Wunsch noch nicht ausgesprochen hat, kann den Fluch der dreizehnten, bösen Fee, der dem Königskind im fünfzehnten Jahr den Tod bringen soll, zwar nicht aufheben, aber abmildern, den Tod in einen hundertjährigen Schlaf wandeln. Den Bann brechen kann erst der Königssohn, der den rechten Augenblick mutig nutzt.

Visionen haben keine magische Kraft, sie können nicht mehr die moralische Ordnung der Welt stören, aber sie können, wie die Magie, in den Dienst des Ego gestellt werden und damit die Entwicklung des Menschen zu einem verantwortlichen Erdenbürger stören. Das alte Hellsehen hört nicht auf, wenn seine Zeit zu Ende ist, sondern wenn der Mensch an der Erde zu sich selbst erwacht. Wie Träume nicht deshalb aufhören, weil sie sich erschöpft haben, sondern weil der Mensch sich den Sinneseindrücken zuwendet. Als die Griechen im letzten vorchristlichen Jahrtausend den Wert des irdischen Lebens entdeckten und die Anfänge eines wissenschaftlichen Denkens entwickelten, hörte die alte Hellsichtigkeit auf. Man konnte nicht mehr in die Zukunft schauen, es sei denn, man zog sich von der Welt zurück und wurde eine Priesterin, eine Pythia im Tempel von Delphi. Wenn aber das alte Hellsehen in die Epoche der Persönlichkeitskultur mitgenommen wird, so wird es egozentrisch verfälscht, denn seine Wurzeln stecken in der alten magischen Kultur, nicht in der Sinneswelt.

Als das visionäre Hellsehen schon weit zurückgegangen war, traten unbestimmte außersinnliche Wahrnehmungen manchmal in der Art von Sinneseindrücken auf, die einem Vorgang in der Ferne ähnlich waren. So bei Goethes Großmutter. Der Dichter erzählt,[91] dass sie nach Mitternacht etwas in ihrem Zimmer gehört habe wie das Rascheln von Papier. In der Meinung, das Fenster sei vielleicht nicht gut verschlossen, war sie aufgestanden. Aber als sie das Fenster geschlossen fand, sei sie wieder zu Bett gegangen. Da begann das Rascheln von Neuem und kam ihr immer näher. Ein Wind schien sie anzuwehen, sodass sie voller Angst zu ihren Kindern lief. Erst am Morgen war sie in der Lage, das Erlebnis im Einzelnen zu erzählen. Wenig später erschien die Frau eines nahen Freundes in schwarzer Kleidung und holte ein zerknittertes Papier hervor. In der Nacht, so erzählte die Besucherin, habe ihr Mann den Tod nahen gefühlt und nach einem Papier verlangt, um an Goethes Großmutter zu schreiben und ihr Frau und Kinder zu empfehlen. Beim Schreiben aber habe ihn der Todeskampf ergriffen, er habe das Papier zerknittert und sei mit ihm auf der Bettdecke hin und her gefahren. Er seufzte zweimal tief und starb.

Dass ein raschelndes Papier eine panikartige Reaktion auslöst, scheint zunächst vielleicht merkwürdig. Aber es handelt sich ja nicht um einen gewöhnlichen Sinneseindruck. Und auch nicht um eine Halluzination. Goethes Großmutter lebt ein Ereignis mit, das in einem anderen Haus sich vollzieht, aber von dem ein nahestehender Mensch betroffen ist, dessen Gedanken sich zu dieser Zeit auf die Großmutter richten. Dieses Mitfühlen verdichtet sich zum akustischen Eindruck, der genau demjenigen im anderen Haus entspricht. Das Mitfühlen bleibt also sehr nahe an der gemeinten physischen Wirklichkeit. Dort in dem anderen Haus handelt es sich nicht um ein gewöhnliches Papierrascheln, sondern es steht im Zusammenhang mit dem Todeskampf eines nahestehenden Menschen, und dieses Motiv schafft die Brücke und es gibt dem «akustischen Eindruck» seinen erschreckenden Charakter, sodass die Großmutter erst nach Stunden über das Erlebte sprechen kann. Sie hat also in der Ferne etwas von dem miterlebt, was in dem Sterbezimmer geschah: zwar eine Randerscheinung, aber ganz realistisch. Das zentrale Motiv wird dramatisch, aber undeutlich erfasst, sodass seine Bedeutung nicht erkannt werden konnte. Das ist charakteristisch für viele derartige Erlebnisse.

Der Kenner außersinnlicher Erfahrungen wird auf zwei weitere Motive der Schilderung aufmerksam sein. Das ist zum einen das näher kommende Geräusch. Aus Träumen ist bekannt, dass deren Handlungen sich nicht «da draußen» abspielen und aus der Distanz betrachtet werden können, sondern solche Handlungen, die den Träumer meinen, die auf ihn gerichtet sind, kommen ihm im Bilde entgegen, angefangen von dem verfolgenden Hund, der den Träumer bedroht, wie seine Angst es am Tage tut, bis hin zu dem gütigen Einsiedler, der Frieden in das Leben des Traumes bringt. Goethes Großmutter war in dem näher kommenden Rascheln gemeint, wie in den Gedanken des sterbenden Freundes. – Es ist bekannt, dass bedeutende übersinnliche Erlebnisse sich manchmal ankündigen durch einen Wind, der auf den Visionär zukommt. An dieser Grenze befindet sich Goethes Großmutter. «Endlich seufzte es tief auf, und noch einmal dicht vor ihrem

Angesicht, dass es sie ordentlich anwehte ...» Mit dem Wind ist also sogar das Stöhnen des Sterbenden verbunden, aber damit bricht das Erlebnis ab, denn die Großmutter wehrt sich und flieht in Angst zu ihren Kindern.

Auf dem Wege zu einem neuen Hellsehen

Der Mensch konnte früher hellsichtig werden, wenn seine Seele so rein war, dass Engel sich in ihr offenbaren konnten, wenn der Mensch sich also von der Erde ab- und seinem paradiesischen Ursprung zuwandte. Der mystische Erkenntnisweg beginnt deshalb mit der purgatio, mit der Reinigung, der Läuterung der Seele. Und sobald die irdische Natur des Menschen zum Schweigen gekommen war, konnte seine paradiesische zu sprechen beginnen. Der zweite Schritt auf dem mystischen Meditationsweg, die Erleuchtung, musste nicht erlernt werden, er trat ganz selbstverständlich ein, wenn die gereinigte Seele die Engel berührte. Der Mensch ist aktiv bei seiner Läuterung, er ist empfangend bei der Erleuchtung. In einem dritten Teil des mystischen Meditationsweges lernte der Mensch verstehen, was er zuvor geschaut hatte. Das war die Einweihung.

Visionen entstanden also, wenn die bildschaffende Vorstellungsfähigkeit die Bewegungen und Handlungen geistiger Wesen mitvollzog und zum Bild gerinnen ließ. Und die Visionen mussten verschwinden, als die bildschaffende Vorstellungsfähigkeit an die Sinneseindrücke anknüpfte. Ähnlich wie die Bilder des Traumes dasjenige verbildlichen, was im Tiefschlaf erlebt wurde, wie dann aber diese Traumbilder eingefangen werden von den Sinneseindrücken, wenn etwa auf einer geträumten Gebirgswanderung eine Steinlawine niedergeht, die sich dann als Rasseln des Weckers entpuppt und damit das Traumbild auslöscht.

Wenn gelegentlich behauptet wird, Engel hätten sich vom modernen Menschen, jedenfalls von dem erwachsenen modernen Menschen, zurückgezogen und deshalb sei das visionäre Hellsehen verschwunden, so ist das ein Irrtum. Denn niemals zieht sich ein Engel von seinem Menschen zurück. Aber er möchte ihn selbstständig werden und so zum Ziel der Erdentwicklung kommen lassen. Deshalb hält – nicht zieht – der Engel sich zurück und wartet darauf, dass der Mensch individuelle verantwortliche Initiativen ergreift.

Diese waren noch nicht möglich, als im alten Griechenland das Bewusstsein der Persönlichkeit erwachte. Auch noch nicht, als zu Beginn der neuzeitlichen Kultur, in Renaissance und Humanismus, das Selbstverständnis des Menschen sich weiter individualisierte. Denn dieser Individualismus war immer noch getragen von einer traditionellen Sozialordnung. Der Mensch identifizierte sich mit dem sozialen Stand, dem er angehörte. «Ich *bin* Handwerker, nicht nur in der Werkstatt, sondern handwerkliche Sorgfalt, Zuverlässigkeit und Pünktlichkeit bestimmen mein ganzes Leben.» «Ich *bin* Lehrer, nicht nur in der Schulstube, sondern ich setze meine Belehrungen am Familientisch fort ...»

Der moderne Mensch ist auf sich selbst gestellt, er reagiert empfindlich, wenn er mit einer Rollenerwartung konfrontiert wird. Die Aufgabe, eine neue und ganz eigene Identität zu finden, ganz eigenständig zu werden in Denken und Tun, ist oft noch eine Überforderung, und doch wird dieser Schritt heute erwartet. Wir suchen Menschen, die authentisch sind. Nur wer im Leben für das einsteht, was er sagt, wirkt glaubhaft.

Wenn der Blick eines Menschen auf einem anderen ruht –

auf ihm, nicht auf seiner Leistung oder seinem Verhalten, sondern auf ihm selbst –, so wirkt dieser Blick weckend, er führt den Menschen zu sich selbst und über sich hinaus. Das erlebt schon ein Kind unter dem verständnisvollen und liebevollen Blick eines vertrauten Erwachsenen. Andreas Flitner hat die Erwartung einmal als eine Geheimkraft der Erziehung bezeichnet. Die Erwartung der Engel, so kann man fortsetzen, ist eine Geheimkraft der spirituellen Entwicklung. Der Blick der Engel, der auf uns ruht, weckt ein neues Hellsehen. Das entsteht nicht allein aus dem Menschen, nicht allein durch bestimmte Meditationsübungen, sondern durch die Zuwendung der Engel.

In einem guten Gespräch tauschen wir nicht nur Gedanken aus, sondern wir begegnen uns von Ich zu Ich. Das kann gelingen, wenn wir uns vorbehaltlos öffnen, wenn wir nicht nur *etwas* aussprechen, sondern wenn wir *uns* zeigen. Dann ist die Aufmerksamkeit nicht nur auf den Inhalt des Gespräches gerichtet, sondern auch auf die sprechenden Menschen. Der andere wird zum Du. Der Kulturphilosoph Martin Buber hat das einmal knapp und prägnant formuliert: «Der Mensch wird am Du zum Ich.»[92] Ich werde, so könnte man fortsetzen, zum Ich nicht durch meine Vergangenheit, nicht durch mein Lernen oder durch mein Schicksal, sondern durch die gegenwärtige Begegnung mit der Welt, durch das Du. Wobei auch ein Tier, eine Pflanze, ein Stein, ein Sonnenaufgang zum Du werden kann, wenn sie mir Gesprächspartner sind, wenn ich unmittelbar zu ihnen werde.

Auf eine solche Erfüllung des Lebens ist das Ich angewiesen, seit die Kulturtradition dem Leben nicht mehr einen Gehalt gibt. Den Sinn seiner Existenz kann der moderne Mensch nur sich selbst geben. Wer das nicht vermag, leidet oft unter der

Sinnlosigkeit des Lebens. Er ist vielleicht sogar wohlhabend – aber was soll das alles? Und was keinen Sinn hat, ist das eigentlich real? Gibt es die Welt um mich herum wirklich? Gibt es mich selbst oder ist das Ich eine bloße Einbildung? Die traditionsleere Welt antwortet nicht mehr auf diese Fragen, die Antwort kann der moderne Mensch nur in sich selbst finden. In der verantwortlichen Initiative und im Dialog mit einem Du. Der moderne Mensch ist veranlagt auf eine solche dialogische Kultur. Und wer den anderen real nimmt, wer sich auf ihn einlässt, entwickelt ein Wesensbewusstsein. Er ist darauf veranlagt, den anderen nicht nur als Kulisse des eigenen Lebens zu verstehen, sondern ihn real zu nehmen, an der Wirklichkeit des anderen zur Wirklichkeit seiner selbst zu erwachen.

Wenn der Mensch in die Begegnung mit anderen Menschen oder mit der Natur sich hineingibt, so wird er unmittelbar. Unmittelbarkeit ist eine Frucht der Persönlichkeitsentwicklung, sie ist eine Reifestufe des Ich. In der Abgrenzung von der Welt hat das Ich sich gebildet, in der Begegnung mit der Welt erhält es seine Erfüllung, den Sinn seiner Existenz.

Nicht mehr indem die Seele sich von allem Irdischen reinigt, bereitet sich der Mensch auf dem anthroposophischen Meditationsweg auf die Berührung mit Engeln vor, sondern indem er sich auf die Erde einlässt, sie von innen her kennenlernt, indem er den Engeln die Erde mitbringt. Es widerspricht dem Lebensgefühl des modernen Menschen, dass die Erde ihn unrein macht. Der Egoismus wohl, aber nicht die Erde. Wer im Erdenleben nur die Befriedigung seines Egoismus sucht, entfremdet sich den Engeln. Wer sich an der Erde freut, wer die Erde liebt, kommt Engeln nahe. Durch ihn erfahren Engel etwas über die Erde, was sie als himmlische Wesen nicht kennen – wonach sie aber hungern. Wer wirklich Erden-Mensch ist, gleicht einer Blume, die von der Erde aus dem Himmel entgegenblüht und die die Engel gerne anschauen.

Das Lauschen auf den anderen im Gespräch, die Unmittelbarkeit zur Welt in der liebevollen Beobachtung der Natur, die verantwortliche Initiative in der Führung des Lebens – das sind Qualitäten, die aus der Reife der Persönlichkeit mitgebracht werden und die, von Engeln angeblickt, den Sinn für die Wahrnehmung der geistigen Welt in neuer Weise öffnen.

13.
Wahrheit und Irrtum in geistigen Erfahrungen unterscheiden

Übersinnliche Wahrnehmungen können auftreten, lange bevor deren Wahrheitsgehalt, deren Wert oder Unwert richtig eingeschätzt werden können. Wer solche anfänglichen übersinnlichen Erlebnisse ungeprüft hinnimmt, liefert sich ihnen aus, er wird ihnen gegenüber haltlos. Die ersten übersinnlichen Wahrnehmungen können zwar faszinieren, mit meditativer Erkenntnis haben sie jedoch noch nichts zu tun.

Bei der Sinneswahrnehmung sorgen die Organe dafür, dass die Welt wirklichkeitsgerecht erscheint. Das Bild, das unser Auge gibt, ist dem Zugriff persönlicher Willkür weitgehend entzogen. Das ist bei der übersinnlichen Wahrnehmung nicht der Fall. Die seelische Zuwendung an übersinnliche Inhalte kann nicht so neutral sein wie die Öffnung der Sinnesorgane gegenüber der Sinneswelt. Deshalb muss die geistige Schulung jede persönliche Willkür aus der Beziehung zur Welt auslöschen

Auf den alten asiatischen Meditationswegen tritt hier der Lehrer ein. Er kann aufgrund seiner reichen Erfahrung unterscheiden, welche übersinnlichen Bilder oder Klänge bedeutungslos sind und sich wohl bald wieder auflösen werden, welche Inspirationen eine faszinierende Macht ausüben und deshalb eher gemieden werden sollten und welche vielleicht unscheinbaren Erfahrungen den Menschen weiterführen können. Dem Schüler ist die Aufgabe der Prüfung, jedenfalls zunächst, abgenommen.

Wenn nun aber der Meditationsweg ohne persönlichen Lehrer gegangen wird wie in der Anthroposophie? Dann sollten irreführende übersinnliche Erlebnisse möglichst überhaupt vermieden oder, wenn sie schon auftreten, als solche erkannt werden. Das kann in dreifacher Art geschehen.

Das Gewissheitserlebnis

Es gibt Überzeugungen, die während des Lebens durch Erfahrung allmählich entwickelt wurden. Sie sind klar zu begründen, weil der Mensch weiß, welche Erfahrungen warum zu welchen Folgerungen geführt haben. Durch neue Erfahrungen können diese Überzeugungen erweitert oder korrigiert werden, vielleicht mehrfach während des Lebens, was hoffentlich gerne hingenommen wird, denn wer nicht offen ist für neue Erfahrungen, verschließt sich gegenüber der Welt und erstarrt.

Von diesen Überzeugungen sind die Gewissheiten zu unterscheiden, die nicht durch Erfahrungen allmählich aufgebaut, sondern offenbar fertig ausgebildet ins Leben mitgebracht werden. Sie sind individuell, jeder Mensch hat Gewissheiten auf anderen Gebieten. Vielleicht werden sie schon in jungen Jahren ausgesprochen oder sie werden erst später bewusst. Und doch waren sie schon da. Der Mensch hört zum ersten Mal einen Gedanken, der ihm sofort einleuchtet. «Das habe ich immer schon so empfunden, ich habe es nur noch nicht in Worte gefasst. Ich habe es gewusst, ohne zu wissen, dass ich es weiß.» Woher aber wusste ich es? Was hier als Gewissheit bezeichnet wird, ist wohl das Gleiche, was Rudolf Steiner öfter als elementares Wahrheitsgefühl bezeichnet, das bestimmte Inhalte der Anthroposophie für den einzelnen Menschen bestätigen kann.

Erfahrungen werden im Schlaf zu Fähigkeiten und Charakterzügen verinnerlicht, jedenfalls diejenigen Erfahrungen, die wesentlich sind, die in die Tiefe der Seele hinein vergessen werden können, mit denen der Mensch sich innerlich verbinden kann. Informative Kenntnisse stehen zwar zur Verfügung, aber sie verwandeln den Menschen nicht, sie werden nicht zu einem Teil seiner selbst. Gewissheiten stehen dem Menschen nicht beliebig zur Verfügung, denn sie wurden nicht im Laufe der Jahrzehnte während des Schlafes verinnerlicht, sondern im Leben vor der Geburt. Sie beruhen also auf Erfahrungen in früheren Erdenleben, die bei einzelnen Menschen so unterschiedlich sind wie diese früheren Erdenleben selbst. Informative Kenntnisse und routinierte Fähigkeiten von damals konnten beim Tode nicht in die geistige Welt mitgenommen werden, sie wurden nach dem Tode vom Menschen abgestreift. Was mitgenommen werden konnte, das tritt heute nicht unverändert auf, sondern umgeschmolzen, dem Wesen des Menschen eingeschmolzen. Es ist Erdenerfahrung, durch die Feuerprobe des Engel-Blicks hindurchgegangen. Daher die Sicherheit, mit der die Gewissheiten auftreten, eine Sicherheit, die keine Begründung braucht, sondern die für sich selbst spricht.

Recht gut kann ich mich an den Augenblick erinnern, in dem ich, dreizehnjährig, zum ersten Mal von der Wiederverkörperung des Menschen hörte. Nach den anregenden und sehr beliebten Konfirmandenstunden im evangelischen Pfarrhaus setzte ich die Gespräche zu Hause mit meinen Eltern, die Anthroposophen waren, fort. Ich muss wohl einmal, als es um das Schicksalsthema ging, so eindringlich gefragt haben, dass meine Eltern nicht anders konnten, als von der Wiederverkörperung zu sprechen. «Das habe ich doch früher gewusst, ich habe nur lange nicht daran gedacht», so empfand ich in diesem

Augenblick. Früher gewusst – tatsächlich, denn meine Eltern haben mir später erzählt, dass wir, als ich etwa sieben Jahre alt war, auf einer Wanderung an einer romanischen Kirche vorbeigekommen sind und dass ich gefragt habe, wann die denn gebaut sei. «Vor tausend Jahren.» – «Das war, als ich das letzte Mal auf der Erde war.» Ob ich als Kind den Gedanken an frühere Erdenleben öfters bewegt habe, das weiß ich nicht mehr. Wahrscheinlicher ist, dass es sich um eine der charakteristischen Äußerungen von Kindern handelt, in denen unerwartet und spontan ein Wissen aus der Tiefe der Seele auftaucht, das einmalig ausgesprochen und später gar nicht mehr erinnert wird.

Dass es frühere Erdenleben gegeben hat, war mir mit dreizehn Jahren sofort klar. Nicht zu bezweifeln. «Aber man könne doch die Rätsel des Schicksals auch anders erklären.» – «Ja, aber richtig durch die Wiederverkörperung.» Das ist eigentümlich für das Gewissheitserlebnis: Es braucht keine Begründung und bringt zugleich den Schlüssel für solche Probleme, die sich anders kaum lösen lassen. Als ich im Jahre 1942 konfirmiert wurde, war die Wiederverkörperung kein Thema in der öffentlichen Diskussion wie heute. Und deshalb gab es keine Gegenargumente wie: Die Bevölkerungsvermehrung auf der Erde zeigt doch, dass nicht nur die gleichen, sondern auch neue Menschen verkörpert werden. Hätte ich damals ein solches Argument gehört, so hätte ich es noch nicht widerlegen können, aber verunsichert hätte es mich gewiss auch nicht, denn ich wusste ja, dass die Menschen durch Wiederverkörperungen hindurchgehen. Das wusste ich so sicher wie ich wusste, dass es mich gibt. Aber diese Sicherheit hätte kaum einen anderen Menschen beeindruckt oder gar überzeugt. Nein, sicher nicht, denn Gewissheiten sind ganz persönlicher Natur.

Gewissheiten sind nicht ein korrigierbares Wissen, ein

verfügbarer Besitz, sondern sie gehören zum Wesen des Menschen. Der Mensch *hat* nicht Gewissheiten, er *ist* sie.

Wenn der Mensch geboren wird, so trinkt er, wie die Sage berichtet, aus dem Quell des Vergessens. Wenn er sich der Erde zuwendet, vergisst er den Himmel und dessen Weisheit. Doch was im Himmel besonders intensiv gewusst wurde, kann das große Vergessen vielleicht überdauern und später im Leben als Gewissheit wieder auftauchen. Wenn Platon davon spricht, dass Erkennen ein Erinnern an das vorgeburtliche Wissen ist, dann gilt dieser Satz sicher nicht allgemein, wohl aber für die Gewissheiten. Wer seinen Gewissheitserlebnissen nachlauscht, kann den vorgeburtlichen Menschen in sich selbst entdecken.

Ein Wissen, mit dem der Mensch sich identifizieren kann, das kann er auch authentisch vertreten. Hier kann er aus sich selbst sprechen, hier braucht er sich nicht auf eine Autorität zu berufen. Da wirkt er vielleicht auch auf andere glaubwürdig. Vor allem aber ist er in seinen Gewissheiten sicher vor sich selbst. Und das darf er wohl auch zeigen, wenn die hier geltende Grenze beachtet wird: dass die eigenen Gewissheiten nicht anderen aufgedrängt werden dürfen. Denn sie wirken überzeugend nur auf denjenigen, der ihre Entstehung unter dem Blick von Engeln selbst mitvollzogen hat.

Die Gefahr liegt so nahe, auch andere, in diesem Erdenleben neue Einsichten wie Gewissheiten zu behandeln. «Wenn ich Anthroposophie (oder eine andere spirituelle Weltanschauung) studiere, so ist mir doch alles klar und einleuchtend, ich bin doch kein Anfänger.» Meditative Erkenntnisse werden jedoch nicht durch ihren Inhalt gesichert, sondern durch die Stellung des Ich zu ihnen. Und deshalb ist es wichtig, solches Wissen, das dem Ich schon eingeschmolzen ist, zu unterscheiden von demjenigen Wissen, das noch nicht durch das Gespräch mit

Engeln hindurchgegangen ist, das für eine Wandlung offen bleiben sollte, solange der Mensch auf Erden lebt. Denn dadurch wird es für Engel interessant. Es ist ein durch den Menschen hindurchgegangenes Stück Erdenweisheit – nach der Engel dürsten.

Selten ist es möglich, den Schicksalshintergrund zu finden, aus dem heraus sich eine Gewissheit gebildet hat. So weist Rudolf Steiner seine Zuhörer in einem bestimmten Vortrag darauf hin, dass sie Anthroposophie deshalb so gut verstehen, weil sie in einem früheren Erdenleben von Druiden Lehren aufgenommen haben, die heute in der Tiefe der Seele ruhen.[93] Selbstverständlich ist das heute Gehörte nicht eine Wiederholung der damaligen Inhalte, sondern es ist durch eine Wandlung hindurchgegangen, durch ein Gespräch mit Engeln.

Lebensgerechte Fragen stellen

Jeder Erkenntnisweg, in der wissenschaftlichen Forschung wie auch in der Meditation, geht von Fragen aus, die das Leben stellt. Denn wer lebensgerecht fragt, ist bereits auf dem Wege zu einer lebensgerechten Antwort, während den Fragen, die nur ausgedacht sind, oft der Bezug zur Realität fehlt.

Eine Frau hatte ein Kind, dessen geistige Behinderung für jeden Besucher auf den ersten Blick erkennbar war, nur nicht für die Mutter. Jahrelang war sie überzeugt, dass ihr Kind normal veranlagt sei, sich nur langsamer entwickle als andere Kinder. Bis sie schließlich zugab, zugeben musste: Ich habe ein behindertes Kind. Aber weshalb? Sie hatte sich auf das Kind gefreut, es war ein Wunschkind. Während der Schwangerschaft hatte sie vernünftig gelebt, schwerwiegende Fehler in Pflege oder

Erziehung waren nicht zu erkennen. Der Arzt versuchte, ihr einiges über mögliche physiologische Störungen während der Geburt zu sagen, aber das war keine Erklärung für den Grund der Behinderung, mit der sie als Mutter leben konnte. Die Fürsorge und die Geduld der Mutter waren eine Wohltat für das Kind in dessen ersten Lebensjahren, reichten aber immer weniger aus, als heilpädagogische Maßnahmen notwendig wurden. Das konnte die Mutter schließlich einsehen. Mit der veränderten Einstellung zu ihrem Kind hatte sie sich nun auch selbst gewandelt. Aus dem frohen, manchmal etwas oberflächlichen Menschen war eine lebensreife Frau mit tiefen Fragen nach dem Sinn des Lebens und des Schicksals geworden. Für das Schulalter brachte sie ihr Kind in ein Heim, konnte es aber dort regelmäßig besuchen und ihre liebevolle Beziehung aufrechterhalten. Einige Jahre später starb das Kind. Als die Mutter am Sarg stand, konnte sie es kaum wiedererkennen. Nichts mehr war zu sehen von geistiger Behinderung. Die Tochter hatte ein schönes Totenantlitz.

Die Frage nach dem Grund der Behinderung tauchte erneut auf, nun aber in gewandelter Form. Sie lautete nicht mehr: Weshalb habe ich ein behindertes Kind?, sondern: Welchen Sinn hatte das Leben für dieses Kind? Die Frage wurde jetzt vom Tode her, im Überblick über das ganze Leben, gestellt. Wenn solche Fragen auftauchen, sind oft auch Menschen zur Stelle, die «Antworten» griffbereit haben, ohne den Ernst der Fragestellung mitgelebt zu haben. So auch hier. Eine befriedigende Erklärung seien die physiologischen Störungen, auf die der Arzt verwiesen hatte, in der Tat nicht. Denn Schicksal sei in früheren Erdenleben veranlagt, und mit dieser Behinderung sei ein schlechtes Karma von früher ausgeglichen. Dieser Satz war vielleicht sogar als Trost gemeint. Die Mutter aber spürte, dass die «Antwort» an ihrer Frage vorbeiging, sie fühlte sich nicht verstanden – und nicht getröstet.

Die Frage dieser Frau bezog sich nicht auf Behinderungen im Allgemeinen, sondern auf ihr Kind. Die Frage war am Leben abgelauscht und deshalb konkret, individuell. Die Mutter wusste, dass die lichte Ausstrahlung, die ihr Kind im Leben wie im Tode hatte, nicht aus schlechtem Karma zu erklären ist, nur konnte sie das noch nicht formulieren. Doch spürte sie, dass die Frage auf einen anderen Weg zur Antwort wies. Im Gespräch konnte sie dann verstehen, dass der Sinn des Schicksals nicht nur im Leben desjenigen Menschen zu finden ist, der dieses Schicksal hat, sondern auch in der Beziehung zu anderen Menschen. Dieser Gedanke erst machte die Fragehaltung offen für eine umfassendere Sicht auf das Problem. Konnte nicht der Sinn des Kindeslebens auch und vor allem in dem gesehen werden, was die Tochter für ihre Mutter getan hat, sie zu einer Vertiefung ihrer Lebensauffassung zu führen? Diese Richtung der Erkenntnis passte im Verständnis der Mutter viel besser zum lichten Wesen ihres Kindes. Sie zeigte, dass die Mutter anfangs nicht nur blind war für die Behinderung ihres Kindes, sondern auch sehend für dessen wahres Wesen – und schließlich, dass der Anblick der Toten wie ein Wink des Schicksals war, das Wesentliche an ihrem Kind in Erinnerung zu behalten, das hinter dem Bild der Behinderung sich verborgen hatte. Diese Sicht auf das Thema eröffnete neue Fragen: Ist das, was die Tochter für die Mutter getan hat, der Ausgleich für etwas Gutes, was die heutige Mutter ihrer heutigen Tochter in einem früheren Erdenleben (wahrscheinlich damals gar nicht in einer Mutter-Tochter-Beziehung) getan hat? Oder ist das gar nicht aus der Vergangenheit zu erklären, sondern veranlagt das erst eine Zukunft? Jedenfalls konnte die Mutter nun an ihre verstorbene

Tochter in einer neuen Art denken, ihr dankbar sein. Und das ist ja die angemessene Beziehung zu Toten. Richtig, lebensgerecht zu fragen, ist oft wichtiger, als Antworten parat zu haben.

Weshalb hat die Frau überhaupt nach dem Grund der Behinderung gefragt? Doch wohl deshalb, weil die Aussage des Arztes, die möglicherweise sogar richtig war, die Suche nach Schicksalsverständnis nicht befriedigen konnte. Ein Missgriff oder vielleicht ein bloßer Zufall (bei der Geburt) ist keine Erklärung des Kindesschicksals für eine Mutter. Solche «Erklärungen» sind nicht Antwort auf eine Frage, sondern ersticken eher die Frage nach dem Schicksal des Kindes. Die Mutter hat ihr Kind in den frühen Lebensjahren nicht realistisch gesehen und doch wurde sie dem Kind besser gerecht als der fachkundige Arzt, ganz zu schweigen von den Bekannten, die eine Schuld im Schicksal des Kindes konstruierten. Die höchste Instanz hat der Mutter recht gegeben: der Tod, der sich im Totenantlitz ausgesprochen hat. Vom Kind ging Licht aus, nicht Schatten und nicht Ausdruck eines sinnlosen Missgriffs.

Die Mutter hat es verstanden, mit ihrer Frage zu leben, ohne sich mit einer raschen Antwort zufrieden zu geben. Und sie hat sich mit ihrer Frage am Wesen des Kindes orientiert. Sie war zunächst blind für das Bild der Behinderung, aber sie war wach für das Wesen des Kindes. Ihre spätere Frage ist an der Wirklichkeit des Kindes orientiert, die für den Blick der anderen Menschen erst im Totenantlitz sichtbar wurde, die die Mutter bei ihrem Kind in dessen frühen Lebensjahren zwar nicht gesehen, aber gespürt hat. Die Frage der Mutter war in der Wirklichkeit des Kindes verwurzelt. Fragen in dieser Art zu stellen, ist Ausgangspunkt der meditativen Erkenntnis. Und es ist eine Gewähr dafür, dass der Erkenntnisweg zu lebensgemäßen Antworten führt.

«Nicht die Wahrheit», so sagt Lessing gegen Ende seines Lebens, «in deren Besitz irgendein Mensch ist oder zu sein vermeinet, sondern die aufrichtige Mühe die er angewandt hat, hinter die Wahrheit zu kommen, macht den Wert des Menschen. Denn nicht durch den Besitz, sondern durch die Nachforschung der Wahrheit erweitern sich seine Kräfte, worin allein seine immer wachsende Vollkommenheit besteht. Der Besitz macht ruhig, träge, stolz. – Wenn Gott in seiner Rechten alle Wahrheit und in der Linken den einzigen, immer regen Trieb nach Wahrheit, obschon mit dem Zusatze, mich immer und ewig zu irren, verschlossen hielte und spräche zu mir: Wähle! Ich fiele ihm mit Demut in seine Linke und sagte: Vater, gib! Die reine Wahrheit ist ja doch nur für dich allein.»[94]

Mit Fragen zu leben, vielleicht lange Zeit zu leben, ohne auf «abschließende Antworten» zu blicken, das ist notwendig für die meditative Erkenntnis. Denn abschließende Antworten kann es sinnvollerweise nur auf einem Gebiet geben, auf dem die Entwicklung zu Ende gekommen ist, nicht in der Welt des Werdenden. Was gesetzhaft geordnet ist, das ist auch für die Zukunft bestimmt, das kann abschließend erkannt werden. Wo ein *Wesen* handelt, muss abgewartet werden, was es tut, und jede Handlung wird das Verständnis dieses Wesens bestätigen, erweitern oder korrigieren. Meditation richtet sich nicht auf die Welt des Gewordenen, auf die Welt, in der Gesetze gelten. Für die Erkenntnis der gewordenen Welt ist ein gesetzhaftes Denken geeignet und ausreichend. Meditation richtet sich auf die Welt des Werdenden, sie ist Wesens-Erkenntnis, nicht Gesetzes-Erkenntnis. Und ein Wesen, etwa ein anderer Mensch, erschließt sich nur, wenn wir nach ihm fragen, ständig in neuer Weise nach ihm fragen. Deshalb ist es so wichtig, das Leben in der Fragehaltung zu üben. Der (angebliche) Besitz der

Wahrheit macht, wie Lessing sagt, ruhig, träge, stolz. Und diese Haltung führt nicht zu einer meditativen Erkenntnis.

In seiner letzten Darstellung der Anthroposophie, in den *Anthroposophischen Leitsätzen,* geht Rudolf Steiner noch einen Schritt weiter. Anthroposophen, so sagt er dort, können nur Menschen sein, die gewisse Fragen über das Wesen des Menschen und die Welt so als Lebensnotwendigkeit empfinden, wie man Hunger und Durst empfindet.[95] Anthroposoph kann also nur sein, wer Fragen nicht nur stellt, sondern für den Fragen so wichtig sind wie die Befriedigung von Hunger und Durst. Und das sind sicher nicht ausgedachte, sondern fundamentale Lebensfragen. Nicht erst für das Meditieren, sondern schon für das Verständnis meditativer Erkenntnisse ist die Frage-Haltung notwendig. Wer nicht immer neu nach den Rätseln des Lebens fragt, kann Anthroposophie nicht verstehen.

Der Ernst lebensgerechter Fragen lässt sich vielleicht am besten im Umgang mit Kindern lernen. Da gibt es bestimmte Phasen, schon im sechsten oder im zehnten Lebensjahr, in denen die Kinder-Fragen besonders tief greifen. Das Kind hat über das Leben und die Welt immer wieder nachgedacht, es hat sich nicht nur gefragt, *was* es gibt, sondern *weshalb.* Weshalb die Blumen und die Tiere, weshalb die Wolken und die Sonne, weshalb schließlich die Eltern und ich selbst? Die Frage reift allmählich, bis sie offen gestellt wird. «Mama, weshalb eigentlich hat der liebe Gott die Welt geschaffen?» Mit dieser Frage legt das Kind nicht nur seine Gedanken offen, sondern sich selbst, den fragenden und suchenden Menschen. Es öffnet sich, und damit ist die Hoffnung auf eine rechte Antwort verbunden, auf eine Antwort, an die der Gefragte selbst glaubt und an die auch das Kind glauben kann. In einem solchen Augenblick kann durch eine einzige gute Antwort mehr erreicht werden als in langen Zeiten des Alltags – aber es kann auch viel verdorben werden, denn das Kind hat sich nicht nur geöffnet, sondern auch verwundbar gemacht, es hat sich in seinem Wesenskern exponiert. «Weißt du, Cornelia, der liebe Gott möchte alle Menschen, Tiere und Blumen lieben und deshalb hat er sie geschaffen. Wenn sie nicht da wären, könnte er ja nur sich selbst lieben, und das will er doch sicher nicht.» Eine solche Antwort nimmt nicht nur die Frage ernst, sondern wird auch dem Wesen Gottes, der Liebe, gerecht. Und sie schließt nicht ab, sondern regt zu anderen Fragen an. Das Kind erlebt, dass es als fragender Mensch aufgenommen und angenommen ist. Und einen Menschen, der so antwortet, wird das Kind gerne wieder fragen.

Der Erwachsene kann am Kind lernen, nicht nach etwas, nicht nach bloßen Informationen zu fragen, sondern nach sich selbst. Um solche Fragen geht es in der meditativen Erkenntnis. Wer nicht aus innerer Betroffenheit fragt, versteht nie und nimmer die Anthroposophie – und auch nicht die großen alten Weisheitslehren.

Es gibt manche kritische Bemerkungen über Anthroposophen, die an der Wirklichkeit vorbeigehen und deshalb nicht allzu viel Beachtung verdienen. Aber es gibt auch Kritik, die trifft. «Anthroposophen», so wird manchmal gesagt, «sind schwer zu ertragen, weil sie alles wissen» (oder zu wissen meinen). Ein guter Anthroposoph aber weiß gar nichts, sondern ihm fällt, wenn es an der Zeit ist, das Rechte ein. Nach Vorträgen kommen immer wieder Fragen, die beginnen: «Eigentlich sollte ich das öffentlich gar nicht fragen, es ist allzu persönlich.» Dann werde ich hellhörig, denn jede echte Frage ist ganz persönlich, und gerade deshalb interessiert sie die anderen. Sie ist individuell gestellt und kann nur individuell beantwortet werden. Sachfragen richten sich auf Informationen, Lebensfragen suchen Antworten. Und um Antworten zu finden, ist es nötig, nicht, solange der andere spricht, sich schon diesen oder jenen Gedanken für eine Antwort zurechtzulegen, sondern den anderen aussprechen zu lassen und dann still zu werden. Wenn ich nicht nur die Frage höre, sondern auch den fragenden Menschen, fällt mir meistens eine Antwort ein. Manchmal etwas Wichtiges erst am nächsten Morgen, denn in der Nacht hat mich der andere offenbar weiter gefragt. Gute Antworten vergesse ich oft bald wieder, leider oder glücklicherweise, denn eine neue, scheinbar ähnliche Frage verlangt vielleicht eine ganz andere Antwort.

Meditative Erkenntnisse sind nicht Informationen über die geistige Welt, sondern Antworten auf Lebensfragen. Und sie finden ihre Rechtfertigung dadurch, dass sie von Generation zu Generation in neuer Weise als Antworten angenommen werden.

Die Prüfung meditativer Erkenntnisse an der Lebenserfahrung

Wenn wir eine überraschende Mitteilung erhalten, pflegen wir deren Glaubwürdigkeit an der bisherigen Lebenserfahrung zu überprüfen. In der Erfahrung spricht der Mensch in uns, der im Leben gereift ist und Sicherheit gewonnen hat, der das Leben kennt.

Meditation öffnet den Blick auf eine Welt, die nicht in gleicher Weise vertraut ist. Die bisherige Lebenserfahrung gibt daher keinen verlässlichen Beurteilungsmaßstab. Wer ungeprüft hinnimmt, was über die Verhältnisse der irdischen Welt gesagt wird, verliert die sichere Orientierung in dieser irdischen Welt.

Aber das Leben sorgt oft rasch für die notwendige Korrektur: Wer auf die realen Verhältnisse der Welt nicht achtet, fällt auf die Nase. An der geistigen Welt stößt der Mensch nicht ebenso hart an. Deshalb ist die sorgfältige Prüfung meditativer Erkenntnisse am Leben noch notwendiger als die Prüfung neuer Aussagen über die irdische Welt. Anthroposophie ist nichts für Menschen, die Berichte über Visionen nur auf Treu und Glauben hinnehmen wollen, sondern sie ist nur für solche Menschen, die gewissenhaft mit entsprechenden Berichten umgehen wollen. Wie aber soll jemand, der nicht selbst hellsehend ist, die Erkenntnisse der meditativen Forschung prüfen?

Indem er selbst zu meditieren beginnt. Das steht ja jedem Menschen frei. Aber damit würde man denen, die nicht meditieren, die Möglichkeit zum Urteil auf diesem Gebiet absprechen. Das ist wissenschaftlich nicht zulässig. Ein Geograf kann davon sprechen, dass in bestimmten Gebieten Zentralasiens der Unterschied zwischen Sommer- und Wintertemperaturen viel größer ist als in den Küstenregionen. Wer das nicht glaubt, kann ja dorthin reisen und ein Jahr lang die Aussagen prüfen. Von dem Geografen erwartet man jedoch, dass er seine Aussage durch die Begriffe von Kontinentalklima und ozeanischem Klima, von der langsameren Erwärmung und Abkühlung der Wassermassen verständlich macht, damit der Leser die Aussage über die Temperaturen nicht nur hinnehmen, sondern auch einsehen kann – vorausgesetzt dass er sich auf physikalisches und geografisches Denken einlässt.

Entsprechend darf von einer geisteswissenschaftlichen Darstellung erwartet werden, dass sie einem gewissenhaft prüfenden Denker einleuchtet, wenn dieser sich auf die Bedingungen des meditativen Erkennens einlässt. Anders gesagt: Die Inhalte einer Schau mögen für denjenigen bedeutungsvoll sein, der sie hatte, zu einer meditativen *Erkenntnis* werden sie erst, wenn sie dem gewissenhaft prüfenden Denker einleuchten können.

Meditation sucht ein vertieftes Verständnis des Lebens. Ihre Ergebnisse haben sich nicht vor der bisherigen Lebenserfahrung, vor dem bisherigen Weltbild zu rechtfertigen, sondern das weitere Leben soll sein Ja oder sein Nein zu dem, was in der Meditation gefunden wurde, sagen. Zum Beispiel bei der Frage: Gibt es eine Wiederverkörperung des Menschen? Wenn auf diese Frage ein Gewissheitserlebnis antwortet, dann liegt es nahe, den Gedanken anzuerkennen. Wenn aber für mich manches für und manches gegen den Gedanken der Wiederverkörperung spricht? Dann kann ich die Entscheidung offen lassen und prüfen, ob das weitere Leben diesen Gedanken wahrscheinlicher macht oder nicht. Ich lasse das Leben sprechen, nicht ein vorgefasstes Urteil. Auf die Sprache des Lebens zu warten, vielleicht lange Zeit zu warten, verlangt eine geistige Disziplin, auf die nicht zu verzichten ist, wenn es um meditative Erkenntnis geht.

Als ich selbst zum ersten Mal von Wiederverkörperung hörte, antwortete, wie geschildert, ein Gewissheitserlebnis. Aber der Gehalt des Wiederverkörperungsgedankens hat sich für mich im Laufe des Lebens wesentlich gewandelt, einmal, indem ich mich damit beschäftigt habe, wie bedeutende Schriftsteller dieses Thema behandelt haben, vor allem aber durch drei Erlebnisse. Eines im Umgang mit einem «geistig behinderten» Menschen, in dem mir eine bedeutende Persönlichkeit begegnet ist, die jedoch ihre Größe in dieser Inkarnation nicht ausleben konnte, weil Seele und Leib, von wenigen Augenblicken abgesehen, nicht genügend transparent waren für den Zugriff des Ich. Das zweite Erlebnis war der Blick eines neugeborenen Kindes, durch den mir das Leben des Menschen vor der Geburt viel realer und konkreter wurde, als es die schönsten Beschreibungen zeigen können. Das dritte Erlebnis war der Blick eines friedlich sterbenden Menschen, der mir mehr über das nachtodliche Leben gesagt hat, als ich aus der Literatur erfahren konnte.

An den drei Erlebnissen war charakteristisch, dass eine wichtige Erkenntnis blitzartig aufleuchtete und einen größeren Lebenszusammenhang verständlich machte, ähnlich wie das ist, wenn die Lösung einer schwierigen Aufgabe plötzlich «einfällt». Denn geistige Erlebnisse vollziehen sich in einer überzeitlichen Ebene, sie scheinen daher ein ganz anderes Tempo zu haben als Erlebnisse in der irdischen Welt. Deshalb ist es wichtig, in diesen Augenblicken wach und geistesgegenwärtig zu sein. Zwar kehren solche glücklichen Gegebenheiten vielleicht wieder, aber nicht beliebig oft.

Den drei erwähnten Erlebnissen ist gemeinsam, dass ich nicht eine Mitteilung erhalten habe, die in Worten eindeutig wiederzugeben ist, sondern dass ich den Menschen wahrgenommen habe, der nicht eingebunden ist in seine leibliche Existenz

- den geistig souveränen, weisen «Behinderten», der in seinen Leib gar nicht voll inkarniert war, sondern ihn eher nur berührt hat
- das Kind, das mit einem tiefen Wissen und mit einer großen Kraft mich angeblickt hat, die den vorgeburtlichen, mit der geistigen Welt noch verbundenen Menschen vergegenwärtigten
- den Sterbenden, der in den Frieden der nachtodlichen Welt schon aufgenommen war und der von diesem Frieden in seinem Blick mitteilen konnte.

Die Wirklichkeit der geistigen Welt besteht, das zeigt sich hier, nicht aus Ideen, die abschließend formuliert und übermittelt werden können, sondern die geistige Welt wird erfahren in der

Begegnung mit geistigen Wesen, mit menschlichen oder übermenschlichen, und es ist gar nicht leicht, die Begegnung mit einem Menschen oder mit einem Engel so klar und zugleich so zart zu beschreiben, dass der Zauber dieser Begegnung erhalten bleibt.

Diese Erfahrungen haben mir den Gedanken der Wiederverkörperung bestätigt, ihm zugleich aber eine neue Wendung gegeben. Zunächst hatte ich vor allem in einer zeitlichen Folge gedacht, der Mensch geht Schritt um Schritt seiner Entwicklung im Erdenleben und entsprechend zwischen Tod und neuer Geburt. Schicksal hatte ich verstanden als Strom einer Handlung, der aus der Vergangenheit kommt und von dort her die Zukunft bestimmt. Die Wahrnehmung des Menschen, der noch oder schon wieder souverän ist gegenüber seiner irdischen Erscheinung, hat mir gezeigt, dass das Ich nicht in den bisherigen Schritten des Weges lebt, sondern in dessen Zielpunkt. Ich bin nicht nur der, der ich geworden bin, sondern ich bin auch der, der ich werden kann und will. Schicksal ist nicht nur aus der Vergangenheit, aus Ursachen heraus zu erklären, sondern Schicksal ist der Weg des Menschen zu sich selbst, in seine Zukunft. Wenn das Ich im Zielpunkt der Entwicklung lebt, dann ist es nicht kausal, aus der Vergangenheit heraus bestimmt. Dann rücken aber auch diejenigen Wesen, die den Zielpunkt des Entwicklungsweges schon im Blick haben, in den Mittelpunkt des Interesses. Schicksal ist dann nicht mehr nur ein Strom der Ereignisse in der Zeit, sondern es wird zum Dialog zwischen Engeln und Menschen. Der Gedanke an Wiederverkörperung wurde durch das weitere Leben bestätigt, aber tief greifend verwandelt – sodass ich heute nicht mehr über Schicksalszusammenhänge von Erdenleben zu Erdenleben sprechen möchte, ohne auch über Engel zu sprechen.

Hier handelt es sich um eine Gedankenrichtung, die sich durch Lebenserfahrung im Laufe von Jahrzehnten herausgebildet hat. Das Leben aber kann für den aufmerksamen Beobachter oft viel schneller Stellung nehmen. Im Laufe einer Nacht. Bei schwierigen Erkenntnis- oder Lebensfragen sagen wir oft, die müssten wir erst überschlafen. Wie bereits im zweiten Kapitel dargestellt, verändert der Durchgang durch den Tiefschlaf, in dem wir nichts mehr von uns selbst wissen, aber tief in unsere Gedankenwelt eintauchen, unser Denken. Es wird wesentlicher und individueller. Das selbstvergessene Mitleben mit der Welt nimmt Stellung zu den Gedanken des Vortages, verändert vielleicht nicht nur die Ergebnisse des Nachdenkens, sondern auch dessen Ausgangspunkt, die Fragestellung. Oft geht es dabei nicht um die Ersetzung des einen Gedankens durch den anderen, sondern um eine Veränderung der Gedankenrichtung. Gedanken von gestern gewinnen oder verlieren an Überzeugungskraft – für denjenigen, der fein beobachten kann. Und diese Korrekturen geben dem Menschen Sicherheit, ähnlich wie die Gewissheitserlebnisse. Doch die Gewissheiten, wie sie zu Beginn dieses Kapitels geschildert wurden, bringt der Mensch bei seiner Geburt mit, die hier gemeinten Korrekturen erfolgen aus der verantwortungsbewussten Verbundenheit mit der irdischen Welt.

14.
Geisteswissenschaftliche Forschung

Inhalte der Forschung

Ergebnisse der wissenschaftlichen Forschung werden heute hoch geschätzt, vor allem wohl deshalb, weil man sie für sicher und zeitlos gültig hält. Doch jedes Forschungsergebnis gibt, ob es nun ausgesprochen wird oder nicht, den «heutigen Stand der Wissenschaft» wieder. Kein ernsthaft arbeitender Wissenschaftler wird erwarten, dass seine Aussagen nicht wieder infrage gestellt werden. Vielleicht erkennen andere Forscher neue Aspekte eines Problems, die zunächst übersehen worden waren, oder eine veränderte kulturgeschichtliche Situation setzt neue Akzente für die Forschung. Das menschliche Denken hat die erstaunliche Fähigkeit, auf Nebenwegen oder gar durch Irrtümer den Weg zur Wahrheit zu finden. Auf diese Aussicht verzichtet, wer für seine Erkenntnisse Endgültigkeit oder gar Unfehlbarkeit beansprucht. Das gilt für die anthroposophische geisteswissenschaftliche Forschung selbstverständlich ebenso wie für die naturwissenschaftliche.

Was kann zum Thema wissenschaftlicher Forschung werden? Grundsätzlich jeder Inhalt, an dem Forscher oder deren Auftraggeber interessiert sind. Auch solche Fragen können aufgegriffen werden, die sich zunächst der wissenschaftlichen Erkenntnis zu entziehen scheinen. Zum Beispiel: Ist es wohl möglich, aus der Legende den historischen Kern der Berichte über das Leben Buddhas herauszuschälen? Da wäre es selbstverständlich sinnlos, mit dem Rotstift alle Aussagen auszustreichen, die nicht «historisch zu belegen» sind, denn dann würde fast nichts oder gar nichts übrig bleiben. Es gilt vielmehr zu unterscheiden, welche Inhalte der Legende als historischer Bericht zu verstehen sind und welche Inhalte die bildhafte, symbolische Beschreibung seelischer Vorgänge sind. Wenn die Legende erzählt, dass der künftige Buddha als weißer Elefant mit sechs Stoßzähnen in besonnener Bewusstheit zur rechten Seite in den Mutterleib eingegangen ist, so sind diese Worte auch für den gläubigen Buddhisten selbstverständlich nicht physiologisch zu verstehen, sondern als Ausdruck einer geistigen Realität. Die Mythenforschung zeigt, dass mit dem weißen Elefanten ein erhabenes himmlisches Wesen gemeint ist, weise und kraftvoll, dessen außergewöhnliche Würde in den kostbaren sechs Stoßzähnen sichtbar wird.

In der Legende sind imaginative Bilder nicht die Wiedergabe einer Beobachtung, die jeder mitvollziehen kann, der am Ort des Geschehens ist, sondern sie fordern zur Vertiefung in ihren Sinngehalt auf. In der historischen Forschung können Zeit und Ort der Geburt Buddhas einigermaßen genau bestimmt werden und damit kommt deren Untersuchung zum Abschluss, es sei denn, neue Fakten werden bekannt oder bereits bekannte werden neu interpretiert. Die Vertiefung in den Gehalt eines imaginativen Bildes aber kommt nicht in gleicher Weise zum Ende, sondern kann in jedem Menschen durch neue Erkenntnisse bereichert werden.

Historische Forschung sucht nach Fakten, die jeder nüchterne Beobachter in gleicher Weise sehen könnte, wenn er Augenzeuge wäre. Dass der weiße Elefant nicht mit Augen zu sehen war, wird wohl auch jeder gläubige Buddhist zugeben.

Das symbolische Bild aber will gar nicht eine Sinnesbeobachtung wiedergeben, sondern einen geistigen Tatbestand, in den man eintauchen, in den man sich vertiefen kann. Die Art der Zuwendung ist ganz verschieden, je nachdem, ob man ein fertiges, ein gegebenes Bild vor sich hat, das möglichst genau zu beschreiben und dann in einen größeren Zusammenhang einzuordnen ist, oder ob man es mit einem Bild zu tun hat, das einen tiefer liegenden Gehalt symbolisiert und dessen Symbolsprache allmählich verstanden werden will.

Jede wissenschaftliche Arbeit geht von einer speziellen methodischen Schulung aus. Diese Spezialisierung ist im Prinzip für jeden Wissenschaftler möglich. Wenn ein bestimmtes Thema noch nicht erschlossen ist, so liegt das eben daran, dass die Forschungsmethode für dieses Thema noch nicht entwickelt wurde. Das ist also eine vorübergehende Einschränkung der Forschungsinhalte. Im Rahmen dessen, was überhaupt erkennbar ist, kann es eine prinzipielle Eingrenzung der Forschungsinhalte jedoch nicht geben. Geisteswissenschaftliche Forschung jedoch findet ihre Grenze nicht nur vorübergehend im Entwicklungsstand der Forschung, sondern auf Dauer im Lebenskreis des Forschers. Denn wissenschaftliche Forschung im gewohnten Sinne ist bis zu einem gewissen Grade in der Distanz zum Forschungsinhalt möglich, geisteswissenschaftliche Forschung nur in persönlicher Betroffenheit. Der Forscher steht seinem Forschungsinhalt nicht neutral gegenüber, sondern er lässt ihn nahe an sich herankommen, sich von ihm berühren, und er spürt an sich selbst ab, wie der Forschungsinhalt ihn verändert. Der Forschungsinhalt wird für ihn zum Gesprächspartner. Geisteswissenschaftliche Erkenntnis kann als dialogischer Prozess verstanden werden. Des Forschers «Selbsterkenntnis besteht [...] vorzugsweise darin, die Grenzen der eigenen Fähigkeiten zu schauen»,[96] also zu beachten, dass geisteswissenschaftlich nur erkannt werden kann, was vorher durchlebt worden ist. Vom Forscher selbst, nicht von anderen, die ihm berichten.

Der eigene Lebenskreis kann durch Initiative und Verantwortung erweitert werden, und damit erweitern sich auch die Grenzen für geisteswissenschaftliche Forschung. Allgemeiner formuliert: In der Anthroposophie kommt es darauf an, «stehen zu bleiben innerhalb desjenigen, was uns Menschen angeht», von dem wir betroffen sind.[97]

So wird eine Fragestellung korrigiert, die in der Diskussion um Geisteswissenschaft oft eine große Rolle gespielt hat: «Ist es dem Menschen erlaubt, Erkenntnis auf einem Gebiet zu suchen, das dem Glauben gehört?» Vielleicht glaubte man sogar, allgemeingültig bestimmen zu könne, bis zu welcher Grenze Menschen in ihrer Erkenntnis vordringen dürfen. «Es gibt keinen größeren Hochmut als den, der von sich aus entscheiden will nicht nur über das, was er nicht weiß, sondern sogar entscheiden will darüber, was der Mensch wissen darf oder nicht wissen darf. Das ist der Hochmut, der sich selbst als Norm hinstellt für alle Menschen. Dagegen ist es geistige Demut, wenn der, welcher auf dem Boden der Geisteswissenschaft steht, selbst über nichts anderes entscheiden will, als was er wissen kann. Über das, was jenseits unserer Grenzen der Erkenntnis liegt, reden wir nicht.»[98]

Wie dieser eigene Lebenskreis erweitert werden kann, zeigt vielleicht das folgende Beispiel. Rudolf Steiner hatte sich nach einem Besuch in Mailand mit dem Christus- und mit dem Judas-Gesicht auf dem Abendmahl-Bild Leonardos beschäftigt. Um an dessen künstlerische Intention heranzukommen, lag es nahe, in der Akasha-Chronik das Bild des malenden Leonardo da Vinci aufzusuchen. Eine intime Berührung mit der künstlerischen Intention war jedoch deshalb schwierig, weil Rudolf Steiner nicht eine persönliche Schicksalsbeziehung zu Leonardo besitzt. Die beiden gehören verschiedenartigen Schicksalsströmen an. Steiner aber hatte einen verstorbenen Freund, der seinerseits eine Schicksalsbeziehung zu Leonardo hatte. Die Seele dieses toten Freundes war vermittelnd dabei. «Während Leonardo da Vincis Seele bis jetzt wohlgefällig hierher gesehen hat, will sie jetzt nicht mehr, dass weitergeforscht werde.»[99] Dabei zeigt sich wieder, dass der Mensch in der geistigen Welt nicht zu Erkenntnissen kommt, wenn er etwas sehen will, sondern weil «man selber gesehen wird».[100] Vor allem «wenn wir in die Nähe eines Toten kommen sollen, dann muss das von dem Toten selber ausgehen», und da können neue Erkenntnisse gewonnen werden. «Was wir aber von der geistigen Welt durch die willentliche Entwicklung unserer Fähigkeiten erkennen können, das ist dasjenige, was uns selber angeht.»[101]

Auch in anderen Situationen kann es vorkommen, dass der Geistesforscher eine Aufgabe von sich aus nicht bewältigen kann. So als Rudolf Steiner sich mit einer Zeitepoche beschäftigte, in der er selbst nicht auf der Erde gelebt hatte, in den frühchristlichen Jahrhunderten. «Ich bemerkte: Wenn du deine Gedanken noch so anstrengst, sie haben nicht die Tragkraft zu durchschauen das betreffende Gebiet. Es ist genauso, wie wenn man etwas heben will und die physische Kraft nicht hat, das betreffende Gewicht aufzuheben.»[102] Da war zu spüren «das Eindringen fremden Willens und fremden Fühlens in den eigenen Willen, in das eigene Fühlen». Und es wurde deutlich, dass dieser Wille herrührte von einem Freunde, der erst ein Jahr zuvor noch ziemlich jung verstorben war, der in eben jener Zeitepoche gelebt hatte, aber damals die Impulse der Zeit nicht ganz sich hatte aneignen und verarbeiten können. Die jetzt unverbrauchte Lebenskraft erlaubte es ihm, das nachzuholen und zu erreichen, «dass der Lebende in die Lage kam, ein Problem zu lösen, zu dem er brauchte die Kraft des Toten».[103]

Es ist nicht nur das Interesse des forschenden Geisteswissenschaftlers, sein Erfahrungsgebiet zu erweitern, sondern viele Tote «wollten noch hereinwirken in das physische Leben, aber sie können es nur auf dem Umwege über Menschenseelen, wenn Menschenseelen sich in der entsprechenden Weise hingeben». Das war offenbar recht intensiv und früh der Fall in der Beziehung Rudolf Steiners zu Goethe. Was Steiner in seinen Goethe-Studien geschrieben hat, war nicht nur «literarhistorische Forschung ..., sondern Mitteilung dessen, was er mir gesagt hat».[104] Es beruhte «auf der Inspiration des nicht mehr auf der Erde weilenden Goethe».[105] Es ist wohl deutlich, dass Goethe Jahrzehnte nach seinem Tode sehr interessiert daran war, von den Lebenden besser verstanden zu werden, als dies bisher der Fall war, und dass er von sich aus ein solches Verständnis anzuregen versuchte durch die Beziehung zu einem Goethe-Forscher. Das bedeutet auch, dass Goethe Jahrzehnte nach seinem Tode wahrnahm, was im Kulturleben geschah, dass er also mit der weiteren geschichtlichen Entwicklung verbunden blieb. Das ist selbstverständlich nicht bei allen Toten der Fall. Es gibt auch verantwortlich engagierte Zeitgenossen, die sich nach dem Tode rasch und entschieden lösen und daher weniger bereit sind, sich dem Geistesforscher zuzuwenden.

Verstorbene können dem Geistesforscher nicht nur neue Inhalte erschließen, sie können auch Vertrautes in einem neuen Lichte erscheinen lassen. Spirituelle Gedanken, die über die Todesschwelle mitgenommen werden, können eine Bestätigung oder eine Korrektur erfahren, vor allem aber können sie für den

Geistesforscher ihren Gehalt vertiefen. Das schildert Rudolf Steiner besonders eindrucksvoll nach dem Tode Christian Morgensterns, der ja in seinen letzten Lebensjahren sich sehr intensiv in die Anthroposophie eingearbeitet hatte. «In dem Maße, in dem der Leib kränker wurde, gleichsam verdorrte, hob sich aus dem dorrenden Leibe eine Welt von Imaginationen, kosmischen Imaginationen, heraus. Nun ist die Persönlichkeit durch die Pforte des Todes gegangen, und die Imaginationen beginnen in wunderbarer Schönheit aufzuleuchten [...] dass man dadurch noch ein wunderbar reicheres Gewinnen an Erkenntnissen der geistigen Welt erlangt als durch unmittelbares Anschauen selbst.»[106] An anderer Stelle heißt es: «Gesagt werden darf, dass man unendlich mehr noch lernt, als man aus dem unmittelbaren Anblick der weiten geistigen Wirklichkeit lernen kann, wenn man vor sich hat den Freund, der gestorben ist, der in seiner eigenen Seele nach dem Tode eine Widerspiegelung enthält alles dessen, was geschildert werden durfte seit vielen Jahren aus den geistigen Welten heraus.»[107]

Diese Erfahrungen an Verstorbenen zeigen wohl besonders deutlich, dass Geistesforschung ein Gespräch mit geistigen Wesen, mit menschlichen oder auch übermenschlichen Wesen ist. Dass es eine Begegnung ist, die nicht willkürlich herbeigeführt werden kann, sondern auf die man zu warten hat, weil sie den Willen auch des anderen voraussetzt. So wie auch ein Gespräch unter Menschen nur im rechten Augenblick sich ergibt, weil es von allen Gesprächspartnern gewollt ist. Der Begriff «Inhalte der Forschung», wie er in der Überschrift dieses Abschnitts verwendet wurde, ist daher mit Vorsicht zu verwenden, er meint nicht ein neutrales Verhältnis zu diesen Inhalten, sondern die persönliche Beziehung zu einem Gegenüber, zu einem Gesprächspartner. Der in der wissenschaftlichen Forschung gewohnte Begriff «Forschungsobjekt» ist deshalb hier ganz unbrauchbar. Objekte werden untersucht, mit ihnen kommt man nicht ins Gespräch, sie sind stumm, aber handhabbar. Objekte werden in einem Weltbild so angeordnet, dass ihr Zusammenhang einsichtig und gesetzhaft erklärbar ist. Die Systematik in einem Wissensgebiet steigert die Überzeugungskraft einer Argumentation.

Systematik im gewohnten wissenschaftlichen Sinn kann es in der geisteswissenschaftlichen Forschung nicht geben. Für die historische Forschung ist es selbstverständlich, dass der Forschungsrahmen Schritt um schritt erweitert wird, wenn etwa der Einfluss der Antike auf das Kulturleben der Goethezeit untersucht wird: Welche Bedeutung hatte die Antike als Bildungsideal in der ersten Hälfte des 18. Jahrhunderts? Wie wurden Motive der Renaissance in der Goethezeit aufgenommen oder verändert? Wo haben Ideale der Goethezeit in der zweiten Hälfte des 19. Jahrhunderts nachgewirkt? Und so fort, und so fort – bis der rote Faden in der Entfaltung dieses kulturgeschichtlichen Motivs lückenlos erkennbar wird. Erst dann wird der Forscher zufrieden sein.

Ganz anders in der geisteswissenschaftlichen Forschung. Ein Motiv aus dem Schicksal in einem früheren Erdenleben wird dann für den Forscher auftauchen, wenn dieses Motiv *sich* aussprechen will. Dass ich gerne wissen möchte, wann dieser Mensch wer in einem früheren Erdenleben war, ist überhaupt nicht der Ansatzpunkt einer ernsthaften geisteswissenschaftlichen Forschung. Zuverlässig wird nur erkannt, was *sich* aussprechen will. Sodass vielleicht viele aussagefähige Motive aus der Vergangenheit erkannt sind, aber zwischen ihnen eine Lücke klafft, die sich nicht aussprechen will. – In der Aussprache nach einem Vortrag über Wiederverkörperung bemerkt ein

Zuhörer, ein radikaler Maskulinist, er sei mit vielem im Vortrag einverstanden, aber nicht mit dem Wechsel des Geschlechts von Erdenleben zu Erdenleben. Er selbst jedenfalls könne alle seine Erdenleben bis weit zurück in die atlantische Zeit zurückverfolgen – und er sei nie eine Frau gewesen. Nun, wenn das so wäre, so wäre er schon nach wenigen Inkarnationen in einer pathologischen Verhärtung seines Wesens untergegangen. Vor allem aber, wer sich in der Geisteswissenschaft auf eine lückenlose Erfahrung beruft, zeigt, dass Ansätze wirklicher Erkenntnis, die da sein mögen, durch den systematisierenden Verstand verfälscht sind. Wer gegenüber schweigenden Inhalten nicht selbst still werden kann, der kann nicht geisteswissenschaftlich forschen.

Schließlich geht es darum, mit der Forschung der Welt zu dienen, nicht der Neugier des Forschers. «Wenn man einen Brief findet, [...] der an einen anderen gerichtet wird, so schaut man nicht hinein. So schaut man auch nicht in das Seelenleben und in das ganze Menschenleben eines anderen hinein, ohne dass eine Veranlassung dazu da ist.»[108]

Wer geisteswissenschaftliche Forschung beginnen will, um verborgene Geheimnisse zu enthüllen, wer sich von Neugier leiten lässt, hat bereits den Weg zum Irrtum eingeschlagen. Das ist vielleicht auf keinem Gebiet so deutlich wie auf demjenigen der Schicksalsforschung. Wer nach den früheren Erdenleben eines anderen Menschen – oder seiner selbst – sucht, wird allzu leicht in diese Suche Vorstellungen einfließen lassen, die ein früheres Erdenleben ähnlich dem heutigen erscheinen lassen. Und damit geht die Suche bereits in die falsche Richtung. Selbst wenn das Gespür für Schicksalsmotive ein früheres Erdenleben schon recht gut datiert und lokalisiert hat, ein zentrales Motiv des früheren Erdenlebens schon recht gut erfasst hat – und dann taucht das Bild dessen auf, der ich oder der ein anderer gewesen ist –, so bringt dieses Bild, wenn es echt ist, ziemlich sicher eine Überraschung. «Dass ich, der ich heute ein Mann bin, damals eine Nonne war, das war mir ja schon klar gewesen – aber dass ich so ausgesehen habe …»

Geisteswissenschaftliche Forschung, um es etwas zugespitzt zu formulieren, untersucht nicht eine gegebene Welt, die nun überschaut und durchschaut wird, geisteswissenschaftliche Forschung kann ihren Radius nicht beliebig vergrößern, wie wir es bei der wissenschaftlichen Forschung bisher gewohnt sind, sondern geisteswissenschaftliche Forschung erfasst gelebtes Leben, vom Forscher selbst durchlebtes Leben. Dieser Lebenskreis kann sich zwar von Leben zu Leben erweitern, und damit erweitert sich auch der Forschungskreis. Doch es bleiben ganze Partien der Geschichte für den geisteswissenschaftlich Forschenden stumm, weil er nicht an diesen Ereignissen teilgenommen hat. Hier gilt es, Grenzen zu achten und anzuerkennen.

Der Weg der Forschung

Forschung beginnt, so sind wir gewohnt, es zu sehen, damit, dass ein Wissenschaftler eine bestimmte Frage stellt oder einen bestimmten Tatbestand geklärt haben will. Dass und weshalb er dieses Anliegen hat, braucht der Forscher nicht zu rechtfertigen, wenn er nur methodisch gesichert vorgeht. – Geisteswissenschaftliche Forschung beginnt dort, wo der Forscher von einem anderen Menschen um Rat oder Hilfe gebeten wird. Da geht es immer um ein konkretes, vom Leben selbst gestelltes Thema, um die Herzerkrankung dieses Patienten, um die Entwicklungsstörung bei diesem Kind, um die schwierige

Schicksalsbeziehung zwischen diesen zwei Partnern, um die gestörte Fruchtbarkeit der Obstbäume in dieser bestimmten Landschaft. Die Frage und die Bitte um Hilfe richten sich auf diese einmalige Situation, und hier setzt geisteswissenschaftliche Forschung ein. Ihre Rechtfertigung kann sie finden, indem sie in dieser Situation Abhilfe schafft. Was hier erkannt ist und was sich hier als hilfreich erwiesen hat, ist nicht selbstverständlich übertragbar auf andere Situationen. Geisteswissenschaftliche Erkenntnis ist individualisiert. Wobei selbstverständlich die Erfahrungen von heute dazu anregen können, die Fragen von morgen sicherer angehen zu können.

Der erste Schritt auf dem geisteswissenschaftlichen Forschungsweg ist diese Einstellung auf eine konkrete Situation und damit der Verzicht auf allgemeingültige Aussagen. In dieser gegenwärtigen Situation ist der Forscher gefragt, und hier kann er antworten. Erkenntnisse der Geisteswissenschaft sind nicht allgemeingültige Informationen über die geistige Welt, sondern Antworten auf konkrete Lebensfragen. Die Aussage kann nicht von der Frage, von der Bitte um Hilfe getrennt werden. Anthroposophie ist nur anzuerkennen, wenn sie die drängenden Fragen des Lebens beantwortet, von Generation zu Generation erneut.

In einem zweiten Schritt auf dem geisteswissenschaftlichen Forschungsweg geht es darum, sich in das Bild einer Krankheit, einer Schicksalsbeziehung usw. zu vertiefen. Dieses Bild ist individuell wie die Frage oder die Bitte um Hilfe. Der Bezug zur individuellen Situation darf bei keinem Schritt auf dem Erkenntnisweg verloren gehen, wenn die Antwort zur Frage passen soll. Wenn der zeitliche Verlauf einer Krankheit, einer Entwicklungsstörung, einer Schicksalsbeziehung genau ins Auge gefasst wird, spricht sich oft schon viel von deren Wesen aus. Das Bild wird vielleicht schon sprechend für seinen Hintergrund. Der aber wird nur sprechen, wenn der forschende Mensch schweigt, wenn er auf die Sprache des Hintergrundes warten kann. Sich vertiefen heißt: bei einem geistigen Inhalt verweilen, sodass dieser sich selbst aussprechen kann.

In einem dritten Schritt stellt sich der Geisteswissenschaftler nicht mehr auf das Thema ein, sondern auf den fragenden Menschen. Dieser Mensch fragt ja nicht nur nach *etwas,* sondern er öffnet *sich.* Und damit zeigt er die Tiefe seiner Frage oder Bitte. Der Frager wird schließlich mit der Antwort nur zufrieden sein, wenn er nicht nur *etwas* erfährt, sondern wenn er *sich* verstanden fühlt. Wenn der Berater so auf den fragenden Menschen eingeht, sitzt der Fragende nicht mehr da draußen auf seinem Stuhl, sondern er spricht in dem Berater, er spricht in jeder Begegnung zwischen Mensch und Mensch in neuer Weise. Deshalb ist das Verständnis der Anthroposophie individualisiert in jedem geisteswissenschaftlichen Forscher. Deshalb ist es sinnvoll, von einer «Anthroposophie Rudolf Steiners» zu sprechen. Wenn man dabei nur beachtet, dass in jedem selbstständig denkenden Menschen Anthroposophie ein neues und eigenes Gesicht zeigt. Hoffentlich.

In der Anthroposophie geht es nicht um die Mitteilung von Wahrnehmungen in der geistigen Welt. Über das, was er «geschaut» hat, schweigt der Geistesforscher vor anderen und vor sich selbst. Denn in einem vierten und letzten Schritt der Forschung geht es darum, die wahrgenommenen Bilder zu verdichten zu Erkenntnissen, die mitgeteilt werden können. Wer seine «Schauungen» aus der geistigen Welt erzählt, bringt Inhalte, die den Zuhörern nicht zugänglich sind, die man höchstens glauben kann. Wer Erkenntnisse in der Form von Begriffen mitteilt, wendet sich an mit-denkende

Menschen, die urteilsfähig sind. Erst wenn der mit-denkende Mensch angesprochen wird, ist es berechtigt, von Geisteswissenschaft zu sprechen. Erst bei der Einsicht des Hörers beginnt Anthroposophie.

Diesen vierten Schritt der geisteswissenschaftlichen Forschung hat Rudolf Steiner ausführlich und differenziert geschildert, er nennt ihn die zweifache Umschmelzung des Urteils.[109] Wenn der Geistesforscher, so die Darstellung, eine bestimmte Erfahrung gemacht, ihre Bedeutung eingeschätzt und beurteilt hat, so kommt es darauf an, zu der Erfahrung wieder Abstand zu gewinnen, die Erfahrung eine Zeit lang auf sich beruhen zu lassen, das eigene Urteil, das doch hoffentlich schon gut begründet war, in die unterbewussten Seelenschichten absinken und dort leben zu lassen, «ohne dass man dabei ist. Dadurch schmilzt man aus dem Urteil die Egoität heraus. Man übergibt es demjenigen, was in einem selbst objektiv ist».[110] Nicht von sich aus kommt der Forscher auf diese Inhalte zurück, sondern diese Inhalte selber haben die Tendenz, zu gegebener Zeit wieder aufzutauchen. Verwandelt – gereift. Nachdem der Geistesforscher wieder in diesen Inhalten gelebt hat, lässt er sie erneut los. Das Urteil sinkt nun durch die tiefsten Seelenschichten hinunter und in die Welt hinein. Und wenn es nach dieser zweiten Umschmelzung wieder auftaucht, ist es «bei der Sache oder bei dem Vorgang gewesen, auf den es sich bezieht». Erst nach dieser zweifachen Umschmelzung des Urteils wird der Geistesforscher über seine Erkenntnisse sprechen, und zwar in einer Sprache, die jedem fachgerecht denkenden Menschen zugänglich ist.

Diese «Umschmelzung des Urteils» ist uns weniger aus der wissenschaftlichen Forschung, aber sehr wohl aus der Lebenspraxis vertraut. Wichtige Entscheidungen in der Biografie, auch tiefer greifende Fragen der Moral wollen wir vielleicht «überschlafen», ehe wir Stellung nehmen. Offensichtlich hoffen wir, im Schlaf einer Instanz zu begegnen, die unsere Tagesgedanken wahrnehmen und weiterführen kann. Einer Instanz, die uns nicht fremd ist, die aber auch nicht willkürlich beeinflusst werden kann, die das Urteil des wachen Menschen keineswegs beiseite schiebt, sondern ernst nimmt, aber infrage stellt. Die Stimme der Nacht ist den Tagesgedanken nicht feindlich gesinnt, sondern ergänzt sie und gibt ihnen Sinnerfüllung. Ob, wie und wann die Stimme der Nacht spricht, kann nicht willkürlich bestimmt, es kann nur abgewartet werden.

Im dritten Teil des vorigen Kapitels wurde von der Prüfung geisteswissenschaftlicher Erkenntnisse am Leben gesprochen. Auch dabei ging es darum, zu warten, bis das Leben spricht. Hier zeigt sich nun, dass nicht nur beim Prüfen, sondern auch schon beim Finden von Erkenntnissen auf den rechten Augenblick gewartet werden muss, vielleicht nur kurze Zeit, vielleicht Jahrzehnte – vielleicht auch einmal vergebens. Geisteswissenschaftliche Erkenntnisse können nicht geplant werden. Sie sind ein Geschenk.

Anmerkungen

1 Rudolf Steiner, *Wie erlangt man Erkenntnisse der höheren Welten?*, GA 10, Dornach [22]1975, S. 31.

2 Über diese Tiefschlaferlebnisse siehe Johannes W. Schneider, *Träume besser verstehen*, Stuttgart 2004.

3 Karlfried Graf Dürkheim, *Hara, die Erdmitte des Menschen*, Weilheim [6]1973, S. 109–111.

4 Ein eindrucksvolles Beispiel für einen Traum um Tod und nachtodliches Dasein berichtet Elisabeth Kübler-Ross aus ihrer Praxis im Buch *Kinder und Tod*, Zürich 1984, S. 152 ff. Dieses Beispiel hat der Verfasser in seinem Buch *Träume besser verstehen*, Stuttgart 1999, S. 184 ff., behandelt.

5 Albrecht Haushofer, *Moabiter Sonette*, Berlin o.J., S. 39. Das Gedicht ist überschrieben «Der Freund». – Manchmal aber haben Berührungserlebnisse mit der geistigen Welt ganz eindeutigen Charakter. Ein Beispiel aus seinem eigenen Leben hat der Verfasser in seinem Buch *Engel und ihre finsteren Brüder*, Stuttgart 2009, S. 19f. geschildert.

6 Martin Buber, *Ich und Du*, 1923. Heute auch enthalten in dem Sammelband *Das dialogische Prinzip*, Heidelberg 1984, S. 7 ff.

7 Mathias Wais, *Ich bin, was ich werden könnte. Entwicklungschancen des Lebenslaufs. Aus der Biografieberatung*, Ostfildern 1995, S. 168 f.

8 Friedrich Rittelmeyer, *Aus meinem Leben*, Stuttgart 1937, S. 160.

9 Rudolf Steiner, *Wie erlangt man Erkenntnisse der höheren Welten?*, GA 10, im Kapitel «Die Vorbereitung».

10 Karlfried Graf Dürkheim, *Wunderbare Katze und andere Zen-Texte*, Weilheim [2]1970, S. 61 ff.

11 Kakichi Kodowaki SJ, *Zen und Bibel*, Salzburg 1980, S. 44 und 78 f.

12 Imre Kertész, *Eine Gedankenlänge Stille, während das Erschießungskommando neu lädt*, Reinbek 1999, S. 14 ff.

13 In einem Vortrag vom 25.12.1912 in: *Wahrheiten und Irrtümer der Geistesforschung*, GA 69a, Dornach 2007, S. 109.

14 Die fundamentale Darstellung der Lotusblumen bei Rudolf Steiner in: *Wie erlangt man Erkenntnisse der höheren Welten?*

15 Sitzender Buddha, der den Widersacher Mara überwindet. Bronze. Dvaravati Kunst. Nationalmuseum Lampoon, Nordthailand. Herkunft unbekannt.

16 Buddha. Bronze. U Thong-Stil, 12. bis 13. Jahrhundert. Aus einer Grabstätte im Wat Rayburna in Ayudhya, heute Nationalmuseum, Bangkok.

17 Gusty L. Herrigel, *Der Blumenweg*, Weilheim ^{4}1970, S. 39.

18 Nach Heinrich Dumoulin, *Geschichte des Zen-Buddhismus*, Band 1, Bern – München 1985, S. 163.

19 Karlfried Graf Dürkheim, *Der Ruf nach dem Meister,* Weilheim 1972, S. 57.

20 Karlfried Graf Dürkheim, a.a.O., S. 65 und 69.

21 Daisetz Teitaro Suzuki, *Erfülltes Leben aus Zen,* München – Bern 1973, S. 126.

22 Hui Neng, *Das Sutra des 6. Patriarchen,* Weilheim 1989, S. 126.

23 Dilip Kumar Roy und Indira Devi, *Der Weg der großen Yogis,* Bern – München 1973, S. 273 ff.

24 Zitiert nach *Der Hingang des Vollendeten,* übersetzt und eingeleitet von Hermann Beckh, Stuttgart ^{2}1960, S. 141.

25 Rudolf Steiner in einem Vortrag am 28.3.1910, in: *Makrokosmos und Mikrokosmos,* GA 119, Dornach ^{1}1933, S. 209.

26 Rudolf Steiner in einem Vortrag am 5.6.1911 in: *Die Mission der neuen Geistesoffenbarung,* GA 127, S. 181.

27 Rudolf Steiner in einem Vortrag am 27.1.1912 in: *Das esoterische Christentum,* GA 130, S. 233.

28 Rudolf Steiner in einem Vortrag am 2.9.1906 in: *Vor dem Tore der Theosophie,* GA 95, S. 116.

29 So 19.9., 20.10., 4.–5.11., 30.11., 11.12.1906; 3.2., 16.2., 14.3., 6.6., 27.6., 15.12.1907; 31.5., 19.6., 12.6.1909 sowie 11.4.1910.

30 Rudolf Steiner im Vortrag vom 15.12.1904 in: *Grundbegriffe der Theosophie,* GA 53, S. 124 f.

31 Rudolf Steiner, *Die Geheimwissenschaft im Umriss,* GA 13, Stuttgart 1955, S. 303.

32 Siehe dazu Hella Wiesberger, «Die Meister der Weisheit und des Zusammenklangs der Empfindungen im Werk Rudolf Steiners»,

in: Rudolf Steiner, *Zur Geschichte und aus den Inhalten der ersten Abteilung der esoterischen Schule 1904–1914,* GA 264, S. 241 ff. Ähnlich in der Fragenbeantwortung zum Vortrag am 29.4.1906 in: *Das christliche Mysterium,* GA 97, S. 165.

33 Rudolf Steiner im Vortrag vom 7.10.1940 in: *Die okkulten Wahrheiten alter Mythen und Sagen,* GA 92, S. 95.

34 Ebd., S. 95.

35 Rudolf Steiner im Vortrag vom 7.3.1907 in: *Das christliche Mysterium,* GA 97, S. 118.

36 Karlfried Graf Dürkheim, *Hara. Die Erdmitte des Menschen,* Weilheim [6]1973, S. 225.

37 Detlef Ingo Lauf, *Das Erbe Tibets,* Bern [2]1975, S. 48.

38 H. M. Enomiya Lasalle, *Zen-Meditation für Christen,* München – Bern [3]1973, S. 196.

39 Diese Meditation ist geschildert in Rudolf Steiner, *Wie erlangt man Erkenntnisse der höheren Welten?* in dem Kapitel «Die Vorbereitung».

40 Rudolf Steiner, *Vom Menschenrätsel,* GA 20, Dornach 1957, S. 163.

41 Rudolf Steiner, *Wie erlangt man Erkenntnisse der höherer Welten?,* S. 44.

42 In: Rudolf Steiner, *Wahrspruchworte,* GA 40, Dornach 1969, S. 143.

43 Rudolf Steiner, *Die Geheimwissenschaft im Umriss,* die Kapitel «Die Weltentwicklung und der Mensch» und «Gegenwart und Zukunft der Welt- und Menschheitsentwicklung».

44 Urban Rapp, *Das Mysterienbild,* Münsterschwarzach 1952.

45 Walter Nigg, *Große Heilige,* Zürich 1952.

46 Friedrich Rittelmeyer, *Meditation. Zwölf Briefe über Selbsterziehung,* Stuttgart 1959, S. 8.

47 Koichi Tsujimura et al., *Sein und nichts. Grundbilder westlichen und östlichen Denkens,* Basel – Freiburg – Wien 1981, S. 34.

48 Novalis, *Fragmente,* ed Kamnitzer, Fr 1737.

49 Rudolf Steiner im Vortrag am 12.8.1924 in: *Das Initiatenbewusstsein,* GA 243, Dornach 1969, S. 44 f.

50 Rudolf Steiner im Vortrag vom 15.11.1914 in: *Der Zusammenhang des Menschen mit der elementarischen Welt,* GA 158, Dornach 1968, S. 86.

51 Mark Aurel, *Selbstbetrachtungen* VI, 44.

52 Homer, *Ilias* 9,568 und 14,272.

53 Homer, *Ilias* 1,450; 3,318; 5,174 und 19,254; Homer, *Odyssee* 13,355.

54 Hans-Werner Schroeder, *Das Gebet. Übung und Erfahrung,* Stuttgart 1977, S. 109.

55 Christian Geyer, «Rudolf Steiner und die Religion», in: Friedrich Rittelmeyer (Hrsg.), *Vom Lebenswerk Rudolf Steiners. Eine Hoffnung neuer Kultur,* München 1921, S. 109.

56 So Friedrich Heiler in seinem viel zitierten Buch *Das Gebet. Eine religionsgeschichtliche und religionspsychologische Untersuchung,* München ²1920.

57 Platon, *Entyphe* 14 C.

58 Origines, *Contra Celsum* 8,64.

59 Alkuins Michael-Sequenz in: Franz Joseph Mone, *Lateinische Hymnen des Mittelalters,* 1. Band, Freiburg 1853, S. 348 f. Ins Deutsche übertragen vom Verfasser in: *Michael und seine Verehrung im Abendland,* Dornach 1981, S. 142 f.

60 Homers *Ilias* 6, 476–481.

61 Epiket ed Schenker p 479.

62 Augustinus, *Homilien zum 1. Johannesbrief* 6.

63 Albrecht Haushofer, *Moabiter Sonette,* Berlin i.J., S. 58. Das Gedicht ist überschrieben mit «Wandlung».

64 Referiert nach Thomas Hoover, *Die Kultur des Zen,* Düsseldorf – Köln 1978, S. 94 ff.

65 Aus den *Gesprächen (Lunyu)* des Konfuzius II,4, zitiert nach Mircea Eliade, *Geschichte der religiösen Ideen,* Band Quellentexte, S. 377.

66 Hisako Matsubara, *Der Abendkranich. Eine Kindheit in Japan,* Gütersloh 1981.

67 *Genji Monogatari*, verfasst von der Hofdame Murasaki, Band 1, Zürich 1966, S. 218 und 221.

68 Jan Assmann, *Ägypten. Eine Sinngeschichte,* München – Wien 1996, S. 261.

69 Gershom Scholem, *Die jüdische Mystik in ihren Hauptströmungen,* Zürich 1957, S. 300.

70 Rudolf Jockel (Hrsg.), *Götter und Dämonen. Mythen der Völker,* Darmstadt 1953, S. 413–421.

71 Ernst Jucker, *Sibiriens Wälder raunen,* Bern ²1951, S. 211 f.

72 Idries Shah, *Magie des Ostens,* München – Zürich 1984, S. 241 f.

73 A.a.O., S. 270 ff.
74 Zitiert nach Herbert Thurston SJ, *Die körperlichen Begleiterscheinungen der Mystik,* Luzern 1956, S. 30.
75 A.a.O., S. 270 ff.
76 Laurens van der Post, *Das Herz des kleinen Jägers,* Berlin 1961, S. 26 f.
77 Alexandra David-Neel, *Heilige und Hexer,* Wiesbaden 1981, S. 169 ff.
78 Laurens van der Post, *Die verlorene Welt der Kalahari,* Berlin 1959, S. 206.
79 Ein Gedicht Rantsetsus, in: Toshimitsu Hasumi, *Zen in der japanischen Dichtung,* Weilheim 1961, S. 105.
80 Heinrich Zimmer, *Philosophie und Religion Indiens,* Zürich 1961, S. 382.
81 Marcel Granet, *Die chinesische Zivilisation,* München – Zürich 1976, S. 54.
82 A.a.O., S. 51.
83 Laurens van der Post, *Tanz des großen Hungers,* Berlin 1975, S. 133.
84 Jacques Gernet, *Christus kam bis China,* Zürich – München 1984, S. 118 und 104.
85 Paul U. Unschuld, *Medizin in China,* München 1980, S. 42.
86 Tenzin Choedrak, *Der Palast des Regenbogens. Der Leibarzt des Dalai Lama erinnert sich,* Frankfurt – Leipzig 1999, S. 121.
87 Marcel Granet, *Das chinesische Denken,* München [2]1971, S. 70.
88 Wladimir Propp, *Die historischen Wurzeln der Zaubermärchen,* München – Wien 1987, S. 286 und 449.
89 Entstehung und Deutung von Träumen hat der Verfasser in seinem Buch *Träume besser verstehen,* Stuttgart [2]2004, behandelt.
90 Rudolf Steiner im Vortrag vom 3.9.1920 in *Geisteswissenschaft als Erkenntnis der Grundimpulse sozialer Gestaltung,* GA 199, Dornach 1967, S. 197.
91 In den Paralipomena zu «Dichtung und Wahrheit» in Johann Wolfgang Goethe, *Sämtliche Werke,* Münchener Ausgabe, Band 16 (1985), S. 873.
92 Martin Buber, *Ich und Du.* In: *Das dialogische Prinzip,* Heidelberg 1984, S. 32.
93 Rudolf Steiner im Vortrag vom 16.6.1907 in: *Menschheitsentwick-*

lung und Christuserkenntnis, GA 100. Ähnlich im Vortrag vom 23.5.1908 in: *Das Johannes-Evangelium,* GA 103.

94 Gotthold Ephraim Lessing, *Eine Duplik* (1778) 1.

95 Rudolf Steiner, *Anthroposophische Leitsätze,* GA 26, 1. Leitsatz.

96 Rudolf Steiner im Vortrag vom 26.5.1914 in: *Wie erwirbt man sich Verständnis für die geistige Welt?,* GA 154, Dornach 1973, S. 114.

97 Rudolf Steiner in einer Aussprache zum Vortrag am 4.10.1920 in: *Fachwissenschaft und Anthroposophie,* GA 73a, Dornach 2005, S. 484.

98 Rudolf Steiner im Vortrag am 10.10.1907 in: *Die Erkenntnis der Seele und des Geistes,* GA 56, Dornach 1965, S. 18.

99 Rudolf Steiner im Vortrag am 10.10.1913 in: *Okkulte Untersuchungen über das Leben zwischen Tod und neuer Geburt,* GA 140, S. 341.

100 A.a.O.

101 Rudolf Steiner, *Das menschliche Leben vom Gesichtspunkt der Geisteswissenschaft.* Heute in: *Philosophie und Anthroposophie,* GA 35, Dornach 1965, S. 255.

102 Rudolf Steiner im Vortrag am 26.5.1914 in: *Wie erwirbt man sich Verständnis für die geistige Welt?,* GA 154, Dornach 1973, S. 113.

103 A.a.O., S. 115.

104 Rudolf Steiner im Vortrag am 30.6.1918 in: *Der Tod als Lebenswandlung,* GA 182, Dornach 1969, S. 106.

105 Rudolf Steiner im Vortrag am 6.12.1917 in: *Geschichtliche Notwendigkeit und Freiheit,* GA 179, Dornach 1977, S. 118.

106 Rudolf Steiner im Vortrag am 9.5.1914 in: *Unsere Toten,* GA 261, Dornach 1963, S. 25 f.

107 Rudolf Steiner im Vortrag am 14.7.1914 in: *Christus und die menschliche Seele,* GA 155, Dornach 1960, S. 165.

108 Rudolf Steiner im Vortrag am 9.5.1916 in: *Gegenwärtiges und Vergangenes im Menschengeiste,* GA 167, Dornach 1962, S. 223.

109 Rudolf Steiner im Vortrag am 30.1.1923 in: *Anthroposophische Gemeinschaftsbildung,* GA 257, Dornach 1965, S. 30 ff.

110 A.a.O., S. 38.